Ulmer Taschenbuch 46

Walter Buch

Gartenböden
verstehen, pflegen, erhalten

63 Farbfotos
20 Zeichnungen

VERLAG
EUGEN
ULMER

Titelbild: Profil des typischen Gartenbodens (Hortisol). Durch die starke Zufuhr von organischer Substanz über viele Jahre hinweg wurde die oberste Bodenschicht (Ah-Horizont) mit Humus angereichert.
Seite 2: Maulwürfe erbringen Höchstleistungen, wenn sie sich ihr Tunnelsystem graben (Seite 69f.).

CIP-Titelaufnahme der Deutschen Bibliothek

Buch, Walter:
Gartenböden: verstehen, pflegen, erhalten /
Walter Buch. – Stuttgart : Ulmer, 1989
    (Ulmer Taschenbuch; 46)
    ISBN 3-8001-6210-5

NE: GT

© 1989 Eugen Ulmer GmbH & Co.
Wollgrasweg 41, 7000 Stuttgart 70 (Hohenheim)
Printed in Germany
Lektorat: Agnes Bartunek, Herstellung: Karl-Heinz Eitle
Satz: Setzerei Lihs, Ludwigsburg
Druck und Bindung: Georg Appl, Wemding

Vorwort

In der Bundesrepublik Deutschland gibt es derzeit etwa 13,4 Millionen Haus- und Kleingärten, die eine Gesamtfläche von etwa 611 000 ha einnehmen. Diese Gärten sind mittlerweile zu »ökologisch wirksamen Freiflächen« (Georg Gallus, Parlamentarischer Staatssekretär im Bundeslandwirtschaftsministerium) geworden, die auch den Wasserhaushalt und das Klima in den Städten beeinflussen. Gleichzeitig sind sie auch ein kaum mehr wegzudenkender Lebensraum für selten gewordene Pflanzen und Tiere.

Aber: Nach der Feststellung des Industrieverbandes Pflanzenschutz werden pro Jahr und Garten durchschnittlich 10 bis 12 DM, das entspricht einem Gesamtvolumen von 134 bis 161 Millionen DM, für Pflanzenschutzmittel ausgegeben. Aufklärung tut hier not.

Statt gegen die Natur mit falsch angewandten mineralischen Düngern oder Rundumschlägen mit der chemischen Keule bei der Schädlingsbekämpfung zu arbeiten, sollte sich der Hobbygärtner Grundkenntnisse der Bodenpflege erwerben und die Standortansprüche der Kulturpflanzen beachten.

Gärtnern im Einklang mit der Natur bedeutet, nicht nach starren Rezepten zu arbeiten, sondern ständig die Natur zu beobachten, sich mit dem zu beschäftigen, was in ihr vorgeht. Es genügt nicht, ab und an einige biologische Mittel auszuprobieren. Der naturnah wirtschaftende Gärtner muß Abschied nehmen vom Umgraben oder von blitzblank aufgeräumten Beetflächen. Er muß – zumindest während der Phase der Umstellung auf eine naturgemäße Bewirtschaftung – viel Geduld aufbringen und Rückschläge verkraften können. Er muß

vor allem Gelassenheit zeigen, wenn einzelne Schädlinge für kurze Zeit überhand nehmen.

Dieses Buch beschreibt die Methoden, mit denen wir ein Arbeiten mit der Natur erreichen können – richtige Bodenpflege, Kompostzubereitung, Mulchen, organische Düngung, Mischkultur und das Einbinden von Nützlingen bei der biologischen Schädlingsabwehr. Ziel des naturnahen Gärtners ist es, im Garten ein biologisches Gleichgewicht aufzubauen, den Garten wieder zu einer Einheit aus Boden, Mikroorganismen, Tieren und Pflanzen werden zu lassen, ein funktionierendes Ökosystem auf kleinstem Raum zu gestalten.

Wer mit der Natur arbeitet und konsequent auf jegliche Chemie im Garten verzichtet und dabei die natürlichen Recycling-Prozesse nachahmt, entlastet Böden und Gewässer, trägt zur Gesundung unserer Umwelt bei und gewinnt nicht zuletzt wieder gesunde, vollwertige Lebensmittel. Jeder der sich klarmacht, was Boden ist, wie er entsteht und was in ihm lebt, und daraus eine natürliche Bodenpflege und -bearbeitung ableitet, der betreibt aktiven Bodenschutz und sorgt für kommende Generationen. Dieses Buch will dazu Hilfestellung geben.

Walter Buch
Freiburg-Opfingen, Sommer 1989

Inhaltsverzeichnis

Der Boden – ein lebendiger Organismus

Seite 9:
Die Bodenentstehung setzt ein mit allmählicher Verwitterung, das Ausgangsgestein wird langsam aufgebrochen. Auf dem Boden lagern sich abgestorbene Pflanzenteile in der obersten Humusschicht ab. Im Vergleich zum Bild auf Seite 16 hat sich noch kein mineralischer Unterbodenhorizont gebildet.

Der Boden ist der lockere Teil der obersten Erdschicht, der durch Humusbildung und Verwitterung aus Gesteinen und organischem Material entstanden ist. Ein Boden besteht nicht einfach aus totem Gestein, sondern enthält immer auch abgestorbenes, organisches Material sowie lebende Pflanzenwurzeln, unzählige Mikroorganismen und viele kleine Tiere und Pflanzen.

Acker- und Gartenböden sind im wahrsten Sinn des Wortes die Grundlage allen Lebens. In einem Boden finden Pflanzenwurzeln Halt, er nimmt Wasser und Nährstoffe auf. Mit Hilfe der Sonnenenergie bauen die Pflanzen aus anorganischen Stoffen organisches Material (Blätter, Wurzeln, Knollen, Beeren und Früchte) auf, von denen die ganze übrige Lebewelt, Mensch und Tier, lebt.

Ein Boden ist kein stationärer Zustand, sondern unterliegt einem steten Wandel. Besonders in der obersten Bodenschicht, dem dunkel gefärbten Humuskörper, findet eine intensive Umwandlung von Stoffen statt. Diese Umbauprozesse werden von unzählig vielen Bodenorganismen bewerkstelligt.

Durchschnittlich 5 t Bodenlebewesen (Bakterien, Pilze, Bodentiere) verarbeiten pro Jahr und Hektar etwa 4 bis 15 t Pflanzenreste, Tierkot und Kadaver zu stabilem, lockerem und krümeligem Humus, dem Träger der Bodenfruchtbarkeit. Diese 20 bis 30 cm starke Schicht guten Bodens nannten unsere Vorfahren ehrfurchtsvoll »Muttererde« – der Ursprung allen Lebens.

Der Boden übernimmt vielfältige Funktionen: Standort und Lebensraum für Pflanzen und Tiere, Nährstofflieferant und Produktionsgrundlage für Nahrungs- und Futtermittel, Wasserspeicher, Filter und Puffer für Schadstoffe und nicht zuletzt auch Rohstofflager im Sinne der Energiegewinnung. Somit gehört der Boden – wie Luft, Wasser und Licht – zu den unentbehrlichen Grundlagen jeglichen Lebens. Da er nicht vermehrbar ist und nur begrenzt zur Verfügung steht, gehört der Boden zu den »kostbarsten und damit schützenswürdigsten Gütern der Menschheit« (Bodencharta des Europarates).

Doch anstatt schonend mit dem Boden umzugehen, treiben wir verantwortungslosen Raubbau. Zum einen wird der Boden mit Straßen, Häusern, Industrie-Ansiedlungen und Müll zugedeckt und zum anderen wieder durch intensive Bearbeitung entblößt, verdichtet und gelockert. Große Bodenflächen wurden dadurch unter Asphalt und Beton vergraben, durch Erosion abgetragen oder durch einseitigen Anbau ausgelaugt. Anorganische Schadstoffe wie Schwermetalle oder organische Chemikalien belasten die noch verbliebenen Bodenflächen zusätzlich. Auch unsere Kleingärten sind zum Teil stark belastet, besonders in der Umgebung von Städten mit Industrie-Ansiedlungen. Durch übertriebene Düngung und Pestizid-Anwendung tragen aber viele Gartenbesitzer zu einem nicht unerheblichen Teil selber zur Zerstörung ihres Gartenbodens bei.

Bodenentstehung

Verwitterung

Die Gesteine im äußersten Bereich der Bodenoberfläche sind der Witterung ausgesetzt und werden von Pflanzen be-

Wind und Wetter zerklüften das Gestein. So werden in Jahrmillionen selbst so gewaltige Gebirgsmassive wie die Alpen abgetragen.

siedelt. Diese Einflüsse bewirken eine Zerkleinerung, Umformung und Auflösung der Gesteine. Diese Verwitterungsvorgänge lassen sich einteilen in:

– die physikalische oder mechanische Verwitterung
– die chemische Verwitterung
– die biologische und biochemische Verwitterung

Unter **physikalischer** oder **mechanischer Verwitterung** versteht man alle Vorgänge, die einen Zerfall der Gesteine bewirken, ohne deren chemische Zusammensetzung zu verändern. Das Ergebnis der physikalischen Verwitterung hängt von der Dauer, der Schnelligkeit und der Häufigkeit physikalischer Einwirkungen (Erwärmen und Abkühlen oder Gefrieren) ab. Durch raschen Temperaturwechsel und aufgrund der verschiedenen Wärmeleitfähigkeit der Gesteine kommt es zu Spannungen im Gestein, es reißt auf und zerfällt. Ebenso wird durch Frost- und Salzsprengung das Gestein zerkleinert: In Spalten und Risse eindringendes Wasser dehnt sich beim Gefrieren aus und erweitert die Risse. Salzlösungen, die austrocknen, wobei die Substanzen auskristallisieren, sprengen das Gestein durch den dabei entstehenden Kristallisationsdruck.

Tonhaltige Erde ist in der Lage, viel Wasser aufzunehmen und quillt stark auf. Trocknet diese Erde wieder aus, wird das Gefüge zerstört. Pflanzenwurzeln können ebenfalls vorhandene Risse im Gestein erweitern und das Steinmaterial auseinanderdrücken. Wer hat nicht schon Straßenbäume gesehen, deren Wurzeln den Straßenbelag aufgewölbt haben.

Mechanischen Abrieb leisten Flüsse und Gletscher. Auch der Wind hat die Kraft, freiliegendes Gestein, besonders im Hochgebirge oder an Steilküsten, zu zerbröseln.

Bei der **chemischen Verwitterung** setzt eine stoffliche Veränderung des Gesteins ein. Sie wird beeinflußt durch die vorausgegangene physikalische Verwitterung und das Klima. Bei der stofflichen Veränderung kann es sich um eine bloße Umbildung bis hin zur völligen Auflösung des Gesteins bzw. des Minerals handeln.

Bei den chemischen Umwandlungen spielen vor allem Redox-Reaktionen an Gesteinsoberflächen eine Rolle. Oxidiertes, das heißt durch Luftsauerstoff verändertes Eisen (chemisches Zeichen Fe) ruft gelbe, schwarze und rote Farbtöne im Boden hervor. Diese Erscheinungen sind auf den Oberboden beschränkt, wo genügend Sauerstoff (O_2) zur Verfügung steht. Bei reduzierenden Bedingungen, das heißt ohne Sauerstoffeinfluß, erscheint Eisen und auch Mangan (Mn) in mehr grün-blauen Farbtönen.

Auch mit Hilfe des Wassers werden Minerale zersetzt und Pflanzennährstoffe freigesetzt (Hydrolyse). Die chemische Verwitterung ist immer auf Wasser angewiesen, sie verläuft daher in feuchten (humiden) Gebieten intensiver als in trockenen (ariden).

Wenn viel organisches Material im Boden vorhanden ist, entsteht durch die Lebensvorgänge der Bodenorganismen (Atmung) Kohlendioxid (CO_2). In Wasser gelöst bewirkt es als Kohlensäure die starke Zersetzung von Kalk- und Dolomitgestein. Diese sogenannte Karbonatverwitterung führt zur Verkarstung und

Gletscher haben
die Landschaften
in Skandinavien
geprägt.

Der felsige Unter-
grund wurde ge-
schliffen und zer-
furcht.

ist auch an der Entstehung von Höhlen beteiligt.

Biologische Verwitterung. Diese Verwitterungsprozesse gehen von organischen Stoffen bzw. von Stoffen aus, welche durch die Tätigkeit von Pflanzen und Tieren entstehen. Sie können sowohl chemischer als auch physikalischer Natur sein. Mikroorganismen, Flechten und Moose, die als Erstbesiedler auf Gestein auftreten, entziehen dem Untergrund Metallionen und bauen sie in organische Verbindungen ein. Die beiden lebenswichtigsten Nährstoffe Kohlenstoff (C) und Stickstoff (N_2) entnehmen die Algen und Flechten der Luft.

Wurzeln sind allein schon durch ihre Wuchskraft rein mechanisch in der Lage, Gestein zu sprengen und größere Gesteinsbrocken zu zerkleinern oder auseinanderzuschieben. Aber auch die chemischen Austauschvorgänge, die an den Wurzelhaaren in Kontakt mit dem umgebenden Gestein und der Bodenlösung ablaufen, führen zu einer Umgestaltung des Gesteins bis hin zu seiner restlosen Zersetzung (Mineralisierung).

Sterben die Erstbesiedler ab, entsteht erstmals tote organische Substanz. Dabei werden einfache Abbauprodukte wie Kohlendioxid (CO_2), Wasser (H_2O), Nitrat (NO_3) und Phosphat (PO_4) freigesetzt. Diese Nährstoffe werden in Form von Ionen (geladene Teilchen) an die Ton-Humus-Komplexe (siehe Seite 38) angelagert, sie entweichen zum Teil in die Atmosphäre oder werden durch Regen ausgewaschen. Aber nicht die ganze organische Substanz wird mineralisiert. Kohlenwasserstoffe werden zu Zuckerverbindungen umgewandelt und dienen als Lebensgrundlage für Mikroorga-

nismen. Man spricht daher von Nährhumus. Eiweiße werden zu Peptiden und Aminosäuren abgebaut. Letztere polymerisieren, das heißt sie lagern sich aneinander an, und bilden neue, schwer abbaubare Humusstoffe, aus denen sich Dauerhumus aufbaut.

Bei der Bodenentstehung verbindet sich ein großer Teil der organischen und der anorganischen (mineralischen) Teilchen über vielfältige und komplizierte Mechanismen zu stabilen Ton-Humus-Komplexen. (Zum überwiegenden Teil vollzieht sich dies in den Därmen von Regenwürmern, Asseln und Tausendfüßern.) Dadurch entsteht ein stabiles »Aggregatgefüge«.

Eine hohe biologische Aktivität, bedingt durch ein vielfältiges Bodenleben, fördert durch die ständige Neubildung reaktionsfähiger, organischer Stoffe diese Eigenschaften. Die Bodenorganismen beeinflussen somit die Stabilität des Bodens, führen zu reicherem Nährstoffangebot und verbessern den Wasserund Lufthaushalt.

Die Bedeutung von Klima, Gestein und Vegetation

Wenn der Mensch nicht eingreift, breitet sich in Abhängigkeit von dem jeweils herrschenden Klima eine unterschiedliche Pflanzendecke (Vegetation) auf der Erde aus. Im gemäßigt humiden Klima Mitteleuropas bildet der Wald die natürlich vorkommende Vegetation. Eine Waldvegetation übt wiederum intensive Verwitterungseinflüsse aus: Wurzeln dringen in Spalten ein und erweitern diese, Stoffwechselprodukte werden abgegeben, die das Gestein angreifen; Fall-

Die Art der Vegetation und das Klima üben einen starken Einfluß auf die Bodenentwicklung aus. Im tropischen Regenwald mit hohen Niederschlägen und hohen Temperaturen überwiegt der Einfluß der chemisch-biologischen Verwitterung.

In den Wüsten spielt die physikalische Verwitterung eine wichtige Rolle. Das Gestein erfährt durch die extremen Temperaturschwankungen Spannungen und wird so gesprengt.

Die Böden unter den Mischwäldern der gemäßigten Zonen zeichnen sich häufig durch Tiefgründigkeit aus. Die meist dicke Humusschicht bildet ein wichtiges Nährstoffreservoir.

Oben: Kristalle von Kalzit. Das kalziumreiche Mineral ist wenig stabil.

Unten: Der schwarze Biotit, ein Glimmer, findet sich als Blättchen oder in Form von Aggregaten zwischen den anderen Mineralkörnern des Granitgneises.

Gegensatz zu Feldspäten, Tonmineralen und Quarz. Neben der Zusammensetzung spielt aber auch der Aufbau der Gesteine eine Rolle. Gesteine, in denen die einzelnen Mineralschichten horizontal angeordnet sind, bleiben vor der Verwitterung besser geschützt als solche mit senkrecht oder schräg angeordneter Schieferung. Kalkstein verwittert um so schwerer, je fester und dichter er ist. Lockersedimente wie Löß unterliegen aufgrund ihrer großen spezifischen Oberfläche einer stärkeren chemischen Verwitterung.

Bodentypen

Durch die verschiedenen Prozesse der Verwitterung sowie durch den Einfluß von Klima und Vegetation kommt es zur Ausbildung von verschiedenen Böden. Legen wir einen vertikalen Schnitt vom Oberboden bis zur Verwitterungsfront im Ausgangsmaterial, so erkennen wir eine Unterteilung des Bodens in verschiedene Schichten, sogenannte Horizonte. Dieser Schnitt stellt sozusagen eine Momentaufnahme der an diesem Ort typischen bodenbildenden Prozesse dar.

Aufgrund ihrer chemisch-physikalischen Eigenschaften und ihrer charakteristischen sichtbaren Merkmale wie Farbe, Textur und Material lassen sich Böden charakterisieren. Jeder Bodentyp ist durch eine bestimmte Abfolge von Horizonten gekennzeichnet. Die einzelnen Horizonte werden mit Großbuchstaben bezeichnet und eventuell darin ablaufende Prozesse, oder auch spezielle Eigenschaften, werden mit Kleinbuchstaben angegeben. Das Buchstabenprofil

laub ernährt die Bodenorganismen, die im Gegenzug für die Bäume in einem gut koordinierten Recyclingprozeß die Nährstoffe aufarbeiten.

In den Tropen wird bei hohen Temperaturen und zugleich höheren, regelmäßig fallenden Niederschlägen die Intensität der chemisch-biologischen Verwitterung stark erhöht. In Wüsten dagegen, wo Wasser den Minimumfaktor darstellt, ist die chemische Verwitterung fast völlig unterbunden. Dagegen spielt die mechanische Sprengung des Gesteins durch die extremen Temperaturunterschiede zwischen Tag und Nacht eine entscheidende Rolle.

Auch die Beschaffenheit des Gesteins selber führt zu unterschiedlichem Verwitterungsverhalten. Die Struktur des Kristallgitters und die chemische Zusammensetzung des Minerals, also Härte und Spaltbarkeit, begünstigen oder behindern die Verwitterung.

Kalziumreiche Minerale wie Gips, Kalzit und Apatit sind wenig stabil, im

**Profil einer Löß-
parabraunerde.
Vergleiche Schema
auf Seite 17.**

für eine Parabraunerde sieht dann folgendermaßen aus:

Ah – Al – Bt – C

Der Oberbodenhorizont wird mit A bezeichnet. Kommt es in dieser Schicht zu einer Humusanreicherung, so schreibt man Ah. Der tiefer liegende Horizont aus dem ursprünglichen Ausgangsgestein wird stets mit C gekennzeichnet. Mit zunehmender Bodenentwicklung bildet sich zwischen diesen Schichten ein neuer B-Horizont, der zunächst aus gleichmäßig braun verwittertem Ausgangsmaterial besteht. Das Profil Ah – Bv – C steht für Braunerde. Durch intensives Pflanzenwachstum und raschen Stoffumsatz (Mineralisation) kann es während der Bodenentwicklung zu einer Nährstoffverarmung und Versauerung des Oberbodens kommen. In unse-

rem humiden Klima, wo mehr Niederschläge fallen, als durch Verdunstung dem Boden wieder verloren gehen, werden nun Tonpartikel mit dem Sickerwasser ausgewaschen (lessiviert). Die Tonverlagerung endet im relativ nährstoffreicheren B-Horizont, dort entsteht ein tonreicher Horizont (Bt). Damit haben wir unser Parabraunerdeprofil:

Ah – Oberboden humusangereichert
Al – Oberboden mit Tonauswaschung
Bt – Horizont mit Tonverlagerung
C – Horizont aus Ausgangsgestein

Bodenbestandteile

Will man die Fruchtbarkeit der Böden bewerten, muß man die einzelnen Bodenbestandteile und deren Verhältnis

Tiefe (cm)
0 –
10 –
20 –
30 –
40 –
50 –
60 –
70 –
80 –
90 –
100 –

Horizont
Ah
Al
Bt
C

Profil der Parabraunerde. Sie ist der charakteristische Bodentyp Mitteleuropas. Erläuterungen im Text.

zueinander kennen. Das Volumen eines Bodens setzt sich etwa je zur Hälfte aus festen und unbelebten Stoffen und aus Hohlräumen (Porenvolumen), die mit Luft und Wasser gefüllt sind, zusammen. Ein Boden ist somit kein stabiles kompaktes Gebilde, sondern er läßt sich wie ein Schwamm zusammendrücken.

Ausgangsgestein

Die Festsubstanz besteht gewöhnlich zu mehr als 95 % aus anorganischen (mineralischen) Stoffen. Man spricht deshalb auch vom Mineralboden oder dem Mineralkörper. Das Ausgangsmaterial der anorganischen Bodensubstanz ist das Muttergestein. Seine Reste, Zersetzungs- und Umwandlungsprodukte bestimmen in hohem Maße die Qualität eines Bodens.

Man unterscheidet zwei Gesteinsgruppen:

– die Erstarrungsgesteine (Magmatite)
  = Silikatgesteine
– die Ablagerungsgesteine (Sedimente)
  = Karbonatgesteine

Erstarrungsgesteine entstanden bei der Bildung der Erdkruste vor gut 4 Milliarden Jahren. Nach Vulkanausbrüchen bildet sich auch heute noch neues Erstarrungsgestein. Die feuerflüssige, gasreiche Schmelze des Erdkörpers, das Magma, erstarrt an der Oberfläche. Man spricht in diesem Fall von Ergußgestein. Die wichtigsten Vertreter sind **Basalt** und **Diabas.** Erstarrt das Magma etwas tiefer in der Erdkruste, spricht man von Tiefengestein. **Gabbro** und **Granit** sind die bekanntesten Tiefengesteine.

Links: Sandstein entsteht durch Pressung von Sandauflagerungen.

Unten: Basalt ist ein basisches Ergußgestein. Es hat sich einst aus feuerflüssiger Lava gebildet.

Rund 80 % des Erdgesteins besteht aus Granit. Seine Hauptmineralien sind **Feldspat, Glimmer** und **Quarz.**

Ablagerungsgesteine sind Verwitterungsprodukte, die aus ehemaligem Urgestein auf verschiedene Weise entstanden sind. Sie können durch Wasser vom Entstehungsort forttransportiert und anderswo unter veränderten physikalischen oder chemischen Bedingungen wieder als Sand, Ton, Gips oder Salz abgelagert werden. Auch der Wind kann solche Verwitterungsprodukte je nach Korngröße verschieden weit transportieren. So wurden die mächtigen Lößlagen im Kaiserstuhl durch den Wind aus dem

Granit ist ein saures Tiefengestein. Es entstand aus Magma, die tiefer in der Erdkruste erstarrt ist.

Die mächtigen Lößauflagen des Kaiserstuhls wurden aus feinem Verwitterungsmaterial vom alpinen Schotter des Rheingrabens aufgetürmt.

alpinen Schotter des Rheingrabens aufgetürmt. Während der letzten Eiszeit haben die Gletscher ebenfalls Trümmergestein als Geschiebemerkel oder Moränenkies abgelagert.

Die häufigsten Sedimentgesteine sind **Kalkspat** und **Dolomit**. Sie entstanden aus Kalkschlammablagerungen oder durch die Ausscheidungen von Organismen und bilden zum Teil mächtige Gesteinsformationen wie Kalkalpen und Dolomiten.

Silikatgesteine sind an der Zusammensetzung der Erdkruste nur mit etwa 25 %

beteiligt, Karbonatgesteine dagegen mit etwa 75 %. Erst durch die zuvor besprochenen Verwitterungsvorgänge werden aus den Mineralen des Gesteins pflanzenverfügbare Nährstoffe. Es entstehen die sekundären Minerale (von lateinisch secundus = nachfolgend). – Als Basenaustauscher sind dabei vor allem die Tonminerale für die Pflanzen wichtig.

Wasser, Luft und Temperatur

Wasser- und Lufthaushalt des Bodens sind eng miteinander verbunden, da alle Poren im Boden, die kein Wasser enthal-

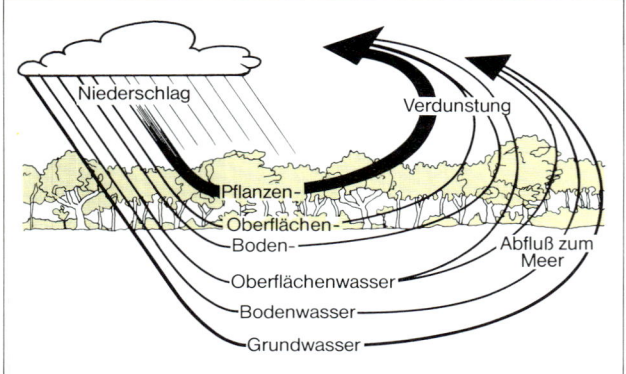

Kreislauf des Wassers im Boden und in der Atmosphäre.

Niederschlag · Verdunstung · Pflanzen- · Oberflächen- · Boden- · Abfluß zum Meer · Oberflächenwasser · Bodenwasser · Grundwasser

ten, luftgefüllt sind. Mit steigendem Wassergehalt sinkt der Luftanteil im Boden und nimmt bei stärkerer Austrocknung wieder zu. Ein Erdboden sollte immer mindestens 10 % Luft enthalten. Allgemein gelten Volumenanteile von 50 % Erde, 30 % Wasser und 20 % Luft als ideal.

Das **Bodenwasser** entstammt hauptsächlich den Niederschlägen wie Regen, Tau und Nebel. Es ist Voraussetzung für alle Prozesse der Bodenentwicklung, der Verwitterung, Humusanreicherung und Nährstoffverlagerung. Es ist auch *der* bestimmende Faktor für die Ansiedlung der verschiedenen Pflanzen. Für das Pflanzenwachstum ist nicht so sehr der gesamte Wasservorrat, sondern vor allem das pflanzenverfügbare Wasser des Bodens von Bedeutung.

Die Art und Menge des für Pflanzen nutzbaren Wassers hängt wiederum direkt ab von Größe und Zusammensetzung der Poren, das heißt dem Anteil an Grob-, Mittel- und Feinporen. Grob-

poren mit Porengrößen von mehr als 10 μm können das Regenwasser nicht (entgegen der Schwerkraft) festhalten. Es sinkt daher zum Grundwasserspiegel ab. Andererseits verhindern sie aber ein sofortiges Verschlämmen und oberflächiges Abfließen des Wassers mit entsprechendem Humusabtrag. Wasser, welches in Mittel- (Porengröße 0,2 bis 10 μm) und Feinporen (kleiner als 0,2 μm) festgehalten wird, kann von Pflanzen aufgenommen werden. Es wird als pflanzenverfügbar bzw. als **n**utzbare **W**asserkapazität (nWk) bezeichnet. Die Saugkraft der Pflanzenwurzel reicht aus, dieses Wasser dem Boden zu entziehen. Aber ihre Saugspannung reicht nicht mehr aus, um das Wasser aus den Feinstporen zu verwerten. Starke physikalische Kräfte (Kapillar- und Adsorptionskräfte) halten dieses Wasser zu stark fest. Dieses nicht nutzbare Wasser bezeichnet man auch als »Totwasser«.

Sandböden mit ihrem hohen Anteil an Grobporen zeigen eine gute Wasser-

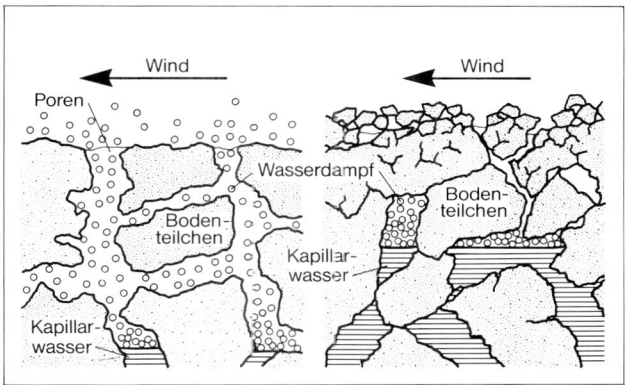

Böden mit großen Poren und tiefen Rissen trocknen leicht aus. Krümelige, feinporige Böden halten das Bodenwasser besser zurück (rechts im Bild).

Wind

Wind

Poren

Wasserdampf

Boden-teilchen

Boden-teilchen

Kapillar-wasser

Kapillar-wasser

leitfähigkeit und Durchlüftung. Da Mittel- und Feinporen weitgehend fehlen, steht nur eine geringe Menge an pflanzenverfügbarem Wasser zur Verfügung, Regenwasser fließt schnell ab.

Im Gegensatz dazu sind *Tonböden* zwar stets feucht, aber dieses Wasser liegt vor allem gebunden und nicht pflanzenverfügbar in Feinstporen vor. Die hohe Feuchtigkeit und der fehlende Gehalt an Grob- und Mittelporen machen diese Böden zu kalten, durch Luftmangel stickigen, biologisch wenig aktiven Standorten. Am günstigsten für Pflanzenwachstum und Bodenleben wirken sich Schluff- und *Lehmböden* mit mittlerem Tongehalt aus. Durch ein ausgewogenes Verhältnis aller Porengrößen mit einem Maximum bei den Mittel- und Feinporen, verfügen sie über ein gutes Bodengefüge, infolgedessen auch über einen günstigen Wasser- und Lufthaushalt (siehe auch Seite 76).

Die **Bodenluft** bildet die Voraussetzung für die Atmung der Pflanzen und Mikroorganismen. Der Boden bzw. die darin lebenden Pflanzenwurzeln und Lebewesen atmen Sauerstoff (O_2) ein und Kohlendioxid (CO_2) aus. Solange der Gasaustausch zwischen Boden und Atmosphäre ungehindert abläuft, beträgt der Sauerstoffanteil der Bodenluft etwa 20% und der CO_2-Gehalt etwa 0,5%

Die meisten Pflanzen erreichen ein optimales Wachstum erst bei einem Kohlendioxid-Gehalt, der zehnmal größer ist als der durchschnittliche CO_2-Gehalt der atmosphärischen Luft:

– atmosphärische Luft:
  21% Sauerstoff (O_2), 0,03% Kohlendioxid (CO_2), 79% Stickstoff (N_2)
– Bodenluft:
  20% Sauerstoff (O_2), 0,5% Kohlendioxid (CO_2), 79% Stickstoff (N_2)

Auch höhere Kohlendioxid-Werte – bis zum Hundertfachen der Konzentration in der Atmosphäre – vertragen die Pflanzen, ohne Schaden zu nehmen.

21

Auf Sauerstoffmangel reagieren Pflanzen, wie viele andere Lebewesen auch, sehr empfindlich. Sinkt der Sauerstoffgehalt auf 10 % und weniger ab, treten Wurzelschäden auf. Blattverlust und zu geringes Wachstum sind die Folge. Manche Spurenelemente, die für die Pflanzen von Bedeutung sind wie das Mangan (Mn), können bei zu wenig Sauerstoff im Boden zu hohe Konzentrationen erreichen und dann zu einer Vergiftung der Pflanzen führen.

Als Maßstab für die Luft- bzw. Sauerstoffversorgung der Pflanzenwurzeln und der Lebewesen verwenden die Bodenkundler den Begriff der Luftkapazität des Bodens. Das ist der Raumanteil, der mit Luft ausgefüllt ist, wenn der Boden genau bis zur Sättigung mit Wasser gefüllt ist. Sandige Böden haben eine hohe Luftkapazität, während Pflanzen in tonigen Böden oft wegen der geringen Luftkapazität unter Sauerstoffmangel leiden. Die in der Bundesrepublik Deutschland am häufigsten vorkommenden Braunerden und lehmige Böden nehmen bezüglich der Luftkapazität einen mittleren Platz ein.

Nicht nur die Zusammensetzung der Bodenluft allein, sondern auch der Gasaustausch mit der Atmosphäre ist von Bedeutung. Wenn der Gasaustausch zwischen Boden- und Außenluft nicht schnell genug erfolgt, kann es zu extrem hohen Kohlendioxid-Gehalten und entsprechend geringen Sauerstoff-Werten kommen, die sich schädigend auf Pflanzen und Bodenorganismen auswirken.

Die **Temperatur** stellt einen wesentlichen Faktor des Biotops Boden dar – sowohl für die chemischen Umsätze als auch für die Leistungen der Bodenorganismen. Sie beeinflußt die Keimung und das Wachstum der Pflanzen und bestimmt in großem Maß die Aktivität der Bodenorganismen. Je höher die Temperaturen, desto eher bzw. schneller können chemische Reaktionen ablaufen.

Die Hauptquelle der Bodenwärme ist die Sonneneinstrahlung. Die Wärmemenge, die durch die Aktivitäten der Bodentiere und während der biochemischen Reaktionen der Mikroorganismen und Pflanzen entsteht, ist vernachlässigbar klein.

Ein Teil der von der Sonne abgestrahlten Wärmeenergie wird von der Oberfläche des Bodens festgehalten (absorbiert), ein anderer Teil in die Atmosphäre zurückgeworfen (reflektiert). Der Wärmehaushalt des Bodens wird maßgeblich von der Strahlungsintensität und dem Einfallswinkel des Lichtes, sowie von der Oberflächenbeschaffenheit, der Farbe, der Wärmekapazität und der Wärmeleitfähigkeit des Bodens beeinflußt. Die Einstrahlungs-Intensität ist um so größer, je reiner die Luft und je niedriger der Wasserdampfgehalt ist. Der Einstrahlungswinkel hängt wiederum von der geographischen Breite, der Jahreszeit, der Neigung zur Erdoberfläche (Inklination) und der Lage zur Himmelsrichtung (Exposition) ab. Je senkrechter die Sonnenstrahlen einfallen, desto mehr Wärme wird aufgenommen.

Der von einer Pflanzendecke oder mit einem anderen Material bedeckte Boden erwärmt sich langsamer und kühlt auch langsamer aus als ein unbedeckter. Dunkelfarbige Böden nehmen mehr Wärme auf als helle. Schwarzerde absorbiert etwa 86 %, Braunerde etwa 80 % und

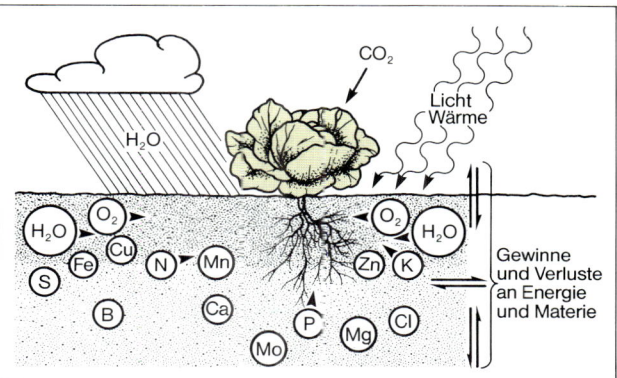

Die Pflanzen bauen ihre Substanz aus Kohlendioxid (CO₂) und Wasser (H₂O) unter dem Einfluß des Sonnenlichtes auf. Für ihr Wachstum benötigen sie verschiedene Nährelemente.

Gewinne und Verluste an Energie und Materie

besonders helle Böden nur etwa 20 bis 30 % der eingestrahlten Sonnenenergie. Nasse Böden erwärmen sich langsamer als trockene. Sie geben die Wärme aber auch langsamer wieder ab. Die Bodentemperatur unterliegt tages- und jahresrhythmischen Schwankungen mit Höhepunkten zur Mittagszeit und im Sommer. Mit zunehmender Tiefe werden diese Schwankungen aber ausgeglichen.

Physikalisch-chemische Eigenschaften des Bodens

Ionenaustauschkapazität

Der Boden bietet normalerweise den auf ihm wachsenden Pflanzen alle erforderlichen Nährstoffe. Die wichtigsten sind:

Hauptnährelemente: Sauerstoff (O), Kohlenstoff (C), Wasserstoff (H), Stickstoff (N), Phosphor (P), Kalium (K), Schwefel (S), Calcium (Ca), Magnesium (Mg).
Spurenelemente: Eisen (Fe), Mangan (Mn), Zink (Zn), Kupfer (Cu), Bor (B), Molybdän (Mo), Chlor (Cl).

Diese Nährstoffe werden den Pflanzen entweder als **Moleküle** (H₂O, CO₂) oder als elektrisch geladene Teilchen, als **Ionen** (z. B. K^+, Ca^{2+}, NO^{2-}) angeboten. Das Wort Ion kommt aus dem Griechischen und bedeutet »das Wandernde«. Ionen wandern zwischen den Bodenteilchen und den Pflanzenwurzeln in der Bodenlösung hin und her. Man unterteilt diese Ionen in negativ geladene Teilchen (z. B. NO_3^{2-}, das Nitrat), den Anionen, und positiv geladene Teilchen, den Kationen (z. B. K^+).

Die Fähigkeit, Wassermoleküle und Ionen im Boden festzuhalten (Adsorption), bildet eine der wichtigsten Merkmale der Bodenfruchtbarkeit.

Nicht alle festen Bodenbestandteile sind in der Lage, Ionen locker an sich zu binden und sie gegen andere Ionen aus der Bodenlösung auszutauschen. Die höchste Haltefähigkeit für Ionen und somit für Nährstoffe haben die Tonminerale und Humussubstanzen. Tonminerale sind sehr feinkörnig und weisen dadurch sehr große Oberflächen auf. 1 g Boden kann bis zu 500 m² Oberfläche aufweisen (Montmorillonit 600 bis 800 m², Humus 700 m²).

Tonminerale sind aus Schichten aufgebaut. Sie sehen aus wie kleine Schuppen oder Blättchen, die übereinandergelagert sind (Abbildung Seite 24). Die Schichten setzen sich aus der Kombination von Silizium-, Sauerstoff-, Aluminium- und Wasserstoffteilchen zusammen. Diese Schichten sind aber nicht ganz symmetrisch, sondern es werden auch Fremdatome wie Eisen oder Mangan eingebaut oder es bleiben Lücken übrig. Die Folge sind überschüssige Ladungen, die dadurch ausgeglichen werden, daß verstärkt frei im Boden vorhandene Ionen angelagert werden. Auch Wassermoleküle werden so gebunden. Sie umgeben die Tonminerale als dichte Hülle. Sie dringen zwischen die einzelnen Schichten ein und führen zur Quellung des Minerals. So sind die Tonminerale und auch die Humusstoffe aufgrund ihrer Struktur in der Lage, Pflanzennährstoffe zu speichern. Sie verhindern deren Auswaschung, und über die Bodenlösung werden verbrauchte Ionen laufend und wohldosiert nachgeliefert.

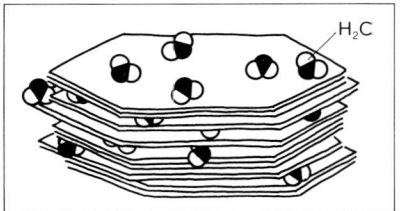

Bodenreaktion (pH-Wert)

Als Bodenreaktion wird die augenblickliche Wasserstoffionen-Konzentration (H^+) der Bodenlösung bezeichnet. Sie wird durch den pH-Wert bestimmt. Mit dessen Hilfe kann man beurteilen, wie ein Boden reagiert:

sauer entspricht einem pH-Wert < 7 = Überschuß an positiver Ladung
neutral: pH-Wert = 7
basisch (alkalisch): pH-Wert > 7 = Überschuß an negativer Ladung.

Die im Boden herrschenden, vom jeweiligen pH-Wert abhängigen Reaktionsverhältnisse haben großen Einfluß auf die physikalischen und chemischen Eigenschaften der Böden sowie auf die Lebensbedingungen von Pflanzen und Tieren, einschließlich der Mikroorganismen.

Die Verfügbarkeit von Nährstoffen, die Aktivität der Lebewesen, das Entstehen von Tonmineralen – und damit von Ionenaustauschern – und vieles mehr werden ganz wesentlich vom pH-Wert des Bodens bestimmt.

Der pH-Wert des Bodens ist stark abhängig vom Gehalt an basisch wirkenden Kationen, hauptsächlich von Ca- und Mg-Ionen. In unserem feuchten Klima unterliegen aber gerade diese beiden Ionen der ständigen Gefahr der Auswaschung. Außerdem sind die Kationen wie Ca, Mg, K und Na Nährstoffe, die von den Pflanzen in zum Teil erheblichen Mengen aufgenommen werden. Dieser Entzug von basisch wirkenden Kationen, sei es nun durch Auswaschung oder Aufnahme durch die Pflanzen, führt letztendlich zu einer Versauerung des Bodens. Zu diesem Zweck ist es unbedingt notwendig, mit geeigneten Kalkdüngern diesen Verlust wieder auszugleichen (siehe Seite 94).

Der Boden versauert aber auch aus anderen Gründen. Die Atmung der Bodenorganismen und der Pflanzenwurzeln setzen Kohlendioxid (CO_2) frei. Dieses reagiert mit Wasser zu Kohlensäure

(HCO_3^-). Pflanzenwurzeln tauschen H^+-Ionen gegen Nährstoffionen aus, dadurch steigt die Konzentration von H^+-Ionen im Wasser ebenfalls an, und die Bodenlösung versauert. Säuren, die beim Abbau von organischem Material entstehen, tragen ebenfalls zur Versauerung bei.

Auch einige Stickstoffdünger, vor allem ammoniumhaltige Dünger (Superphosphat, Ammoniumphosphat) oder Dünger, bei deren Umsetzung Ammonium (NH_4^+) frei wird, belasten den Basenhaushalt des Bodens. Wird das Ammonium nicht sofort von den Pflanzen aufgenommen, wandeln es Bakterien zu Salpetersäure um. Man kann daraus leicht erkennen, daß nicht nur die Art und Weise, wie man düngt, sondern auch der richtige Zeitpunkt der Düngung von Bedeutung ist.

Nicht zuletzt, um den Einfluß des sauren Regens abzupuffern, ist es unumgänglich, den Boden zu kalken und Düngemittel einzusetzen, die OH^--Ionen zur Neutralisation der H^+-Ionen bereitstellen.

Redox-Eigenschaften des Bodens

Wie der pH-Wert und die Ionenaustauschkapazität beeinflußt auch das sogenannte Redoxpotential eines Bodens die Nährstoffverfügbarkeit und die Bodenentwicklung. Um dies zu verstehen, müssen wir uns ein wenig mit Chemie beschäftigen. Unter **Oxidation** versteht man ganz allgemein jeden Vorgang, bei welchem einem Teilchen (Atom, Ion oder Molekül) Elektronen entzogen werden. Oxidation = Elektronenabgabe = O_2-Aufnahme.

Reaktionen, bei denen ein Teilchen Elektronen aufnimmt, nennt man **Reduktion.** Sie ist das Gegenteil einer Oxidation. Reduktion = Elektronenaufnahme = O_2-Abgabe.

Da nun ein Teilchen nur Elektronen abgeben kann, wenn diese gleichzeitig von einem anderen Teilchen aufgenommen werden, verlaufen Oxidation und Reduktion stets gekoppelt. Solche Vorgänge nennt man **Redoxreaktionen.**

$$Fe^{++} + 3\,H_2O \underset{\text{Reduktion}}{\overset{\text{Oxidation}}{\rightleftharpoons}} Fe^{+++}(OH)_3 + 3\,H^+ + e^-$$

Redoxreaktionen finden bei der Verwitterung, der Umsetzung der organischen Substanz und der Umwandlung von Stickstoff-, Schwefel-, Eisen- und Manganverbindungen statt. Sie beteiligen sich somit am Prozeß der Bodenentwicklung, an der Mineralisierung und Humifizierung der organischen Substanz und an der Verfügbarmachung oder Festlegung von Pflanzennährstoffen einschließlich der Spurenelemente. Viele Redoxreaktionen – im Grunde genommen rein chemische Prozesse – werden von Mikroorganismen bewerkstelligt. Bestimmte Bakterien (*Nitrosomas* und *Nitrobacter*) oxidieren Ammonium-Stickstoff (NH_4^+) zu Nitrit- (NO_2-) und Nitrat-(NO_3-)Stickstoff. Umgekehrt gibt es wiederum Bakterien, die unter reduzierenden Bedingungen (bei Sauerstoffmangel) den oxidierten Stickstoff (NO_3, NO_2) zu elementarem Stickstoff (N_2) oder zu NH_4 umwandeln. Stickstoff kann dann als Gas entweichen. Stickstoffbindende Mikroorganismen, die entweder frei (*Azotobacter,*

Amylobacter) oder in Symbiose mit Leguminosen *(Rhizobium)* leben, können elementaren Stickstoff in organisch gebundenen Stickstoff überführen. Die Verfügbarkeit oder Festlegung von Stickstoff, dem wichtigsten Pflanzennährstoff, hängt also stark von der Mikroorganismen-Zusammensetzung des Bodens ab.

Redoxreaktionen haben somit großen Einfluß auf

– die Verfügbarmachung oder Festlegung von Nährstoffen und Spurenelementen,
– den pH-Wert des Bodens und
– sie werden zum großen Teil von Mikroorganismen durchgeführt.

Die ökologische Bedeutung der Redoxvorgänge wird deutlich, wenn man sich vergewissert, daß nicht alle Nährelemente in gleicher Form für die Pflanzen aufnehmbar sind. Schwefel und Molybdän können z. B. nur in oxidierter, Eisen und Mangan nur in reduzierter Form und Stickstoff in beiden Formen aufgenommen werden. Man muß also darauf achten, daß im Boden sowohl sauerstoffverbrauchende (aerobe) als auch ohne Sauerstoff arbeitende (anaerobe) Mikroorganismen in ausreichender Zahl vorhanden sind. Das hat Auswirkungen auf die Bodenbearbeitung.

Bodenstruktur

Je nach Zustand und Bodentyp lassen sich charakteristische Struktureinheiten und -formen feststellen. Durch Anhäufung, Verklebung und Verkittung der einzelnen Bodenpartikel entstehen Aggregate (Verbindungen). Diese können Polyederform besitzen, stabile Krümel bilden oder stellen noch größere Struktureinheiten dar (siehe Seite 80).

Mit den einzelnen Strukturformen sind bestimmte physikalische, chemische und biologische Bodeneigenschaften verbunden. Für den weitaus größten Teil der Bodenorganismen stellt die Krümelstruktur die optimale Strukturform dar. Die mittlere Krümelgröße weist hierbei einen Durchmesser von 0,3 bis 3,0 mm auf. In diesem optimalen Strukturzustand sind in Lehm- und Tonböden bis zu 80 % der Krümel wasserstabil. Diese dadurch bereits mit guten chemischen Eigenschaften ausgerüsteten Böden erhalten nunmehr auch noch gute physikalische und biologische Merkmale und besitzen damit höchste Fruchtbarkeit. Dieser vorzügliche Bodenzustand entspricht dem, was man allgemein als gute Bodengare bezeichnet.

Von *Frostgare* dagegen spricht man, wenn durch die Sprengwirkung des gefrierenden und sich dabei ausdehnenden Bodenwassers die Bodenschollen in kleinere, aber meist wasserinstabile – und daher wenig wertvolle – Struktureinheiten zerfallen. Ein starker Regen zerstört diese instabilen Krümel sofort wieder und verdichtet den Boden. Bildet sich dagegen eine optimale, wasserstabile Krümelstruktur unter dem Schutz eines natürlichen Blätterdaches (Mischwaldboden) oder einer künstlichen Bodenbedeckung aus, so daß die strukturzerstörende Wirkung starker Regenfälle oder das Austrocknen der Bodenoberfläche verhindert wird, so spricht man von *Schattengare.*

Bodenfunktionen

Der Europarat hat in der »Europäischen Bodencharta« 1972 festgestellt, daß der Boden »zu den wertvollsten Gütern der Menschheit« zählt.

Die wichtigsten Funktionen von Böden sind:

– Standort und Lebensraum für Pflanzen und Tiere
– Nährstoffspeicher und Produktionsgrundlage für Nahrungs- und Futtermittel
– belebte Filter- und Pufferkörper für Schadstoffe
– Wasserspeicher mit Filterfunktion
– Rohstofflager (Kohle, Erdöl, Erze, Kies, Sand, Torf usw.)
– Standort für bauliche Einrichtungen.

Wird ein Boden mit Schadstoffen belastet, so können diese je nach Eigenschaft und Art der Schadwirkung und in Abhängigkeit von der Bodenart entweder ausgefiltert, abgepuffert oder umgewandelt werden. Die Schadsubstanzen werden dadurch dem Stoffkreislauf entzogen. Der Boden wirkt als Reinigungssystem, nur: seine Kapazität ist begrenzt!

Filterfunktion

Feste Schmutz- und Schadstoffe wie Industriestaub oder Fäkalien gelangen entweder mit dem Regen oder durch künstliche Berieselung auf und in den Boden, wo sie durch das Porensystem des Bodens mechanisch herausgefiltert werden. Die Filterwirkung hängt hauptsächlich von der Bodentextur, der Verteilung von Grob-, Mittel- und Feinporen und der Mächtigkeit des Bodenkörpers ab. Sie ist am höchsten bei Ton- und Schluffböden mit einem hohen Gehalt feiner Poren. Hier werden die Schadstoffe bei geringer Durchlässigkeit und bei einem großen Bodenkörper langsam durch die einzelnen Schichten durchgeschleust, festgehalten und großflächig verteilt. Bei Sandböden mit einem groben Porensystem und somit einer besseren Durchlässigkeit ist das Vermögen, feste Schadstoffe aus dem Wasserstrom herauszufiltern, am geringsten.

In der Humusschicht, den oberen Dezimetern eines Bodens, wird das Regenwasser mit verschiedenen gelösten Substanzen befrachtet, die es, während es hinabsickert, zum größten Teil wieder abgibt. Niederschläge fließen gereinigt, aber mit einer zusätzlichen Fracht an Mineralstoffen, in das Grundwasser ein. Mikroorganismen sorgen dafür, daß z. B. Keime zerstört oder an Huminstoffe gebunden werden. Ein gesunder Boden ist außerdem in der Lage, Schadstoffe einschließlich radioaktiver Substanzen zu binden und zurückzuhalten.

Pufferfunktion

Wenn gelöste und auch gasförmige Schadstoffe abgefangen oder gebunden werden, spricht man von Pufferung. Dies geschieht durch Adsorption (Anlagerung) an mineralischen und organischen Bodenteilchen (Huminstoffe und Tonmineralen). Die Schadstoffe werden an diese Teilchen durch physikalische Kräfte angelagert, festgehalten und damit dem Stoffkreislauf entzogen. Je nach pH-Wert und Redoxpotential werden Schadstoffe auch als schwer- oder unlösliche Verbindungen gefällt und damit ebenfalls unschädlich gemacht.

Der Abbau von organischen Schmutz- und Schadstoffen zu unschädlichen Verbindungen erfolgt in großem Maße durch Mikroorganismen, also durch Bakterien, Einzeller, Algen und Pilze. Sie wandeln giftige Pestizide in ungiftige Substanzen um, schließen Mineralstoffe aus dem Gestein auf und machen sie pflanzenverfügbar. Sie töten Krankheitserreger ab, bauen die Ton-Humus-Komplexe auf und sorgen für eine große Oberfläche der Bodenkrümel, so daß Nährstoffe und Spurenelemente in ausreichender Zahl festgehalten und bei Bedarf von den Pflanzen abgerufen werden können.

Die höchsten Filter-, Puffer- und Speichervermögen besitzen fruchtbare Böden mit hohen Gehalten an leicht umsetzbaren, organischen Substanzen und optimalem Wasser-, Luft-, Wärme- und Reaktionsvermögen – Böden mit einer hohen biologischen Aktivität. Dieses Reinigungsvermögen aber ist begrenzt! Im Gegensatz zu Luft und Wasser, die man »chemisch reinigen« kann, sind Böden nicht regenerierbar. Es gilt daher, den Boden durch eine schonende Bearbeitung und Pflege zu schützen und die natürliche Fruchtbarkeit durch die Förderung eines aktiven Bodenlebens zu gewährleisten.

Bodengefährdung

»Wir behandeln den Boden wie den letzten Dreck, treten ihn mit schmutzigen Füßen. Eigentlich ist er so kostbar, daß wir ihn auf Händen tragen müßten!«

(Alfons Dick, bayerischer Umweltminister)

Die Vernachlässigung des Bodens, einer 25 bis 30 cm starken Humusschicht, von der die ganze Menschheit lebt, wird möglicherweise dazu führen, daß uns die nächste ökologische Katastrophe – schlimmer noch als das Waldsterben – ins Haus steht. Der saure Regen fällt natürlich nicht nur auf die Wälder, sondern überall. Chemiegifte wie Schwermetalle und PCBs (Polychlorierte Biphenyle) werden durch die Politik der hohen Schornsteine nicht nur in Ballungsgebieten der Schwerindustrie auf die Felder abgelagert, sondern gelangen mit dem Wind über Hunderte von Kilometern auch auf Äcker und Gärten, in deren unmittelbarer Umgebung weder chemische Betriebe noch Hüttenwerke zu finden sind.

Falsche Bearbeitungsweise, zu hohe und zum falschen Zeitpunkt verabreichte Düngergaben tragen auch nicht gerade zur Gesunderhaltung des Bodens bei. Aber nicht nur die Industrie und die Landwirtschaft setzen dem Boden und dem sich darin befindlichen Leben zu, sondern auch die Privathaushalte und die Lebensgewohnheiten eines jeden von uns belasten den Boden. Diese Verbrennungsrückstände aus nicht optimal eingestellten und veralteten Heizungsanlagen und die Abgase von alten, schlecht eingestellten und ohne Katalysator betriebenen Autos erhöhen den Stickoxid- und Schwefeldioxidgehalt der Luft und damit die Konzentration des sauren Regens.

1985 gelangten folgende Schadstoffmengen auf die Böden der Bundesrepublik Deutschland:

Schadstoffe reichern sich in der Nahrungskette an. Die höchsten Konzentrationen finden sich im Menschen.

Lufttransport

Transport in Nahrungs- und Futtermitteln

Boden

Bodenlösung

Oberflächenwasser → Grundwasser → Wassertransport → Trinkwasser

---

7000 t Zink
6500 t Blei
1250 t Nickel
200 t Cadmium
180 t Quecksilber
1000 t polycyclische aromatische Kohlenwasserstoffe
7 Mio t Schwefelwasserstoffe (SH_2) und Stickoxide (NO_x)

Hinzu kommen noch etwa 32000 t Pestizide und etwa 5 Mio t Düngemittel auf die landwirtschaftlichen Nutzflächen.

Saurer Regen

Verantwortlich für den sauren Regen sind anorganische Schadstoffe, vor allem Schwefeldioxid (SO_2) und Stickstoffoxide (NO_x), letztere auch kurz Stickoxide genannt. Sie entstehen vorwiegend bei der Verbrennung fossiler Brennmaterialien wie Kohle, Erdöl und Erdgas. Jährlich rieseln insgesamt etwa 4 Mio t Schwefeldioxid und etwa 3 Mio t Stickoxide aus Fabrikschornsteinen, Heizungsanlagen und Auspuffrohren auf unsere Böden. Diese Gase verbinden sich mit Wasser zu starken Säuren: Schwefelsäure (H_2SO_4) und Salpetersäure (HNO_3), so daß Regenwasser in stark belasteten Gebieten pH-Werte von 3 bis 4,5

aufweisen kann. (Zum Vergleich: der pH-Wert von Äpfeln liegt bei 3,0, der von Essigsäure bei 2,5.)

SO_2 und NO_x schädigen auch ganz direkt das Pflanzengewebe durch den Abbau des grünen Blattfarbstoffes Chlorophyll. Weniger Ertrag und größere Anfälligkeit gegenüber Krankheiten und Schädlinge sind die Folge. Saurer Regen mobilisiert die Schadstoffe im Boden, stört in empfindlichem Maße die Lebensbedingungen der Mikroorganismen, das Bodenleben verarmt. Vor allem der Regenwurm stirbt in sauren Böden ab oder wandert aus. In der Folge wird die wichtige Krümelstruktur des Bodens zerstört. Vermehrte Verschlämmung, Erosion und Nährstoffaustrag sind einige der negativen Folgen.

Schwermetalle

Als Schwermetalle bezeichnet man Metalle mit einem größeren spezifischen Gewicht als Eisen. Dazu gehören Cadmium (Cd), Quecksilber (Hg), Blei (Pb), Zink (Zn), Nickel (Ni), Kupfer (Cu), Kobalt (Ko), Chrom (Cr), Arsen (As), Thallium (Tl), Beryllium (Be) u. a. Die Giftwirkung der Schwermetalle beruht auf ihrer Persistenz (Nichtabbaubarkeit). Über lange Zeit an die Umwelt abgegeben, reichern sich selbst geringste Mengen im Boden, den Pflanzen und über die Nahrungskette im Menschen an. Über Düngemittel, über Klärschlamm sowie durch Industrie-Immissionen und Autoabgase gelangen sie in die Böden. (Etwa 65 t Cadmium werden mit Phosphordüngemitteln jährlich auf unsere landwirtschaftlichen Kulturflächen ausgebracht.) Auch aus den rund 50 000 Deponien – den Altlasten des Wirtschaftswunders – gelangen nicht unerhebliche Mengen in den Boden. Normalerweise werden die Schwermetalle an den Bodenpartikeln (Tonminerale und Huminstoffe) gebunden und festgehalten. Aber durch die Einwirkung des sauren Regens und durch die Verarmung des Bodens an organischer Substanz erschöpft sich die Pufferwirkung des Bodens. Die Schwermetalle werden wieder mobil, von den Pflanzen aufgenommen und gelangen über die Nahrungskette zum Menschen. Sie rufen Nieren-, Leber-, Knochen- und Nervenschäden hervor. Besonders gefährdet sind dabei immer Kinder, alte und schwerkranke Menschen und werdende Mütter.

Schwermetalle stören nachhaltig den Stoffwechsel der Lebewesen im Boden. Die Mikroorganismen liefern fehlerhafte Eiweißstoffe, die die Pflanzen zwar noch aufnehmen können, mit denen sie aber nichts anzufangen wissen. Das Immunsystem der Pflanze wird geschwächt, und sie wird anfälliger für Krankheiten und Schädlinge.

Wir müssen uns immer wieder vor Augen führen, daß sich Schwermetalle im Boden nicht zersetzen oder abgebaut werden, sondern im günstigsten Fall an Tonminerale oder organische Partikel

gebunden werden. Sie sind dann dem Nährstoffkreislauf entzogen. Durch Änderung des pH-Wertes (z. B. als Folge des sauren Regens) werden sie aber wieder mobil und können dann eine akute Bedrohung darstellen. Sie reichern sich über Pflanzen und Tiere bis hin zum Menschen in der Nahrungskette an.

Radioaktivität

Die Reaktorkatastrophe von Tschernobyl konfrontierte vor allem die süddeutschen Kleingärtner mit dem Problem einer radioaktiven Belastung. Boden, Pflanzen und Tiere wiesen 1986 erhöhte radioaktive Werte auf. Grenzwerte wurden in Frage gestellt oder waren erst gar nicht vorhanden. Und wie sollte man sich auch gegen eine Gefahr wehren, die man weder sehen, riechen, fühlen oder schmecken kann?

Es ist schon für den Fachmann recht schwer, wieviel mehr erst für den Laien, sich ein Bild vom Ausmaß einer radioaktiven Verseuchung zu machen. Die verschiedenen Meß-Systeme und die abweichenden Meßergebnisse der verschiedenen Institutionen und Behörden tragen auch nicht gerade zur Aufklärung bei. Hinzu kommt die Schwierigkeit, verläßliche Grenzwerte festzusetzen. Über die Wirkung von geringen Dosen, die über längere Zeiträume einwirken, fehlen zuverlässige Untersuchungen. Typische Spätschäden der Radioaktivität, die zum Teil erst nach 10 bis 20 Jahren auftreten, sind Krebserkrankungen, aber auch Wachstums- und Entwicklungsstörungen, eine dauerhafte Schwächung des Immunsystems und Unfruchtbarkeit. Die Mehrzahl der Wissenschaftler geht heute davon aus, daß es keinen Schwellenwert gibt, unterhalb dem die Strahlung ohne Folgen bleibt. Also kann jede noch so geringe Strahlendosis irgendwann einen biologischen Schaden anrichten.

Unter Radioaktivität versteht man die Eigenschaft instabiler (unbeständiger) Atomkerne, von selbst und ohne äußere Einwirkung zu zerfallen und dabei eine für den Zerfall charakteristische Strahlung auszusenden. Ein Maß für die Geschwindigkeit dieses Vorgangs ist die Halbwertszeit, die Zeit, in der die Hälfte einer bestimmten Menge eines radioaktiven Elements zerfallen ist. Sie stellt für jede radioaktive Atomart eine charakteristische Größe dar. Sie kann Zehntausende von Jahren, aber auch nur Bruchteile von Sekunden dauern. Deshalb unterscheidet man auch zwischen langlebigen (z. B. Caesium 137, Strontium 90: Halbwertszeit etwa 28 Jahre) und kurzlebigen (Jod 131: Halbwertszeit wenige Tage) Radionukliden.

Die Aktivität eines radioaktiven Stoffes wird in Becquerel (Bq) gemessen. Sie gibt die Anzahl der pro Sekunde zerfallenden Atomkerne des jeweiligen radioaktiven Elementes an (1 Bq = 1 Kernzerfall pro Sekunde).

Falls es nochmals zu einer extremen radioaktiven Belastung der Umwelt kommt, wird es erforderlich sein, alle oberirdischen Pflanzenteile, die mit radioaktivem Regen oder Staub kontaminiert (verseucht) wurden, abzutragen und zu vernichten. Ein humusreicher Boden mit vielen Tonmineralen ist in der Lage, radioaktive Teilchen genauso wie andere Schadstoffe zu binden. Dies geschieht vorwiegend in den obersten 5 cm des Bodens. Trägt man diese Bodenschicht ab, kann man darunterliegende Erde bedenkenlos bepflanzen. Wird der Boden nicht abgetragen, so verlagern sich die radioaktiven Teilchen immer mehr in den Unterboden (Faustzahl: 1 cm pro Jahr), so daß in den folgenden Jahren die flachwurzelnden Pflanzen kaum noch radioaktive Teilchen aufnehmen, während hingegen in zunehmendem Maße tiefwurzelnde Pflanzen und Wurzelgemüse erhöhte Werte aufweisen. Auch in diesem Fall erweisen sich Böden mit einem hohen Gehalt an Humusstoffen und einem hohen Anteil an Tonmineralen, aktive und lebendige Böden also, als beste Lebensversicherung.

Pestizide

Jährlich werden etwa 32000 t Agrochemikalien auf die landwirtschaftliche Nutzfläche (Acker-, Wein-, Obst- und Gartenbau) ausgebracht. Etwa 1800 Pestizide mit etwa 320 Wirkstoffen, in der Hauptsache chlorierte Kohlenwasserstoffe, Organophosphor- und Schwermetallverbindungen, sind in der Bundesrepublik Deutschland zugelassen. Etwa 40% davon (über 700 Verbindungen) sind Herbizide, die etwa 65% (etwa 20000 t) der eingesetzten Pflanzenbehandlungsmittel ausmachen. 22% (etwa 400 Verbindungen) stellen Insektizide dar. 13% (über 230 Verbindungen) werden zu den Fungiziden gezählt. Die restlichen 20% (weitere etwa 400 Verbindungen) verteilen sich auf Mittel gegen Nagetier-, Schnecken- und Nematodenfraß.

Die Gifte wirken aber nicht nur gegen die Schadorganismen, sondern es werden gleichzeitig noch Dutzende von Nützlingen mitausgeschaltet. Die Pestizide reichern sich im Boden an und beeinträchtigen dort die übrige Bodenflora und -fauna. Infolge der mangelnden Bodenhygiene kann sich wegen des gestörten Bodenlebens die Anfälligkeit der Kulturpflanzen gegenüber Krankheiten und Schädlingsbefall noch erhöhen. Seit 1945 sind bereits über 400 Insektenarten gegenüber bestimmten Wirkstoffen resistent geworden. Es müssen daher immer wieder neue Wirkstoffe entwickelt werden.

Neben der Resistenzförderung und der Schädigung des ökologischen Gleichgewichts im Boden liegt die Gefahr der Pestizide vor allem in ihrer Persistenz (Nichtabbaubarkeit). Der Abbau zu ungiftigen Produkten durch die Mikroorganismen des Bodens dauert oft viele Jahre. Es können dabei Zwischenprodukte entstehen, die erheblich giftiger sind als das Ausgangsprodukt. Obwohl DDT seit 1972 in der BRD verboten ist, kann man es noch heute im Boden nachweisen.

Im Boden reichern sich diese Chemikalien an und zeigen zum Teil sich verstärkende Wirkungen, deren langfristige Auswirkung auf das Bodenleben noch gar nicht hinlänglich untersucht wurde.

Fungizide dezimieren den Regenwurm. Herbizide beseitigen Wildkräuter und entziehen vielen Bodenorganismen und dem Niederwild die Lebensgrundlage.

Pestizide treten wie Schwermetalle zudem als direkte Konkurrenten zu den Nährstoffen bei der Anlagerung an Ton-Humus-Komplexen auf. Das Fatale daran: Sie gewinnen meist! Die Nährstoffe werden verdrängt, gehen in Lösung und werden ausgewaschen.

Überdüngung, Nitratproblem

Auf dem typischen Bauernhof der frühen fünfziger Jahre, wo noch ein gesundes Verhältnis zwischen Ackerbau und Viehzucht vorlag, waren Mist und Jauche keine Abfallprodukte, sondern gefragte organische Wirtschaftsdünger, die, richtig dosiert und mit langsam verrottendem Stroh vermischt, Boden und Grundwasser kaum belasteten. Monokulturen und Massentierhaltung führten zum Einsatz von übermäßig viel Kunstdünger, es fallen jetzt enorme Mengen an Gülle an, die mangels ausreichender Lagerkapazitäten zur falschen Zeit in zu hohen Mengen auf die Felder gebracht werden. In der Folge finden sich im Erntegut, vor allem in Salat und Spinat, sowie im Grund- und Trinkwasser zu hohe Konzentrationen an Nitrat. Nitrate können sich im Magen-Darm-Trakt zu krebsauslösenden Verbindungen umwandeln und rufen bei Babys die Blausucht (Methamoglobinämie) mit Erstickungsgefahr hervor.

Nachdem 1987 die Grenze für Nitrat im Trinkwasser von 90 mg/l auf 50 mg/l gesenkt wurde (ein »EG-Richtwert« empfiehlt gar 25 mg/l), mußten vielerorts entweder Brunnen geschlossen oder aber stark nitrathaltiges Wasser mit anderem, weniger belastetem gemischt werden. In manchen Orten wurde sogar Mineralwasser kostenlos an Mütter zur Zubereitung von Säuglingsnahrung ausgegeben.

Nicht nur die Landwirtschaft treibt des Guten zuviel, auch die Kleingärtner

Rechts: Nach starken Regenfällen können brachliegende Böden stark verschlämmen, vor allem wenn ihr Tonanteil besonders hoch ist.

Unten: Trockenrisse im Tonschlamm des Schluchsees. Nicht ganz so gravierende Sprünge entstehen auch in schlechten Gartenböden.

tragen erheblich zur Nitratbelastung bei. Da kaum ein Gärtner regelmäßig seinen Boden auf Nährstoffgehalte untersuchen läßt und auch noch Restmengen von der günstig gekauften Großpackung Universaldünger großzügig über die Beete verteilt werden, haben die Stichproben einer Hohenheimer Studie ergeben, daß viele Gartenböden maßlos mit Phosphor und Stickstoff überdüngt sind. Mitunter weisen Spinat und Salat aus dem eigenen Anbau so hohe Nitrat-

gehalte auf, daß sie als Kindernahrung unbrauchbar sind.

Der übermäßige Einsatz von Mineraldüngern führt zwangsläufig zu einem Verfall der natürlichen Bodenfruchtbarkeit.

Die Nährstoffe aus im Übermaß angebotenen, leicht löslichen Mineraldüngern werden von den Pflanzen in zu großen Mengen aufgenommen. Man nennt dies »Luxuskonsum«. Der osmotische Druck verändert sich, weil die Pflanzen, um das Zuviel an Salz zu neutralisieren, mehr Wasser aufnehmen müssen. Aufgeschwemmtes Gewebe und nachlassende Widerstandskraft sowie häufigere Trockenschäden sind die Folgen. Auch das Aroma und die Würze lassen nach.

Erosion, Verschlämmung

Auf den landwirtschaftlichen Kulturflächen hat die Erosion in den letzten Jahren erheblich zugenommen. Betroffen sind vor allem Intensivkulturen ohne bodenbedeckende Untersaat, vor allem in Hanglagen. Durch die maschinengerechte Ausrichtung wurden im Zuge der Flurbereinigung Wallhecken und Feldraine beseitigt. Gerade im Winter, wenn der Boden unbedeckt ist, tragen Wind und Regen die fruchtbare Krume mitsamt dem teuren Mineraldünger davon. Was im großen Stil für die Landwirtschaft gilt, trifft in geringerem Umfang auch für die Gärten zu, wo wild wuchernde Hecken und Gehölze, die Wind- und Erosionsschutz bieten, gedankenlos herausgerissen werden.

Der Bodenbedeckung kommt auch oder gerade während der nichtanbaufähigen Zeit im Verlauf der Wintermonate eine wichtige Rolle zu. In Form von Mulchdecken und Gründüngung wirkt sie auch im Nutzgarten dem Bodenabtrag entgegen. Sie ernährt mit ihrer organischen Substanz zugleich das Bodenleben und stabilisiert die kostbare Bodenkrume.

Die Lebensgemeinschaft der Bodenorganismen

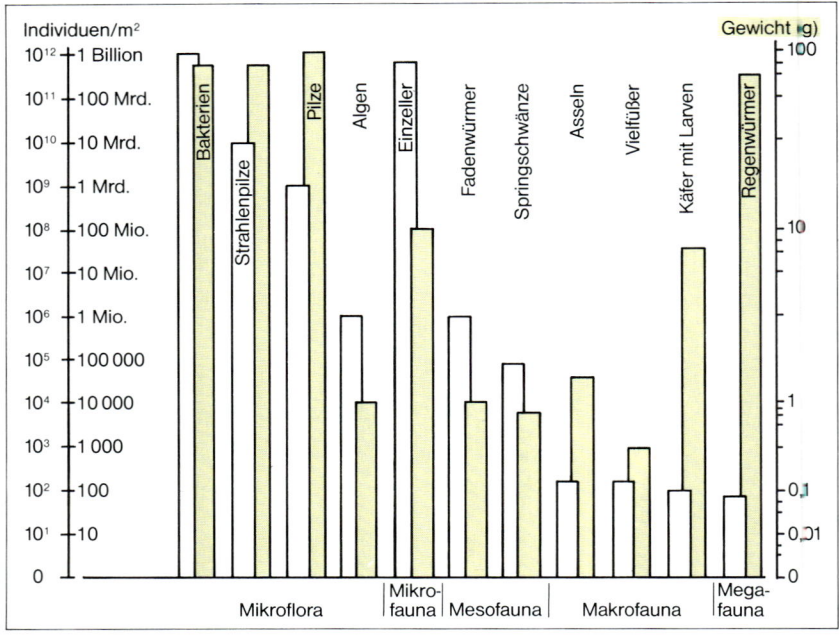

Von der gesamten organischen Substanz entfallen normalerweise 85 % auf abgestorbene Pflanzenreste, 10 % auf noch lebende Pflanzenwurzeln und nur etwa 5 % auf die Bodenorganismen. Trotz ihres geringen prozentualen Anteils im Bodengefüge haben die Bodenorganismen, die man als das Edaphon bezeichnet, entscheidenden Einfluß auf die so wichtigen Eigenschaften wie Gare, Struktur und Fruchtbarkeit.

Die bekanntesten, weil mit bloßem Auge sichtbaren Vertreter des Bodenlebens sind Regenwürmer, Insekten, Asseln, Schnecken, Maulwürfe und Mäuse. Dabei macht die Gruppe der Bodentiere nur etwa 20 % des Bodenlebens aus, wobei die Regenwürmer mit bis zu 1000 kg pro Hektar gewichtsmäßig den größten Anteil einnehmen. Der Hauptbestandteil der Bodengemeinschaft besteht aber

zu etwa 80 % aus pflanzlichen Organismen. In der Hauptsache sind dies Bakterien und Actinomyceten (Strahlenpilze), Pilze und Algen (Abbildung Seite 38).

In einer Handvoll guter Muttererde sind mehr Lebewesen vorhanden, als Menschen auf der Erde leben.

Zählt man das Gewicht dieser Bodenlebewesen auf 1 ha Fläche zusammen, so ergibt sich daraus ein Organismen-Gesamtgewicht von etwa 7,5 t, was ungefähr dem Gewicht von 13 Kühen entspricht. In der Landwirtschaft kann eine Futterfläche von 1 ha Wiese normalerweise zwei bis drei Kühe oder 25 Schafe ernähren. In den obersten 30 cm Boden derselben Fläche ernähren sich aber Lebewesen, die das vier- bis sechsfache an Lebendgewicht auf die Waage bringen.

Dieses Milliardenheer von Bodenlebewesen ist bestens organisiert und

Linke Seite: Verteilung der Bodentiere nach Individuen (linke Säule) und nach Gewicht (rechte Säule).

Seite 35: Spitzmäuse hausen als Einzelgänger in selbstgegrabenen Höhlen. Sie halten keinen Winterschlaf.

schafft Hand in Hand in verschiedenen Schichten des humosen Bodens.

Die tierische Lebewelt des Bodens wird zweckmäßigerweise nach ihrer Größe eingeteilt:

Zur **Mikrofauna** gehören Tiere, die nicht größer als 0,2 mm werden. Zu dieser Gruppe zählt man die Einzeller wie Urtierchen, Geißel-, Wurzel- und Wimpertierchen.

Zur **Mesofauna** rechnet man Tiere mit einer Größe zwischen 0,2 und 2 mm. Rädertiere, Springschwänze, Milben und Fadenwürmer sind hier einzuordnen.

Die **Makrofauna** umfaßt Tiere zwischen 2 und 10 mm wie Borstenwürmer, Schnecken, Spinnen, Asseln, Doppelfüßer, Hundertfüßer, Käfer, Fliegen, Ameisen usw.

Zur **Megafauna** (Tiere über 10 mm Größe) gehören nur die Regenwürmer und Wirbeltiere wie Maulwurf, Hamster, Igel und Mäuse.

Ökosystem Boden

Unter einem Ökosystem versteht man ganz allgemein das Wechselspiel einer Organismengemeinschaft mit ihrem Lebensraum und den darin herrschenden Umweltbedingungen sowie den Wirkungen der einzelnen Organismengruppen untereinander. Die Beziehungen zwischen den Elementen eines Ökosystems sind ungeheuer vielfältig und speziell für das Ökosystem Boden bisher nur ansatzweise aufgeklärt. Dennoch lassen sich einige charakteristische Zusammenhänge beschreiben:

Grabende Bodentiere schaffen durch ihre lockernde, lüftende und krümelbildende Tätigkeit beste Entwicklungsbedingungen für viele Mikroorganismen, die wiederum unentbehrlich sind für die Freisetzung anorganischer Elemente wie die Pflanzennährstoffe Stickstoff, Phosphor und Kalium aus toter organischer Substanz. Damit das Bodenleben die in der Tabelle erwähnten Funktionen übernehmen kann, muß der Boden einige Voraussetzungen erfüllen. Vom Wasser- und Luftangebot und damit vom Porenraum sowie von der Temperatur, dem pH-Wert und nicht zuletzt von der Bodenbearbeitung hängt es ab, welche Organismen gefördert oder in ihrer Entwicklung gehemmt werden.

Porenvolumen

Wie schon erwähnt, besteht ein Boden zu 50 % aus Hohlräumen, die unter optimalen Bedingungen je zur Hälfte mit Wasser und Luft gefüllt sind. In den luftgefüllten groben Hohlräumen oder Makroporen (etwa 0,03 bis 3 mm Durchmesser) leben die luftatmenden Kleintiere (Mesofauna). In den kleinsten, feinen Poren, den Mikroporen (0,003 bis 0,03 mm Durchmesser) finden wir hauptsächlich die zur Mikrofauna gehörenden Einzeller wie Räder- und Wimpertierchen, aber auch Nematoden.

Die Einteilung der Bodenorganismen in solche, die bevorzugt in lufterfüllten, und anderen, die überwiegend in wassergefüllten Porenräumen leben, ist nicht starr. Mit zunehmender Austrocknung des Bodens steigt z. B. der Gehalt an Strahlenpilzen und Pilzen gegenüber der Menge an Bakterien, da sie mit weniger

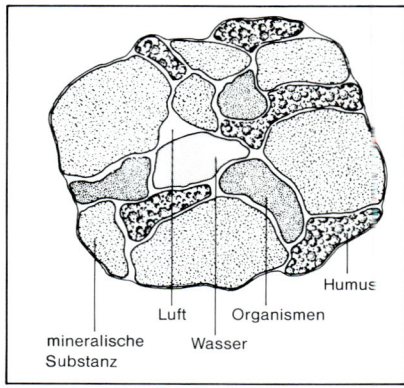

Wasser auskommen. Regenwürmer sind zwar auf luftgefüllte Grobporen angewiesen, können aber, falls diese durch starke Regenfälle mit Wasser ausgefüllt werden, an die Oberfläche kriechen und neue, günstigere Lebensräume aufsuchen.

Wasser und Luft

Die in den Hohlräumen lebenden Bodenorganismen bilden mehr oder weniger isolierte Kolonien. Das System der Bodenporen, das Bodengefüge, bestimmt die Entwicklung und die Ausbreitung der Bodenorganismen. Auch die Bodenaggregate beeinflussen die Zusammensetzung der Mikroben. In den feinsten Winkeln der Hohlräume bleibt aufgrund der Oberflächenspannung über lange Zeit das sogenannte »Porenwinkelwasser« erhalten. Dahinein ziehen sich viele zarte Bodentiere (Ciliaten, Rädertiere) bei Austrocknung zurück. Außerdem hält (adsorbiert) die Oberfläche der Bodenteilchen eine dünne Wasserhaut fest, die der Austrocknung lange widersteht und den kleinsten Bodenbewohnern als Aufenthaltsort dient.

Um Trocken- oder Nässeperioden zu überstehen, haben die Bodenorganismen besondere Verhaltensweisen entwickelt. Davon wird bei der Beschreibung der einzelnen Tiere noch ausführlicher die Rede sein. Der Regenwurm z. B. folgt einem Feuchtigkeitsgefälle und wandert in tiefer gelegene Bodenhorizonte ab, wenn die Bodenoberfläche austrocknet. Ebenso verhalten sich bodenbewohnende Springschwänze. Die Asseln verlegen ihre aktive Phase in einen Tagesbereich, in dem die Ver-

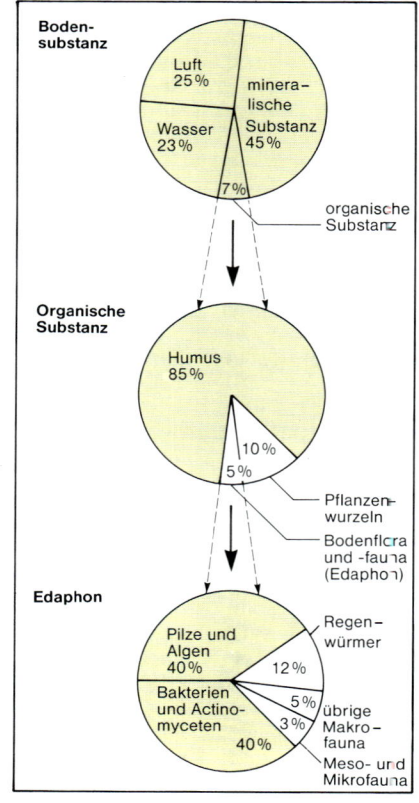

38

Fünfzehn Jahre nach der erstmaligen Bewirtschaftung sieht **ein Boden unter Rasen so aus: krümelig, mittelgründig, frisch.**

dunstung möglichst gering ist, sie sind nachtaktiv. Insekten, Spinnentiere und Regenwürmer gehen im Sommer in ein Ruhestadium über, welches den Stoffwechsel ähnlich stark verringert, wie dies bei anderen Tieren während des Winterschlafs geschieht. Die Verdunstungsrate können die Organismen dadurch herabsetzen, indem sie das Verhältnis von Körperfläche zu Volumen möglichst verringern und eine runde Form annehmen oder eng zusammenkriechen wie die Asseln. Vor Verdunstung schützt auch eine besonders dicke Wachsschicht, wie sie manche Tausendund Hundertfüßer ausgebildet haben. Wahrscheinlich lassen sich die jahreszeitlichen Unterschiede in der Zusammensetzung der Bodenfauna, sowohl in bezug auf das Artmuster als auch die Anzahl betreffend, großenteils auf Feuchtigkeitsunterschiede zurückführen.

Der Einfluß des **Bodenwassers** auf die Organismen beruht nicht nur auf Menge, Bindungsart und Verfügbarkeit, sondern auch auf seiner chemischen Zusammensetzung. Im Bodenwasser sind zahlreiche organische und anorganische Substanzen gelöst. Die Bodenlösung bildet so das Nährmedium für alle Bodenmikroorganismen. Sie ist das Lebenselixier des Bodens und wird deshalb oft mit dem Blut tierischer Organismen verglichen. Je nährstoffreicher die Bodenlösung und vielseitiger ihre Zusammensetzung, desto besser entwickelt sich das Bodenleben und die Lebenstätigkeit der Bodenmikroorganismen. Eine mengenmäßig nicht ausreichende oder einseitige Nährstoffzusammensetzung der Bodenlösung bewirkt ein individuen- und formenarmes Bodenleben.

Anteil und Zusammensetzung der **Luft** sind wesentliche Faktoren für den Ablauf der Lebensprozesse im Boden. Der Luftgehalt schwankt in Abhängigkeit von den Textur- und Struktureigenschaften des Bodens zwischen 0 und 25 Volumenprozent (%vol). Sandböden weisen im Zustand der Feldkapazität (Wassersättigung; dieser Zustand pendelt sich im Anschluß an Überflutung nach einiger Zeit ein) etwa 20 bis 25 %vol, Lehmböden etwa 11 bis 20 und Tonböden vielfach weniger als 10 %vol luftführende Hohlräume auf. Je mehr sich die Bodenstruktur der Krümelstruktur nähert, desto höher wird auch der Luftanteil bei den jeweiligen Bodenarten sein.

Die Bodenluft enthält verglichen mit der Atmosphäre mehr Kohlendioxid (0,3 bis 10 %) und um 1 bis 2 % weniger Sauerstoff (siehe Seite 21). Sie enthält zusätzlich die von den Bodenlebewesen gebildeten Gase wie Ammoniak, Schwefelwasserstoff, Methan oder organische

Säuren, Alkohole und Ether. Der charakteristische Erdgeruch eines humosen Waldbodens stammt z. B. von den flüchtigen Zwischenprodukten der Strahlenpilze.

Das Ausscheidungsprodukt Kohlendioxid (CO_2) dient als Maßstab für die Intensität der biologischen Prozesse im Boden. Die Menge an Kohlendioxid, die pro Hektar und Jahr während der Vegetationsperiode dem Boden entströmt, wird auf 12 000 kg geschätzt. Diese Zahl schwankt stark je nach Bodenart, Pflanzenbestand und klimatischen Bedingungen.

Die Zusammensetzung der Bodenluft beeinflußt das biologische Geschehen im Boden nicht nur direkt, sondern auch indirekt über die Vegetationsrückstände der höheren Pflanzen, durch die Humusbildung also. Auf leichten Sandböden verläuft die Umsetzung aufgrund des hohen Anteils von lufterfüllten Makroporen am Bodenvolumen meist sehr schnell. Ist zudem noch genügend Feuchtigkeit vorhanden, so spielen sich sehr stürmische Oxidationsprozesse ab. Daher kommt es auch zu keiner nennenswerten Anhäufung organischer Substanz. Bei einem schweren Tonboden, in dem wassergefüllte Mikroporen vorherrschen, ist der Gasaustausch gehemmt. Fäulnisprozesse werden unter solchen Standortbedingungen begünstigt. Eine nennenswerte Humusanreicherung findet auch hier nicht statt. Dagegen weisen Lehmböden mit einem günstigen Verhältnis von luftführenden Makro- und wasserhaltigen Mikroporen hohe pflanzliche Produktionsleistungen auf. Die dabei gehäuft anfallenden Pflanzenrückstände werden nur langsam ab-

gebaut. Mineralisierungs- und Humifizierungsvorgänge verlaufen stets nebeneinander. Der überwiegend oxidative (Sauerstoff verbrauchende) Mineralisierungsprozeß besorgt die kontinuierliche Nährstoffnachlieferung. Die meist ohne Sauerstoff stattfindende Humifizierung ist für die Bildung und Anreicherung der wertvollen Huminstoffe verantwortlich.

Sauerstoffmangel wirkt sich ungünstig auf das Wurzelwachstum und auf die Wasser- und Nährstoffaufnahme der Kulturpflanzen aus und beeinträchtigt dabei den Ertrag. Wohlüberlegte Kulturmaßnahmen der Bodenbearbeitung, der Düngung, des Anbaus und der Sortenwahl können die extremen Durchlüftungsverhältnisse, wie sie in leichten Sandböden oder in schweren Tonböden auftreten, in Richtung einer optimalen Durchlüftung lenken.

Temperatur

Wie der Luft- und Wasserhaushalt hat auch die Temperatur Auswirkungen auf das biologische Geschehen im Boden. Sämtliche Bodenorganismen besitzen eine bestimmte Temperaturspanne, in der sie sich am wohlsten fühlen und größte Aktivität entfalten. Bei den Mikroorganismen unterscheidet man zwischen kälteliebenden, die im Bereich von 0 bis 10 °C leben, und wärmeliebenden, die Temperaturbereiche von 10 bis 25 °C brauchen. Manche hitzeliebenden Mikroorganismen können noch im Bereich von 25–45 °C bis maximal 80 °C leben.

Der Regenwurm zieht sich durch Tiefenwanderung jeweils in Zonen zurück, die seiner Vorzugstemperatur entspre-

In der Regenwurm-losung gehen organische und minera-lische Bodenteil-chen eine innige Verbindung ein. Regenwurmkot enthält reichlich Pflanzennährstoffe.

chen. Andere Bodentiere wie die Spring-schwänze sind in ihrem Verhalten wenig temperaturabhängig. Sie können – wie auch viele Milben – im Boden einfrieren und wieder auftauen, ohne daß sie dabei geschädigt werden.

Gegen zu hohe Temperaturen sind Bodentiere im allgemeinen empfindli-cher als gegen zu niedrige. Es genügen in vielen Fällen schon Temperaturen, die weit unterhalb der Gerinnungstempera-tur der Eiweiße liegen (im Bereich von 40 bis 60 °C), um diese Tiere unwiderruf-lich zu schädigen.

pH-Wert

Da die bodenbiologische Aktivität eng mit dem pH-Wert verbunden ist, bietet ein neutrales bis schwach saures Boden-milieu die günstigsten Voraussetzungen für eine rege mikrobielle Aktivität, eine reichliche Humusbildung und damit ver-bunden für eine optimale Krümelbil-dung.

Bodenstruktur und Hohlraumvolumen

Das Bodenleben wird stark von der Korngrößen-Zusammenssetzung und der räumlichen Anordnung seiner Struk-

tureinheiten beeinflußt. Aber auch die Organismen greifen rückwirkend durch ihre Grabtätigkeit, ihre chemischen Lei-stungen und durch ihre sterblichen Über-reste in die Strukturverhältnisse ein. Wenn sich Bodentiere durch den Boden graben, wird dieser mechanisch gelok-kert, seine Bestandteile werden ver-mischt, sein Gefüge wird verändert. Die Wasser- und Luftführung wird verbessert und damit die mikrobiologische Aktivität des Standortes erhöht. In der Folge fällt es den Pflanzen leichter, den Boden tiefer und intensiver zu durchwurzeln und so-mit das Bodengefüge zu stabilisieren. Re-genwürmer transportieren z. B. pro Jahr und Hektar 20 bis 90 t Krümel an die Bo-denoberfläche. Das entspricht einer jähr-lichen Aufschüttung von 12 bis 14 mm.

Die von den Bodentieren aufgenom-mene organische Nahrung wird mit Hilfe der abgeschiedenen Verdauungs-fermente und der symbiontischen Darm-flora angegriffen und mit den minera-lischen Bodenbestandteilen vermischt. Vor allem bei Regenwürmern, Engerlin-gen und Asseln erfolgt diese Verkittung von organischen Nahrungsresten mit anorganischen Teilchen des Bodens zu stabilen Ton-Humus-Komplexen. Nicht nur der mechanische Einfluß durch das Graben, sondern auch die Umwandlung

Mikroorganismen tragen mit ihren Ausscheidungen und mit ihren Zelketten zur Verklebung und Verkittung von Bodenteilchen bei. Man spricht von Lebendverbauung.

im Darm, der chemische Einfluß, sorgt für die Bildung und Stabilisierung der Krümelstruktur. Die so gebildeten Bodenkrümel erweisen sich als viel stabiler als Bodenpartikel, die sich ohne diese biologische Aktivität formen (siehe Seite 26). Der Kot der Tiere (Asseln, Regenwürmer, Ameisen, Mistkäfer) ist mit reaktionsfähigen Humusstoffen angereichert, die sich sofort mit den anorganischen Bodenmineralen zu Aggregaten zusammenfügen. Auch bei der Verwesung der eiweißreichen Körpersubstanz der Bodentiere entstehen Abbauprodukte, die positiv auf die Krümelbildung einwirken.

An der Krümelbildung und -stabilisierung sind unzählige Substanzen beteiligt: anorganische Bodenteilchen, Kalk, Hydroxide und Oxide, Stoffwechselprodukte der Bodenorganismen, schließlich all die Ab-, Um- und Aufbauprodukte, die bei der Mineralisation und Humifizierung der Pflanzenreste anfallen. Diese Stoffe durchdringen und umspinnen die Bodenteilchen und bilden so mehr oder weniger stabile Krümel. Andere Substanzen wie Stärke fördern die Krümelbildung durch ihre verklebende, verkittende oder verflechtende Wirkung. Besonders aktiv sind hier die ausgeschiedenen Schleimstoffe der Bakterien.

Diese verflechtende, verklebende und verbauende Wirkung der noch lebenden Pflanzenwurzeln, Pilzhyphen und Bakterienkolonien bezeichnet man sehr treffend als *Lebendverbauung*.

Alle acker- und pflanzenbaulichen Maßnahmen, die zur Verbesserung der Durchlüftung, der Wasserversorgung, der Durchwurzelung und der Humus- und Nährstoffversorgung des Bodens beitragen, wirken sich günstig auf die biologische Aktivität und die Lebendverbauung aus. Eine wichtige Rolle spielt dabei die angebaute Kulturpflanze. Die Pflanzenwurzeln scheiden für Bakterien, Pilze und Kleintiere ernährungsphysiologisch wichtige Substanzen aus, die die mikrobiologische Aktivität im Wurzelraum erhöhen. Sterben die Wurzeln ab, so entsteht ein idealer, meist reichlich mit Luft, Wasser und Nährstoffen versorgter Lebensraum für Bodenorganismen, die ihrerseits wiederum mit den anfallenden Zersetzungsprodukten gemeinsam für die Stabilisierung des angelegten Kanalsystems sorgen. Auch die übrigen Vegetationsrückstände, die entweder unmittelbar als Gründüngung oder aber in veredelter Form als Stallmist oder Kompost dem Boden zugeführt werden, unterstützen die Krümelbildung.

Die Leistungen des Edaphons

1. Mineralisation
Tote organische Substanz wird bis hin zu den chemischen Elementen, die als Pflanzennährstoffe dienen, abgebaut (Nährhumus).

2. Humifikation
Aus den Zwischen- und Endprodukten des Abbaus der organischen Abfälle werden neue stabile strukturbildende Huminstoffe aufgebaut (Dauerhumus).

3. Nitrifikation
Blaualgen, *Azotobacter* und Nitrifikanten führen verschiedene Formen der Stickstoffbindung und -umwandlung durch.

4. Biologische Verwitterung
Stoffwechselprodukte und -ausscheidungen von Pflanzenwurzeln und Bodenorganismen lösen Mineralien aus dem Ausgangsgestein. Wurzeln sprengen mechanisch das Gestein. CO_2-Bildung bewirkt eine natürliche Bodengare (Hefeteigeffekt).

5. Lebendverbauung
Fädige und gallertige Geflechte von Pilzhyphen, Pseudomycelien, Wurzelhaare, Bakterien und bakterielle Haftorganen verkleben die organischen und anorganischen Teilchen miteinander und bewirken eine erhöhte Krümelstabilität der Bodenteilchen.

6. Krümelbildung
Durch die Fraßtätigkeit, vor allem von Asseln und Regenwürmern, werden die verschiedenen Bodenbestandteile innig miteinander vermischt. Es entstehen die wichtigen Ton-Humus-Komplexe.

7. Dränage und Belüftung
Die Grabtätigkeit von Regenwürmern, Asseln, Mäusen und Maulwürfen verbessert die Wasserleitfähigkeit und Durchlüftung.

Die wichtigsten Lebewesen im Boden

Das Bodenleben besteht zu rund 80 % aus Bakterien, Strahlenpilzen, Pilzen und Algen, und nur 20 % machen die anderen Vertreter wie Asseln, Springschwänze, Regenwürmer usw. aus. Trotz ihrer mikroskopisch kleinen Größe (<0,2 mm) sind die Mikroorganismen aber wegen ihrer unvorstellbar großen Anzahl (bis zu einer Billiarde = eine 1 mit 15 Nullen kommen pro m² vor) und ihrer unterschiedlichen chemischen Abbauleistung von hoher Bedeutung.

Bakterien

Bakterien sind mikroskopisch kleine (0,5 bis 3 µm große), einzellige Organismen. Sie vermehren sich durch Zellteilung oder Sporenbildung. Je nach ihrer äußeren Gestalt unterscheidet man Kokken (rund), Stäbchen (länglichoval) oder Spirillen (spiralig). Bakterien ernähren sich entweder saprophytisch, das heißt sie ernähren sich von schon in Zersetzung befindlicher organischer Substanz, oder parasitisch als Schmarotzer noch lebender Tiere und Pflanzen. Oder aber sie leben völlig autotroph, benötigen also keine organischen Stoffe. Bakterien scheiden Enzyme aus und zersetzen ihre Nahrung außerhalb des Organismus. Die Nährstoffe werden in abgebauter Form über die gesamte Körperoberfläche aufgenommen. Bakterien sind so an der Zersetzung der organischen Stoffe, an der Huminstoffbildung, an der Stickstoffbindung und vielen anderen chemischen Prozessen im Boden beteiligt.

Durch mannigfaltige Anpassungen an den Lebensraum unterscheidet man verschiedene Bakterientypen: Zellulose-, Nitrat-, Schwefel- und Eisenbakterien sowie freilebende Stickstoffbinder. Dem Landwirt und Gärtner sind vielleicht die in einer Lebensgemeinschaft mit Leguminosen (Erbsen, Bohnen, Wicken, Luzerne, Klee) lebenden Knöllchenbakterien *(Azotobacter)* am besten bekannt. Sie sind in der Lage, den Luftstickstoff zu binden, den sie den Wirtspflanzen zur Verfügung stellen, während die Pflanzen die Bakterien mit Kohlenhydraten (Eiweiße, Zucker, Stärke) versorgen. Damit können solche Pflanzen auch auf stickstoffarmen Böden gedeihen oder kommen mit weniger Stickstoffdüngung aus. Ein Teil des Stickstoffs geht nach dem Absterben der Pflanzen in den Boden über und trägt so zur natürlichen Stickstoffdüngung bei. Leguminosen sind daher ideale Gründüngungspflanzen.

Strahlenpilze

Strahlenpilze (Actinomyceten) sind einzellige, wenig verzweigte, fadenförmig wachsende Organismen. Sie stehen morphologisch zwischen den echten Bakterien und den Pilzen. Ihre Wuchsform erinnert an Pilze, aber ihr Zellwandaufbau ist identisch mit dem der Bakterien. Actinomyceten sind von elementarer Bedeutung für den Aufbau von Dauerhumus. In Verbindung mit allen Bodenmineralen können Strahlenpilze kompliziert gebaute pflanzliche Stoffe wie Zellulose oder Chitin abbauen und in Eiweiß und stickstoffreiche Huminstoffe (Dauerhumus) umwandeln. Dabei tritt der typische frische Erdgeruch auf.

Actinomyceten sind in der Lage, Hemmsubstanzen (Antibiotika wie Streptomycin) gegen andere Mikroorganismen zu bilden. Dies wird z. B. für die Erzeugung von Arznei- und Futterzusatzmittel ausgenutzt. Diese Antibiotika kommen natürlich auch den Kulturpflanzen zum Aufbau der eigenen Schädlingsabwehr zugute.

In Böden immer zu finden sind die Gattungen *Streptomyces* und *Nocardia*. In Symbiose mit Holzgewächsen (Holz, Sanddorn) lebt die Gattung *Frankia*, die ebenfalls Luftstickstoff binden kann.

Pilze

Sie nehmen 25 bis 50 % der Biomasse der Bodenorganismen ein. Pilze sind Pflanzen, die zwar kein Chlorophyll ent-

Geißeltierchen im Mikrokosmos Boden.

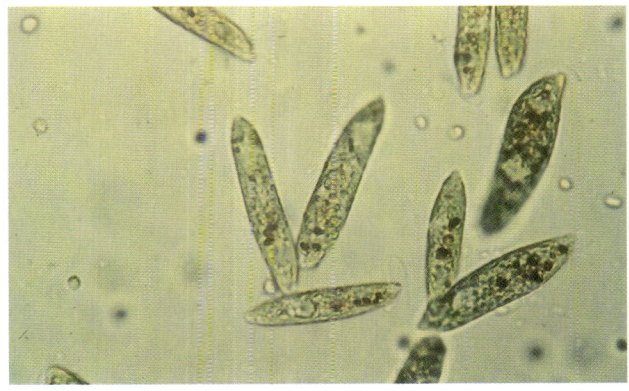

An den Wurzeln der Puffbohne kann man sehr deutlich die »Knöllchen« der Knöllchenbakterien erkennen.

Bakterien und Strahlenpilze finden sich in allen Böden. Sie sind entscheidend am Abbau von hochmolekularen pflanzlichen Stoffen beteiligt.

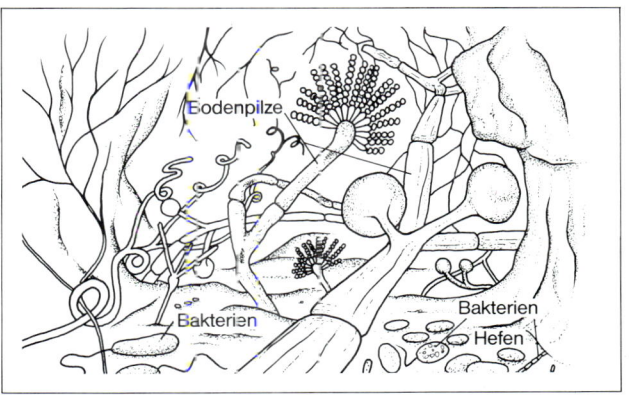

Bodenpilze

Bakterien

Bakterien

Hefen

halten und daher keine Photosynthese betreiben können, die aber schon Zellulose für den Bau ihrer Zellwände verwenden und auch weitaus komplizierter als die Bakterien gebaut sind. Wenn wir im Zusammenhang mit den Leistungen der Bodenorganismen von Pilzen sprechen, meinen wir nicht nur die Speisepilze wie Champignon oder Hallimasch (Ständerpilze), sondern in erster Linie niedere Pilze, die keine großen Fruchtkörper als Sporenständer ausbilden. Dazu gehören z. B. der Pinselschimmel *Penicillium chrysogenum*, der das Antibiotikum Penicillin bildet, aber auch viele andere Schimmelpilze. Pilze entwickeln Zellfäden, sogenannte Hyphen. Anhäufungen von Hyphen oder Hyphengeflechte bezeichnet man als Mycel.

Niedere und höhere Pilze sind durch ihre unterirdischen Hyphengeflechte am Abbau von Pflanzenresten, besonders der Laubstreu, beteiligt. Es gibt bisher etwa 30 000 beschriebene Pilzarten, die mit ihren weitverzweigten Hyphen in fruchtbaren Böden ein feines Netz von bis zu 100 m Gesamtlänge in 1 g Bodensubstanz bilden können. Solche großen Anhäufungen von Pilzmycel sind mit bloßem Auge erkennbar. Sie verfestigen die Humusauflage im Wald so stark, daß man sie brechen kann. Mit ihren extrazellulären Schleimabsonderungen und ihrem Hyphengeflecht tragen Pilze zur Lebendverbauung der Bodenteilchen bei.

Pilze ernähren sich hauptsächlich saprophytisch, indem sie totes Pflanzen- und Tiermaterial aufschließen. Darin ist auch ihre große Bedeutung im Stoffkreislauf des Bodens zu suchen. Vor allem in der Zersetzung schwer abbaubarer Pflanzenreste wie Zellulose, Chitin und Lignin sind sie führend. Sie haben aber auch an der Bildung von Dauerhumus großen Anteil. Unter den Pilzen gibt es parasitisch und symbiontisch lebende Formen. Parasitisch leben z B. der Erreger der Kraut- und Knollenfäule an Kartoffel *(Phytophthora infestans)* oder der Apfelschorf *(Venturia inaequalis)* sowie einige Arten, die sich von Nematoden (Fadenwürmern) ernähren.

Von den in Symbiose lebenden Pilzen sind vor allem die Mykorrhiza-Pilze bekannt. Sie bilden ein enges Hyphengeflecht an den Wurzelspitzen und im Wurzelgewebe höherer Pflanzen aus. Für viele Bäume sind sie zum Überleben auf ungünstigen Standorten unbedingt erforderlich. Diese Lebensgemeinschaft dient zum Nutzen beider Partner. Die höheren Pflanzen geben Kohlenhydrate an den Pilz ab, während dieser bei der Aufnahme von Wasser und Nährstoffen hilft.

Algen

Vielfach findet man auf Blumentöpfen oder auf dem Boden einen feinen grünen Überzug von Algen. Weil sie farbstoffhaltige Zellorganellen besitzen, sind Algen in der Lage, Kohlendioxid mit Hilfe des Lichts in Zucker und Stärke umzuwandeln. Die meisten Vertreter der im Boden vorkommenden Algen gehören zu den Klassen der Blaualgen, Grünalgen und Kieselalgen.

Es kommen fadenförmige Gebilde, koloniebildende Formen und einzellige Organismen vor. Kieselalgen haben stark kieselsäurehaltige Wände mit zum

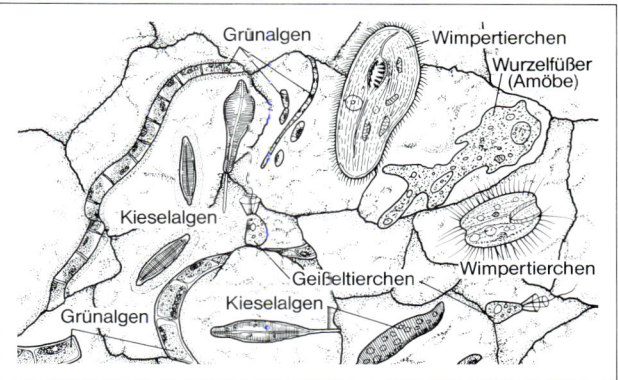

Teil wunderschönen Skelettmustern. Sie sind etwa wie eine Käseschachtel in Deckel und Boden gegliedert. Die ungeschlechtliche Vermehrung geschieht hier so, daß sich Boden und Deckel trennen und das jeweils fehlende Teil neu gebildet wird.

Algen haben vor allem als Erstbesiedler die Aufgabe, bodenbildende Prozesse einzuleiten. Durch die Atmungskohlensäure wird die Verwitterung in Gang gesetzt. Der dabei entstehende Sauerstoff kommt den Wurzeln der höheren Pflanzen und der übrigen Lebewelt des Bodens zugute. Durch die Algenvermehrung und ihr späteres Absterben steigt der Gehalt an organischer Substanz. Die Wasserhaltefähigkeit des Bodens steigt und durch die zum Teil gallertartige Außenhaut der Algen wird der Boden verfestigt und somit vor Erosion geschützt.

Einige Blaualgen besitzen die Fähigkeit, elementaren Stickstoff zu binden und tragen somit zu einem großen Teil zur Stickstoffversorgung von Reisfeldern bei. Algen geben auch Zucker und Eiweiße an die Umgebung ab, zum Teil produzieren sie Wuchsstoffe und Antibiotika.

Eine Besonderheit stellen die **Flechten** dar. Es handelt sich dabei um

Lebensgemeinschaften zwischen Pilzen und verschiedenen Blau- oder Grünalgen. Die Algen liefern Zucker und Stärke, während der Pilz den Algen ausreichend Wohnraum bietet. So sind sie als Flechte in der Lage, selbst extreme Standorte zu besiedeln wie Wüsten und Hochgebirge.

Protozoen

Unter den Mikroorganismen gibt es natürlich auch tierische Formen. Zu dieser Mikrofauna gehören jene Tiere, die nicht größer als 0,2 mm werden. Zahlenmäßig am häufigsten sind einzellige Urtierchen (Protozoen) mit den Wurzelfüßern bzw. Amöben (Rhizopoden), Wimpertierchen (Ciliaten) und Geißeltierchen (Flagellaten). Sie bewegen sich mit Hilfe von Geißeln, Wimpern oder unbestimmt geformten Körperfortsätzen im feinen Wasserfilm des Bodens fort. Protozoen ernähren sich vorwiegend von Bakterien, aber auch von organischen Stoffen. In 1 g Boden findet man 20000 bis 200000 dieser kleinen Organismen.

Rädertierchen

Nicht ganz so häufig wie die Protozoen findet man Rädertierchen (Rotatoria) im Boden (etwa 25000 Individuen pro m^2). Sie sind kaum größer als die Urtierchen (40 bis 500 μm), aber schon mehrzellig und in drei Körperabschnitte gegliedert: Kopf, Rumpf und Fuß. Wie der Name schon andeutet, besitzen Rädertierchen am Kopfabschnitt ein Räderorgan, das meist aus zwei Wimpernkränzen besteht, die zum Schwimmen und zum Herbeistrudeln der Nahrung dienen. Rotatorien besitzen einen Kaumagen, der sich zum Teil so weit herausstreckt, daß er wie eine Greifzange zum Beutefang eingesetzt wird. Der Fuß ist mit Klebdrüsen zum Anheften ausgerüstet. Rädertierchen ernähren sich von anderen kleinen Organismen wie Algen, Bakterien, Protozoen und von pflanzlichen Stoffen.

Ihre bodenbiologische Bedeutung ist noch ungeklärt. Da sie aber auch Abfallstoffe zu sich nehmen, dürften sie bei der Zersetzung organischer Substanzen eine Rolle spielen.

Springschwänze

Sie zählt man zu den Insekten, genauer zu den flügellosen Urinsekten. Springschwänze (Collembolen) sind 1 bis 2 mm kleine, zarthäutige Tiere, die in Kopf, Brust und Hinterleib gegliedert sind. Die Körperhaut weist eine je nach Art verschieden dichte, meist jedoch kurze Behaarung auf. Springschwänze besitzen zwei Fühler, in Taschen versenkbare Mundwerkzeuge und statt den Facettenaugen der geflügelten Insekten befinden sich rechts und links am Kopf je acht Einzelaugen.

Collembolen sind weit verbreitet und kommen in großer Zahl vor. Deshalb sind sie trotz ihrer geringen Größe wesentlich an den Zersetzungsprozessen im Boden beteiligt.

Chemische Reize wie Gerüche nehmen sie über spezielle Sinneshaare bzw. -kolben auf den Fühlern wahr. Collembolen orientieren sich mit Hilfe von Tasthaaren, die über den ganzen Körper verstreut vorkommen.

Das auffälligste Merkmal der Springschwänze, das ihnen auch den Namen eingebracht hat, ist die Sprunggabel. Es handelt sich dabei um einen Anhang des Hinterleibs, der normalerweise durch eine Haltevorrichtung eng an den Unterleib gepreßt wird. Bei Gefahr jedoch wird diese Gabel durch kräftige Muskeln aus der Haltevorrichtung gegen den Boden geschnellt, wodurch der ganze Körper einen bis mehrere cm weit weg geschleudert wird. Eine im Verhältnis zur Körpergröße gewaltige Leistung! Dieses Sprungvermögen wird aber nur benutzt, um sich vor Feinden in Sicherheit zu bringen, oder wenn die Spring-

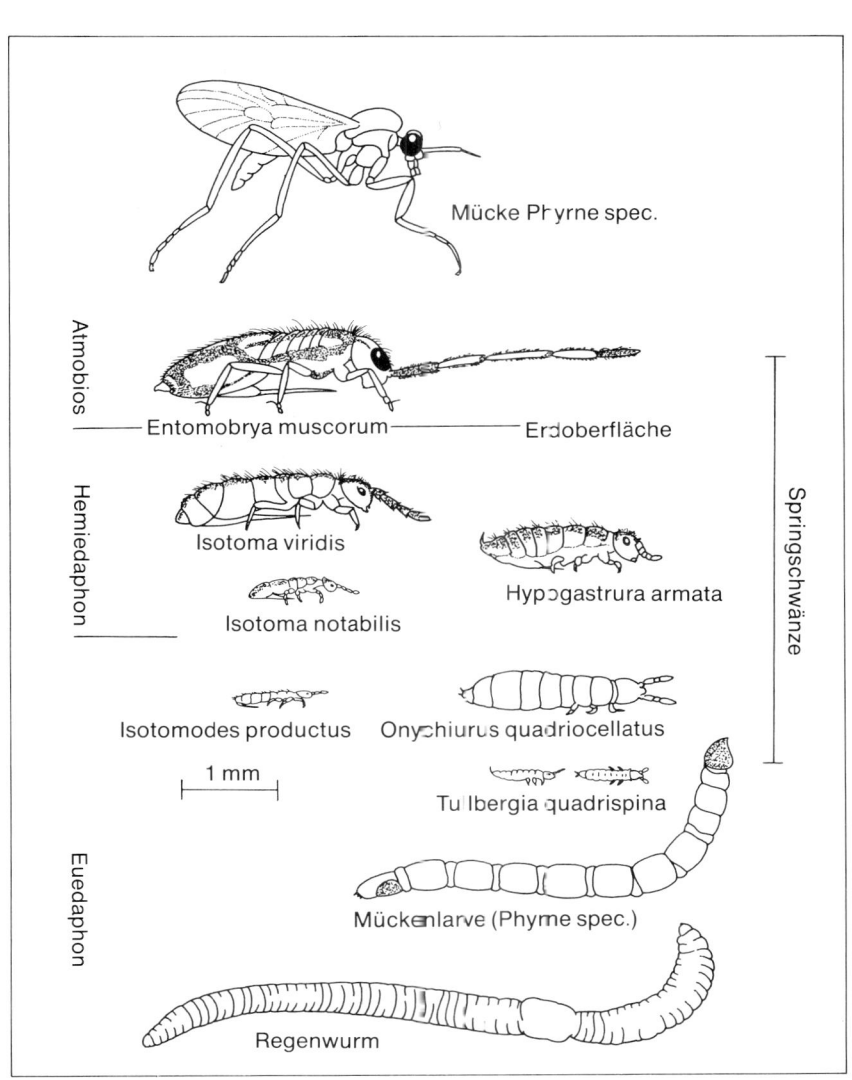

Mücke Phyrne spec.

Atmobios

Entomobrya muscorum — Erdoberfläche

Hemiedaphon

Isotoma viridis

Hypogastrura armata

Isotoma notabilis

Isotomodes productus   Onychiurus quadriocellatus

1 mm

Tullbergia quadrispina

Springschwänze

Mückenlarve (Phyrne spec.)

Euedaphon

Regenwurm

schwänze – z. B. mit der Gießkanne über den Blumentopf – gestört werden. Sie hüpfen dann mehrmals hin und her, so daß man sie tatsächlich aus den Augen verliert. Dabei hilft ihnen noch die der Umgebung angepaßte dunkelviolette, graugrüne oder graubraune Färbung.

Der oben beschriebene »Prototyp« eines Collembolen lebt hauptsächlich in der Auflageschicht der Streu. Tiefer *im* Boden lebende Arten haben Augen, Sprunggabel und Pigmentierung zurückgebildet, sind also mehr von hellhäutiger, wurmähnlicher Gestalt.

Springschwänze sind wie nahezu alle Bodenbewohner im feucht-ariden Klima auf eine stark feuchte Umgebung angewiesen. Sie brauchen zudem eine nahezu 100%ige Luftfeuchtigkeit. Direkte Nässe mögen sie dennoch nicht sonderlich, obwohl alle Arten Überschwemmungen längere Zeit überstehen können.

Die meisten Springschwänze leben im Humus und in der Vermoderungsschicht. Hier finden sie genügend Nahrung, Feuchtigkeit, Schutz und verschieden große Hohlräume, in denen sie sich aufhalten können. Ihre Individuenzahlen schwanken beträchtlich und hängen von der Jahreszeit ab. Die meisten Individuen fand man in Gebirgs-Fichtenwäldern mit bis zu 700 000 Individuen pro m². Aber selbst in schlecht besiedelten Äckern findet man noch etwa 150 000 Individuen pro m² in den obersten 5 cm Boden. Trotz ihrer Kleinheit, aber wegen ihrer enorm großen Anzahl, gelten Collembolen als Bodenindikatoren und Anzeiger für günstige Rotteprozesse. Allgemein fördern sie die Humifizierung der organischen Masse. In dicht besiedelten Böden verarbeiten Springschwänze pro Jahr 1 bis 3 kg/m² organische Substanz. Sehr wichtig dabei ist der hohe Feinheitsgrad des aufbereiteten Materials.

Milben

Milben sind sehr klein, ihr Durchmesser beträgt meist weniger als 1 mm, und oft von gedrungener Gestalt. Sie gehören zur Klasse der Spinnentiere, die erwachsenen Tiere besitzen 4 Laufbeinpaare. Während die Räuber unter den Milben meist gute Läufer sind, wirken die pflanzenfressenden Milben auf ihren kurzen Beinen eher plump und träg. Die Mundwerkzeuge bestehen aus Pedipalpen und Cheliceren. Die Cheliceren sind winzige Greifzangen, mit denen die Nahrung erfaßt und zerkleinert wird. Die Pedipalpen, eine Art Unterlippe, umschließen zusammen mit einer oberlippenartigen Körperausbildung einen Mundraum, in dem die Nahrung vorverdaut wird.

Unter den Milben gibt es sowohl weichhäutige Formen als auch solche mit einem dicken Chitinpanzer. Auch können wir helle, nahezu weiße Arten neben schwach bis stark braun gefärbten Arten finden. Die meisten Milben sind blind, können aber ähnlich wie der Regenwurm Hell und Dunkel unterscheiden. Zur Orientierung besitzen die Milben feinste Tasthaare, die selbst noch geringfügigste Bodenerschütterungen und Luftbewegungen wahrnehmen. Chemische Sinneshaare prüfen die geschmackliche Qualität der Nahrung. Wegen ihrer Kleinheit genügt den Milben Hautatmung. Nur wenige räuberisch lebende Arten haben spezielle Atmungsorgane entwickelt.

Die drei wichtigsten schädlichen Spinnmilben.
1 = Braune Spinnmilbe (Bryobia rubrioculus).
2 = Obstbaumspinnmilbe (Panonychus ulmi).
3 = Gemeine Spinnmilbe (Tetranychus urticae).
Im Vergleich: Raubmilbe Typhlodromus pyri = 4.

Milben, besonders die Moosmilben (Oribatidae), besiedeln vorwiegend die obersten 5 cm unserer Böden. In Grünlandböden fand man zwischen 50000 und 150000 Individuen pro m². In feuchten Waldböden, besonders im Rohhumus, sind es sogar 100000 bis 400000 Individuen pro m². Mit 70 bis 90 % aller Individuen und über 300 Arten bilden die Horn- bzw. Moosmilben den Hauptteil der Milbengemeinschaft im Boden.

Wegen ihrer großen Zahl spielen Milben in bodenbiologischer Sicht eine bedeutende Rolle. Sie zerkleinern und fressen totes pflanzliches Material wie Holz, Laubblätter und Nadeln, oder sie zerkleinern und fressen Gartenabfälle im Komposthaufen, sofern Mikroorganismen das Material etwas vorverdaut und aufbereitet haben. Auf den Kothäufchen der Milben können sich dann die Mikroorganismen wieder besonders gut entfalten. So schaffen sie sich gegenseitig die jeweils notwendigen Lebensbedingungen.

Milben, die sich auf Pilzhyphen und Mikroorganismen als Nahrung spezialisiert haben, wirken einer einseitigen Vermehrung solcher Formen vor und tragen zur Bodenhygiene bei. Sie schließen außerdem den reichlich in den Pilzhyphen vorhandenen Stickstoff für die Pflanzen auf. Auch Sporen und Dauerformen von mikroskopisch kleinen Bodenbakterien, Pilzen, Algen und Einzellern, die der Milbendarm nicht verdaut, werden auf diese Weise verbreitet. Insgesamt ist so eine reichhaltige und gesunde Bodenflora und -fauna und damit einhergehend ein fruchtbarer Boden gewährleistet.

Blattläuse und ihre natürlichen Feinde

Unter den geflügelten Insekten (Pterygota) gehören die Läuse zu der Ordnung der Schnabelkerfe (Rhynchota), die man in die Gruppen der Wanzen

(Heteroptera), Zikaden (Auchenorrhyncha) und der Pflanzensaftsauger (Sternorrhyncha) einteilt. Zu letzteren gehören die Blattläuse (Aphidina), die Schildläuse (Coccinae), die Mottenschildläuse (Aleyrodina) und die Blattflöhe (Psyllina).

Das wichtigste Merkmal der Pflanzensaftsauger ist der Stechrüssel. Er besteht aus zwei Stilettpaaren, die beim Vorstrecken von einer gegliederten Rüsselscheide geführt werden. Teile des Mundes und des Magens sind als Saugpumpe entwickelt.

Das Massenauftreten der Blattläuse im Frühjahr und im Frühsommer beruht auf einem raffinierten Vermehrungssystem: der Jungfernzeugung (Parthenogenese). Aus den Eiern schlüpfen im Frühling Weibchen aus, die bis zum Spätsommer – ohne jemals begattet worden zu sein – lebende Jungen zur Welt bringen. Eine Stammutter kann so innerhalb von 14 Tagen bis zu 80 Larven gebären. Das setzt sich über neun Generationen fort. Im Herbst bringen die Weibchen der letzten Jungferngeneration wieder sowohl Weib-

chen als auch Männchen zur Welt, die sich paaren. Es findet dann eine »ordnungsgemäße« Befruchtung statt, als deren Folge Eier entstehen, die den Winter unbeschadet überstehen. Im Frühjahr entstehen daraus die Jungfern-Generationen. Der Zyklus ist geschlossen.

Blattläuse sind – was ihre Bekämpfung erschwert – sehr anpassungsfähig. Wenn im Hochsommer nach Abschluß des Hauptwachstums der Saftstrom in der Pflanze absinkt, wachsen zahlreichen Läusegenerationen Flügel. Sie sind dann in der Lage, größere Entfernungen zu überwinden und neue Futterplätze zu finden. Neben krabbelnden und geflügelten Generationen, die durchaus auch nebeneinander auftreten, gibt es noch weitere verwirrende Unterschiede. Es kommen schnellwüchsige, sich stetig entwickelnde und gleich nach der Geburt »pensionierte«, sprich sofort alternde und absterbende Tiere vor. Es kann sich auch ergeben, daß eine Generation ganz plötzlich die Nahrung der Vorangegangenen verachtet und etwas völlig anderes frißt.

Die verschiedenen Blattlausarten schwächen die Pflanzen, indem sie sie ansaugen und ihnen Nährstoffe entziehen. Dabei kommt es zu Verformungen der Blätter (Einrollen, Kräuselung). Läuse übertragen verschiedene Viruserkrankungen, und ihre zuckerhaltige Ausscheidung, der Honigtau, überzieht die Blätter mit einer klebrigen Schicht, auf der sich Rußtaupilze ansiedeln.

Trotz ihrer Fähigkeit, sich unter günstigen Bedingungen erschreckend schnell zu vermehren, besteht für den Gärtner kein Grund zur Panik. Vorbeugende Maßnahmen wie z. B. abwechs-

Der Blattlauslöwe, die Larve des Marienkäfers, ist ein gefräßiger Blattlausvertilger.

lungsreiche Mischkulturen sorgen dafür, daß die ungeliebten Gäste nicht überhandnehmen. Überdüngte Pflanzen mit schwammigem Gewebe oder schwächliche Kümmerlinge, die zu wenig Nahrung erhielten, bilden bevorzugte Angriffsobjekte der Läuse. Der richtige Standort, genügend Licht und gute Luftzirkulation tragen ebenfalls zur Abwehr bei. Wichtig ist es auch, daß der Boden öfter gelockert und z. B. durch Mulchdecken feucht gehalten wird.

Es gibt zudem eine ganze Menge natürlicher Läusevertilger, die dem Gärtner bei einem Einfall von Läusen sehr rasch zur Hilfe eilen:

Ein **Marienkäfer** frißt in seinem kurzen Leben (etwa 60 Tage) rund 3000 Läuse. Auch seine graublauen Larven, die sogenannten Blattlauslöwen (Abbildung oben) sind gefräßige Blattlausvertilger, die die Läusekolonien regelrecht abgrasen.

Schwebfliegen und deren (grünliche, raupenähnliche) Larven sowie Florfliegen, Schlupfwespen, Ohrwürmer, Raubwanzen und Vögel, die ihre hungrige Brut füttern müssen, gehören ebenfalls zu den natürlichen Feinden der Blattläuse. Wo diese Tiere reichlich vorhanden sind, halten sich die Läuse in erträglichen Grenzen. Dazu muß man ihnen

allerdings entsprechende Lebensbedingungen im Garten schaffen. Bio-Gärtner hängen deshalb Nistkästen für Vögel auf, binden Blumentöpfe mit Holzwolle gefüllt als Ohrwurm-Behausungen in die Bäume und pflanzen einheimische Sträucher, in und auf denen möglichst viele Nützlinge Schutz und Nahrung finden.

Selbstverständlich sind **Ohrwürmer** keine Würmer und kriechen auch nicht in menschliche Ohren. Ohrwürmer sind Insekten, von denen es über 1000 Arten auf der Welt gibt. Auffallend an ihnen sind die großen, zangenförmigen Schwanzanhänge (Cerci). Daher wohl auch der irreführende Namen »Ohrenkneifer« im Volksmund. Diese Zangen werden zum geringen Teil als Waffen eingesetzt, hauptsächlich helfen sie bei der Begattung. Niemals aber dienen diese Zangen als Klammerorgane, z. B. um Beutetiere festzuhalten. Dazu sind die Zangen nicht kräftig genug.

Die bekannteste und verbreitetste Art, der Gemeine Ohrwurm *(Forficula auricularia)* ernährt sich, wie übrigens die meisten anderen Arten auch, von weichem, frischem Pflanzenmaterial und von toten und geschwächten bzw. weichhäutigen Insekten wie den Läusen. Die Läuse sind für den Ohrwurm eine

Der Gemeine Ohrwurm trägt dazu bei, Läuseplagen zu dezimieren. Nur muß ihm der Gärtner Unterschlupfmöglichkeiten bieten.

Delikatesse, weil er hier zusätzlich zur tierischen Nahrung noch den von den Läusen aufgesaugten Pflanzensaft mitgeliefert bekommt, den er sich normalerweise erst durch Kauen von Blüten- und Blatteilen selbst erschließen müßte.

Der Gemeine Ohrwurm hält sich oft gemeinsam in größerer Zahl unter Steinen, Holzstücken und alten Lumpen in menschlicher Nähe auf. Nachts geht er auf Nahrungssuche. Er kann nur in großen Massen als Pflanzenschädling auftreten, und dies nur, wenn er nicht durch Vögel oder andere Raubinsekten in Schach gehalten wird, wenn also das ökologische Gleichgewicht schon gestört ist. Daher ist es durchaus ratsam, dem Ohrwurm in läusegefährdeten Obstbäumen oder an Rosen Unterschlupf-Möglichkeiten zu bieten. Dazu füllt man Blumentöpfe aus Ton mit Holzwolle, Heu oder Stroh und hängt sie kopfüber im Baum auf, möglichst so, daß auch Kontakt zu einem Ast besteht. Tagsüber sind die Ohrwürmer hier vor Feinden, Licht und Hitze geschützt und nachts gehen sie auf Beute-, sprich Läusefang.

Die Weibchen der Ohrwürmer legen zwischen November und März in unterirdischen Kammern einige Dutzend Eier ab. Diese werden ständig bewacht und beleckt, damit keine Feinde das Nest ausrauben oder Schimmelpilze die Brut zerstören können. Nach dem Schlüpfen der Larven stirbt das Weibchen, und die Jungen verzehren als erste Nahrung deren toten Körper.

Regenwürmer

Regenwürmer sind die wichtigsten, aber selten sichtbaren Helfer des Gärtners. Sie tragen viel zur Anreicherung der Humusschicht und damit zu gesunden, widerstandsfähigen Pflanzen bei. Sie bilden ein unersetzliches Glied im Ökosystem des Bodens. Lange Zeit haben indes die Menschen die landschaftsbestimmenden und bodenverbessernden Eigenschaften der Regenwürmer nicht zur Kenntnis genommen. Jahrhundertelang wurde der Regenwurm verfolgt, weil man glaubte, er würde Pflanzenwurzeln anfressen. Der Naturforscher und Begründer der Evolutionstheorie, Charles Darwin, hat in seinem Buch von 1881 »Die Bildung der Ackererde durch die Thätigkeit der Regenwürmer« nachgewiesen, daß sie keine Zähne besitzen und somit die Pflanzen auch nicht schädigen können, sondern ganz im Gegenteil ihr Wachstum fördern. Heute weiß man, daß Regenwurmkot erheblich grö-

Der Regenwurm unterstützt die Arbeit des Gärtners, indem er durch seine Grabtätigkeit den Boden lockert und organisches Material einarbeitet.

ßere Mengen an Stickstoff, Phosphor, Kalium, Kalk und Magnesium enthält als normale Gartenerde.

Regenwürmer wenden innerhalb von 12 bis 15 Jahren die obersten 10 cm Grünland ohne Pflug vollständig um und erzeugen Jahr für Jahr 10 bis 90 t/ha wertvollsten Humus. Durch seine grabende Tätigkeit und seine Röhrengänge trägt der Regenwurm außerdem zu einer besseren Durchlüftung und Dränage der Böden bei. Die moderne Landwirtschaft trägt zur Dezimierung dieses unermüdlichen Helfers bei. Mit ihrer intensiven Mineraldüngung und dem hohen Pestizideinsatz entzieht sie dem Regenwurm das Futter und tötet ihn mit den Wirkstoffen ab. Die Bodenbearbeitung mit schweren Schleppern und tiefreichenden Pflügen macht dem Regenwurm das Leben auch nicht gerade leichter. So kommen statt der 400 Regenwürmer pro m², wie sie in einem natürlich fruchtbaren Boden üblich sind, gerade noch 4 bis 40 Würmer pro m² auf landwirtschaftlich intensiv bestellten Flächen vor. Auch der Hausgärtner hat in den letzten Jahren zu sehr den Versprechungen der chemischen Industrie vertraut, kräftig gedüngt und jeden Schädling mit der Giftspritze verjagt. Er tötet damit aber auch die Nützlinge und zerstört den Boden.

Systematisch gehören die Regenwürmer in das Unterreich der Gliedertiere (Articulata) und zum Stamm der Ringelwürmer (Annelida). Dieser umfaßt zwei Klassen mit etwa 8700 Arten, wobei die Regenwürmer zu den Gürtelwürmern (Clitellata) und dort zu der Ordnung der Wenigborster (Oligochaeta) gestellt werden.

Regenwürmer zeichnen sich durch einen langgestreckten, drehrunden Körperbau aus. Sie sind in viele gleichgestalte Segmente (Kammern) unterteilt, die äußerlich als Ringelung sichtbar werden. In jedem Segment befinden sich 2 Nervenknoten und 2 Ausscheidungsorgane (Nieren). Durch den ganzen Körper ziehen sich sowohl der Darm als auch ein Bauch- und ein Rückenblutgefäß, sowie das Nervensystem. Das Blut, das genauso wie das menschliche Blut rot gefärbt ist, fließt im Bauchgefäß von vorne nach hinten und versorgt den Wurmkörper mit Sauerstoff und Nährstoffen. Angetrieben wird es durch 5 Paar »Herzen«, das sind besonders muskulöse Adern, die durch rhythmische Kontraktionen für den Blutstrom sorgen.

Regenwürmer besitzen keine Lungen oder Kiemen zum Atmen. Die Sauerstoffaufnahme erfolgt über die gesamte Körperoberfläche durch Hautatmung, die es ihnen erlaubt, den im Wasser gelösten Sauerstoff direkt aufzunehmen. Sie müssen daher ihre Haut immer feucht halten. Regenwürmer besitzen auch keine Augen und Ohren. Trotzdem können sie auf Licht und Schall reagieren und sich im Boden gezielt orientieren. Sie tun dies mit Hilfe besonderer Sinnesorgane für den Druck- und Tastsinn und mit Hilfe von Lichtsinneszellen, die vor allem im Vorderbereich des Tierkörpers verstärkt auftreten. Sinnesknospen prüfen die Qualität hinsichtlich des Nahrungsangebots über chemische Reize. So läßt sich erklären, warum Würmer wahre Feinschmecker sind und bestimmte Abfälle, Blätter und Wurzelausscheidungen mancher Pflanzen bevorzugen, andere wiederum meiden.

Zusammengehalten wird der Regenwurm durch einen Hautmuskelschlauch aus Längs-, Diagonal- und Ringmuskeln. Der Wurm bewegt sich durch abwechselnde Betätigung der einzelnen Muskelschichten. Die Längsmuskeln verkürzen und verdicken den Wurm bei ihrer Kontraktion, die Ringmuskeln dagegen machen ihn lang und dünn. Zur Fortbewegung, oder um sich in seiner Wohnröhre erfolgreich gegen einen Amselangriff zu verteidigen, dienen ihm zugleich 4 Borstenpaare an jedem Segment, mit denen er sich abstützen kann. Diese Borstenbündel sind in Taschen versenkbar, um ein schnelles Fortkommen im Boden zu ermöglichen.

Die Nahrung der Würmer besteht hauptsächlich aus toter pflanzlicher Substanz. Sie verwerten die darin enthaltenen Kohlenhydrate und Eiweiße. Das Material muß jedoch stark wasserhaltig und schon von Mikroben angedaut sein. Solchermaßen angerottete und erweichte Pflanzenabfälle werden durch saugend-schlingende Bewegungen des Mundes und des stark muskulösen Schlundes aufgenommen. Durch die starken Muskeln im Schlundkopf ist z. B. der Tauwurm *(Lumbricus terrestris)* in der Lage, Blätter oder Gräser fest anzusaugen und in seine Wohnröhre zu ziehen. Dort wird das Material mit Drüsensekret befeuchtet und von Mikroben zersetzt, bis es für den Wurm als Futter verwendbar wird. Sind keine Blätter, Halme, Rindenstücke, Haare oder Federn vorhanden, so wird vor allem nachts und nach Regen die noch feuchte Bodenoberfläche um die Wohnröhre herum, auf der sich – für das menschliche Auge unsichtbar – ein Bakterien- und Algenrasen entwickelt hat, abgeweidet. Dabei bleibt der Wurm mit dem Hinterende in der Röhre verankert. Auch beim Hindurchfressen durch den Boden nimmt der Wurm mineralische Partikel, tierische und pflanzliche Abfallstoffe, Humusstoffe, aber auch Bakterien, Algen und Pilze durch Saug-Pump-Bewegungen auf. Im Magen wird die organische Substanz mit den anorganischen Mineralteilchen vermengt. Dies führt zu den bekannten Ton-Humus-Komplexen. Im Darm erfolgt schließlich die chemische Zersetzung und die Aufnahme in den Körper. Die krümelige Lösung (Kot) wird im Boden in Höhlungen oder oberflächlich in typischen Häufchen abgelegt. Durch die Verdauungstätigkeit werden gleichzeitig Nährstoffe konzentriert und pflanzenverfügbar gemacht.

Pflanzenwurzeln wachsen bevorzugt in verlassenen Wurmgängen, weil Regenwürmer die nährstoffreichen Exkremente auch zum Auskleiden der Gänge benutzen.

Regenwürmer sind wie die Schnecken Zwitter, sie besitzen sowohl männliche als auch weibliche Geschlechtsorgane. Trotzdem erfolgt keine Selbstbefruchtung, sondern es wird ein Partner benötigt, dem bei der Kopulation die eigenen Samenzellen übertragen werden. Paarungswillige Tiere kommen nachts oder in der Dämmerung aus ihren Röhren, suchen einen Partner und legen sich in entgegengesetzter Richtung mit den Bauchseiten eng aneinander. Beide Würmer stoßen aus den männlichen Geschlechtsöffnungen Samenflüssigkeit aus, die schwanzwärts in der Samenrinne zu den Samentaschen des anderen Partners transportiert wird. Diesen Vorgang kann man mit bloßem Auge beobachten. Ist der Samenaustausch erfolgt, trennen sich die Tiere wieder. Später, wenn die Umweltbedingungen günstig sind, wird in der Gürtelregion erneut Schleim gebildet, der sich zu einem Ring schließt und erhärtet. So entsteht der »Kokon«. In ihn werden die Eier und Samen abgelegt, und darin findet dann auch die Befruchtung statt. Die Kokons sind leicht an ihrer Zitronenform und ihrer hellbraun-grünlichen Färbung zu erkennen.

Bei den meisten Regenwurmarten schlüpft nur ein Jungtier pro Kokon. Nur beim Roten Kompostwurm *(Eisenia foetida)* treten stets Mehrlinge auf. Während die im Boden lebenden Regenwürmer nur eine Generation pro Jahr hervorbringen, können bei den Mist- oder Kompostwürmer bei ausreichender Feuchtigkeit und hohen Temperaturen (Mist- oder Komposthaufen) bis zu 4 Generationen im Jahr geschlechtsreif werden. Überhaupt ist der Mistwurm besonders produktiv. Mit 140 Kokons pro Tier und Jahr weist er die höchste Kokonzahl auf. Im Schnitt schlüpfen 2 bis 3 Tiere, so daß schon in der ersten Generation mit einer Nachkommenschaft von etwa 350 Tieren zu rechnen ist.

Immer wieder hört man die Legende von einem unglaublichen Regenerationsvermögen der Regenwürmer. Landläufig herrscht die Meinung vor, ein durchgeschnittener Wurm könne aus jedem Teil einen neuen Wurm bilden. Wenn dem so wäre, müßten sich die wenigen noch in unseren Äckern verbliebenen Regenwürmer durch das dauernde Zerschneiden mit dem Pflug explosionsartig vermehren. In Wahrheit kann nur das Vorderteil, einschließlich Clitellum, den hinteren Teil ersetzen. Alle anderen Teile sterben ab, nicht zuletzt deshalb, weil sie keine Nahrung mehr zu sich nehmen können.

Regenwürmer verarbeiten zusammen mit den Mikroorganismen und Kleinlebewesen im Boden den jährlich anfallenden Haus- und Gartenabfall zu bestem Pflanzendünger und Dauerhumus. Nicht weggeräumter Rasenschnitt, liegengelassenes Laub und anderweitig geeignetes Mulchmaterial verbessern im eigenen Garten die Lebensbedingungen für die Regenwürmer. Man kann Regenwürmer (Mist- oder Kompostwürmer) aber auch gezielt im Kompost, im Silo oder in Mieten vermehren und den so gewonnenen Wurmhumus als Dünger für das eigene Obst und Gemüse verwenden.

Asseln

Die Asseln (Isopoda) sind eine Unterordnung der Krebse (Crustaceen). Die Landasseln sind die einzigen Krebse, die in größerer Zahl das Land erobert haben. Sie halten sich nicht nur an feuchten Mauerwänden und in feuchten Kellern auf, sondern sind häufiger noch in mittelfeuchten Laubwäldern oder im Komposthaufen zu finden. Als ursprüngliche Meeresbewohner tragen sie noch Kiemen, die ständig feucht gehalten werden müssen. Dazu haben die Landasseln ein besonderes Wasserleitungssystem ausgebildet, das dafür sorgt, daß auch jegliche Feuchtigkeit, die auf den Tierkörper in Form von Regentropfen, Tau oder Kondenswasser gelangt, zu den Kiemen geleitet wird. Die Feuchtigkeit wird kapillar aufgesaugt und über Rinnen auf der Bauchseite des Körpers entlang der Laufbeingelenke nach hinten zu den Kiemen geleitet. Trotzdem reichen diese Einrichtungen zur Atmung nicht aus, so daß die Mauerassel und deren Verwandte noch Behelfslungen entwickelt haben, mit deren Hilfe sie Luft direkt atmen.

Weitere Möglichkeiten, sich vor zuviel Wasserverlust bei zu geringer Luftfeuchtigkeit zu schützen, ist das flache Andrücken an den Untergrund. Die Mauerassel schafft so an der Bauchseite ein Mikroklima mit erhöhter Luftfeuchtigkeit und verdunstet daher weniger Körperflüssigkeit. Andere Arten besitzen die Fähigkeit, sich völlig einzurollen, und können so die Verdunstung auf ein Minimum reduzieren.

Mit der Abhängigkeit von hoher Luftfeuchtigkeit hängt auch ein Verhalten zusammen, das sich öfter beobachten läßt: Kommen mehrere Individuen gemeinsam vor, so bilden sie gern Ansammlungen. Die Tiere krabbeln übereinander, wobei die dann in der Mitte sitzenden Tiere besonders gut vor Verdunstung geschützt sind.

Asseln sind relativ platt. Zum Teil besitzen sie noch seitliche Fortsätze, die ihre Körper noch flacher und breiter erscheinen lassen. Dies sind alles Anpassungen an ihren Lebensraum – Laub und Bodenhohlräume. Landasseln besitzen 2 Fühlerpaare, wobei das erste so stark zurückgebildet ist, daß es mit bloßem Auge nicht zu erkennen ist. Auf ihren 7 Laufbeinpaaren, die jeweils einem Körpersegment zugeordnet sind, können sie sich recht schnell fortbewegen. Am Körperende setzt die für Krebse typische Endplatte an.

Die Weibchen haben in Anpassung an die relativ trockenen Umweltbedingungen einen Brutbeutel entwickelt, in dem sie die Eier, vor Austrocknung geschützt, mit herumtragen. Die Brutdauer beträgt in der Regel 40 bis 50 Tage. Die Weibchen sind nach 2 Jahren geschlechtsreif und bringen dann je nach Umweltbedingungen 1 bis 3 Bruten pro Jahr mit jeweils 10 bis 100 Jungtieren hervor.

Für bodenbildende Prozesse und für die Umwandlung des Rohhumus in Mull sind Asseln von ähnlicher Bedeutung wie die Regenwürmer. Sie sind Allesfresser, nehmen aber in der Hauptsache gut durchfeuchtetes Fallaub und Holzreste auf. Auch im Kompost fressen sie sich durch alle Schichten durch. Während Jungtiere und zart gebaute Arten vorwiegend Blätter skelettieren, also nur das weiche Gewebe zwischen den Blattadern verwerten, fressen erwachsene Tiere, die über kräftigere Mundwerkzeuge verfügen, das ganze Blatt mit den Rippen. Aufgenommene Sandkörner werden mit der Nahrung vermischt, so daß eine innige Durchdringung von anorganischen und organischen Substanzen erfolgt.

Auch durch ihre grabende Tätigkeit — manche Arten gehen bis zu 1 m tief in den Boden — verbessern sie mit den so geschaffenen Hohlräumen die Dränage und Belüftung der Böden. In einem feuchten Laubmischwald bringen etwa 120 Individuen pro m^2 während der 3 Sommermonate etwa 1,5 t Boden bzw. Exkremente, besten Humus also, an die Erdoberfläche. Diese Kotausscheidungen bilden zudem ein gutes Nahrungsreservoir für andere Organismen wie Bakterien, Pilze und Springschwänze.

Durch ihre Lebensweise beschleunigen Asseln das Einarbeiten der Streu in die oberste Bodenschicht und fördern so eine rasche Zersetzung. Ebenfalls verläuft in einem gut mit Asseln besetzten Kompost die Rotte schneller und harmonischer. Verbessern kann man den Besatz an Asseln im Komposthaufen noch, indem man immer wieder etwas Kalk einstreut, den die Asseln für ihre Häutungen benötigen. Asseln legen regelrechte Kalkdepots in ihren Körpern an, die bei der Erhärtung der neuen Haut aufgebraucht werden. Die Häutung selbst erfolgt in 2 Schritten. Zuerst wird die vordere Körperhälfte gehäutet und nach 1 bis 2 Tagen die hintere Hälfte. Die alte Haut wird sofort von Artgenossen oder dem sich häutenden Tier aufgefressen.

In der freien Natur sind die Asseln, besonders während des Sommers, hauptsächlich in der Nacht und in den Hohlräumen des Bodens aktiv. Erst mit Beginn der kühleren und feuchteren Herbstzeit sind sie wieder verstärkt auch an der Bodenoberfläche und in der neu gefallenen Laubschicht, die Nahrung und Schutz bietet, anzutreffen. Im Komposthaufen sind sie das ganze Jahr über fleißig am Werk, sofern man für genügend Feuchtigkeit, ausreichend Kalk und im Winter für Frostschutz sorgt.

Steinläufer

Der Steinläufer (*Lithobius*) gehört systematisch zu den Vielfüßern (Klasse Myriopoda) und unter diesen wiederum zu den Hundertfüßern (Chilopoda). Die Jungtiere schlüpfen mit nur 7 Beinpaaren, und erst nach mehreren Häutungen besitzen sie die volle Bein- und Segmentzahl. Die Entwicklung vom Schlüpfen aus dem Ei bis zur Geschlechtsreife dauert im Durchschnitt 3 Jahre. Steinläufer werden, so schätzt man, mindestens 6 Jahre alt.

Steinläufer leben räuberisch und ernähren sich von anderen Insekten.

Tausendfüßer besitzen pro Körpersegment zwei Beinpaare. Sie sind anspruchsvoll in bezug auf die Temperatur, den Wärmehaushalt und die Struktur des Bodens.

Der Saftkugler gehört zu den Tausendfüßern. Er rollt sich bei Gefahr zusammen.

Am ersten Segment ihres Körpers befindet sich ein Paar Kieferfüße, die mit Giftdrüsen versehen sind. Damit lähmen Steinläufer ihre Beute, das sind vorwiegend rasch bewegliche, an der Bodenoberfläche lebende Insekten, aber auch Regenwürmer. Der Biß eines Steinläufers kann die Wirkung eines Bienenstichs haben.

Hundertfüßer reagieren meist sehr empfindlich auf Trockenheit. Sie vertragen aber auch keine längeren Überschwemmungen. Spätestens nach 6 Stunden sind sie ertrunken. Dies hängt mit ihrem Atmungsorgan, den Röhrentracheen, zusammen, die sie weder durch spezielle Klappen noch durch Muskeln gegen zuviel einströmendes Wasser verschließen können. Sie haben sich diesem Umstand durch ihre Lebensweise angepaßt. Sie sind vor allem nachts aktiv, leben vorwiegend auf der Oberfläche gut dränierter Böden und suchen tagsüber Verstecke wie Fallaub, Steine oder Holzstücke auf. Steinläufer sind vorwiegend im Waldboden zu finden, der ihnen genügend Feuchtigkeit, Versteckmöglichkeiten und einen reichlich gedeckten Tisch bietet. Unter solchermaßen günstigen Bedingungen können bis zu 200 Hundertfüßer pro m² leben.

Eine Besonderheit, die auch mit ihrer räuberischen Lebensweise zusammenhängt, ist das häufig auffällig große und stark bedornte letzte Laufbeinpaar. Gelegentlich nimmt es sogar zangenartige Gestalt an. Es dient dann zur Abwehr von Angriffen von hinten. Optimiert wird diese Feindabwehr von hinten noch durch Drüsen, die ein fadenziehendes Sekret liefern, das insbesondere gegenüber Ameisenangriffen sehr wirksam ist.

Durch ihre räuberische Lebensweise haben Steinläufer keine Bedeutung für bodenbildende Prozesse wie die Umwandlung von Laubstreu zu Huminstoffen. Aber sie ernähren sich von pflanzenfressenden Tieren, merzen kranke und schädliche Bodenorganismen aus. Sie bilden einen Teil des vielgestaltigen Ökosystems Boden, worin sie eine Aufgabe und ihre Daseinsberechtigung haben.

Tausendfüßer

Die Tausendfüßer (Diplopoda) gehören wie die Hundertfüßer zu der großen Klasse der Vielfüßer (Myriopoda). Im Gegensatz zu den Hundertfüßern besitzen sie pro Körpersegment 2 (statt nur 1) Beinpaare. Deren Anzahl schwankt dann aber von mindestens 13 bis maximal 300 Paaren, je nach Anzahl der Körpersegmente. Die frisch geschlüpften Larven kommen dagegen mit nur 3 Beinpaaren und einigen wenigen Körpersegmenten zur Welt. Nach und nach werden dann unter dauernden Häutungen weitere Körperabschnitte und Beinpaare angelegt.

Bei der Häutung werden Kalksalze in den Panzer eingebaut, wodurch dieser besonders druckfest wird. Dies ist wichtig, weil sie beim Durchwühlen im Boden starkem Druck ausgesetzt sind. Bei den zahlenmäßig am häufigsten vorkommenden Tausendfüßern, den Schnurfüßern (Julidae), sind der Kopf und das erste Nackensegment besonders kräftig und breit ausgebildet. Sie wirken beim Graben im Boden wie ein Rammbock, wobei die unzähligen Beinpaare den nötigen Vorwärtsschub liefern. Man bezeichnet diese Formen als Bulldog-Typen. Eine andere Form stellen die Saftkugler (Glomeridae) dar. Sie graben nicht so tief und sind häufiger an der Bodenoberfläche zu finden. Äußerlich ähneln sie stark den Asseln, weil sie nur wenige Körpersegmente besitzen und sich bei Gefahr wie Rollasseln zusammenrollen. Bei diesem Kugeltyp der Tausendfüßer dient ein besonders ausgebildetes Brustschild als Stoßfläche beim Graben im Boden.

Eine dritte Form, die Bandfüßer (Polydesmida), haben weniger Segmente als Schnurfüßer, ihr Körper ist stärker abgeflacht, die Beine kräftiger, und Kopf und Halsschild sind extrem klein, so daß sich der Körper nach vorne hin stark verjüngt. Diese besondere Körperform hat ihnen die Bezeichnung des Keiltyps eingebracht, und sie erlaubt es ihnen, sich wie ein Keil zwischen Laub und Streu oder unter Steinen und Rindenstücke zu zwängen.

Tausendfüßer mögen es weder zu naß noch zu trocken. Ausschlaggebend für das Vorkommen oder Nichtvorhandensein von Doppelfüßern ist der Wärme- und Wasserhaushalt und die Struktur des Bodens, sowie die vorhandene Nahrung. Ein gewisses Kalkminimum muß der Boden aber aufweisen, damit die Larven bei den Häutungen ihren Panzer damit verfestigen können.

Die meisten Tausenfüßer findet man in den oberen 10 bis 20 cm des Bodens. Ist dieser aber mit vielen Regenwurmgängen durchsetzt, kann man Juliden auch noch in 50 cm Tiefe beobachten. Juliden und Glomeriden, unsere häufig-

sten und wichtigsten Tausendfüßer-Arten, bevorzugen feuchte Laubwälder als Standorte, weil sie dort optimale Versteck-, Feuchtigkeits- und Nahrungsmöglichkeiten finden. Nadelwälder meiden sie wegen der sauren und relativ trockenen Nadelstreu und in Wiesen sucht man sie vergebens, weil es dort an Versteckmöglichkeiten mangelt und sie verstärkt der Gefahr der Austrocknung (Sommerhitze) und der Überschwemmung (Gewitterregen) ausgesetzt sind. Bis zu 500 Individuen pro m^2 findet man in Acker- und Gartenböden, bevorzugt in stallmistgedüngten Flächen.

Tausendfüßer ernähren sich vorwiegend von abgestorbenem pflanzlichem Material. Die Larven weiden mit Vorliebe Algen- oder Pilzrasen auf faulenden Holzstücken ab. Innerhalb eines Jahres sind sie in der Lage, bis zur Hälfte des Bestandsabfalls zu zersetzen. Ihre Bedeutung für die Bodenfruchtbarkeit und die Strukturierung des Bodens ist mit der der Regenwürmer durchaus vergleichbar. Genau wie diese nehmen sie zusammen mit dem organischen Pflanzenmaterial mineralische Bodenteilchen auf und vermischen sie in ihrem Darm.

Etwa ein Drittel ihres Körpergewichts verbrauchen Tausendfüßer pro Tag als Nahrung. Ihre Humusproduktion wird auf bis zu 2,5 t pro Jahr und Hektar geschätzt. Da sie zudem ihre Kothäufchen häufig in den unteren Bodenschichten absetzen, helfen sie mit, den Boden zu durchlüften und zu mischen. Sie unterstützen damit die Wirkung der Regenwürmer ganz erheblich.

Igel, Nager, Maulwürfe oder andere räuberisch lebende Bodentiere sind die natürlichen Feinde. Tausendfüßer wis-

Eine Wegschnecke
bei der Eiablage.

sen sich aber zu wehren. Einen gewissen Schutz bietet ihnen schon die starke Panzerung. Zudem sind sie mit Wehrdrüsen, die ein giftiges Sekret aussondern, ausgestattet. Dieses Gift enthält bei manchen Arten Blausäure, was bei manchen Naturvölkern als Pfeilgift Verwendung findet.

Eine besondere Technik hat der Saftkugler entwickelt. Bei Gefahr rollt er sich zusammen, so daß die weiche Bauchseite völlig vom Rückenpanzer abgedeckt ist. Dazu sondert er noch gut sichtbar einen Tropfen – daher auch sein Name – giftiges Wehrsekret ab.

Schnecken

Die Schnecken (Gastropoda) gehören wie die Tintenfische und die Muscheln zu den Weichtieren (Mollusca). Die Klasse der Gastropoda unterteilt man in die Meeresschnecken mit Kiemenatmung und die Landschnecken mit Lungenatmung (Pulmonata). Hier unterscheidet man wieder Gehäuse- und Nacktschnecken, wobei letztere wie Weg- und Egelschnecken zu den häufigsten und gefräßigsten Tieren im Garten gehören.

Schnecken besitzen einen Fuß, mit dem sie durch rhythmische Muskelbewegungen vorwärts kriechen. Erleichtert wird ihnen dies durch eine Schleimschicht, die durch große Drüsen im vorderen Bereich des Fußes gebildet wird. Sie ermöglicht ihnen ein schnelleres Fortkommen und schützt sie vor Verletzungen durch scharfkantige Bodenteilchen (eine Schnecke ist in der Lage, über eine aufgestellte Rasierklinge zu kriechen, ohne sich zu schneiden). Die inneren Organe wie Herz, Kiemen bzw. Lunge, Ausscheidungsorgane, Mantelhöhle haben bei den Schnecken im Laufe der Evolution vielfältige Veränderungen in bezug auf ihre Lage durchgemacht. Diese Merkmale dienen zur Artbestimmung.

Das Schneckenhaus, das eigentliche Merkmal der Schnecken, ist bei den Nacktschnecken nur noch ein rudimentäres Rückenschild. Gehäuseschnecken ziehen sich bei Störungen in ihr Haus zurück, das aus mehreren Kalkschichten besteht. Oft ist am Fußende noch ein Deckel angewachsen (wie bei der Weinbergschnecke), mit dem das Haus fest verschlossen werden kann, z. B. in der Überwinterungszeit im Boden.

Interessant ist die Fortpflanzungsbiologie der Schnecken, nicht zuletzt im Hinblick auf die Bekämpfung der Tiere im Garten. Schnecken sind Zwitter, sie befruchten sich aber in der Regel nicht selbst, sondern suchen sich dazu einen Partner. In einem langen und ritualisierten Liebesspiel, das der Samenübertragung vorausgeht, richten sich die Partner mit den Kriechsohlen aneinander auf und führen eigenartige wiegende Bewegungen aus. Manche Arten bohren sich einen sogenannten »Liebespfeil«, ein bis zu 2 cm langes Kalkgebilde, zur Stimulierung in die Weichteile. Etwa 4 Wochen nach der Paarung sind die Eier reif und werden in lockeres Erdreich oder in ausgehöhlte Gänge einzeln oder an Schnüren abgelegt. Ein Schleimmantel macht die Eier gleitfähig. Er enthält ein Ferment, das die Eier vor Fäulnis und Schimmel bewahrt. Ein Schneckengelege enthält etwa 50 bis 70 Eier. Die Eiablage zieht sich über 1 bis 2 Tage hin. Die Jungtiere sind in wenigen Monaten geschlechtsreif, können 1 bis 3 Jahre alt werden und legen dabei 300 bis 800 Eier ab.

Schnecken besitzen – obwohl sie meist nur nachts aktiv sind – auf ihren Fühlern Augen, die aber schlecht entwickelt sind. Ihre Nahrung finden sie hauptsächlich mit Riechzellen, die in den Fühlern oder an der Unterseite des Fußes lokalisiert sind. Das Freßorgan, eine Zunge (Radula), ist mit Tausenden kleinster Hornzähnchen bestückt. Damit raspeln die Schnecken kleine Blattstückchen ab, die sie unzerkaut verschlingen.

Von den Nacktschnecken sind vor allem die Große Rote Wegschnecke (Arion rufus), die Große Egelschnecke (Limax maximum) und die Gemeine Ackerschnecke (Deroceras acreste) bekannt. Erstere wird bis zu 15 cm lang. Ihre Farbe variiert von Rot über Braun bis Tiefschwarz. Sie lebt in feuchten Wäldern, Wiesen und Gebüschen und ernährt sich von verrottenden Pflanzen, Tierleichen und Kot.

Die Große Egelschnecke kann ebenfalls 15 cm groß werden. Sie zeichnet sich durch einen schlanken hellgrundigen Körper aus, der am Rücken ein bis drei dunkle Längsbinden oder Fleckenreihen und ein großes dunkelgeflecktes Rückenschild trägt. Die Tiere sind typische Kulturfolger, leben in Gärten und Parks und ernähren sich von frischen, zarten Pflanzen und kleinen Nacktschnecken-Arten. Sie können beträchtlichen Schaden anrichten.

Zu den bekanntesten Schnecken zählt die Weinbergschnecke (Helix pomatia). Sie wird 3 bis 5 cm groß und besitzt ein kugeliges, weißgraues bis bräunliches, schwach gebändertes Gehäuse. Die Weinbergschnecke lebt in Buschwerk und lichten Wäldern, an Feld- und Wiesenhainen und ernährt sich von Kräutern. Im Garten geht sie bevorzugt an Salat, Gemüse und andere breitblättrige Pflanzen. Die Weinbergschnecke steht bei uns unter Naturschutz.

Ungeliebte Gäste im Garten sind ebenfalls die wesentlich kleineren (4 bis 6 cm) Ackerschnecken. Man erkennt sie an dem gelblich-weißen bis graubraunen Körper, der auf dem Rücken eine dunklere Netzzeichnung trägt.

Feinde der Schnecken sind Eidechsen, Schlangen, Igel, Maulwurf, Dachs und auch einige Vögel. Es gibt prinzipiell

Schneckenzäune schützen die Gartenbeete sicher vor Schnecken.

drei Möglichkeiten der Bekämpfung: Die Schnecken anlocken, absammeln und (irgendwie) beseitigen, die Plagegeister vertreiben, oder sie ganz vom Garten fernhalten. Schneckenkorn sollte man auf gar keinen Fall einsetzen, weil es direkt oder indirekt auch die Nützlinge, aber auch das Bodenleben schädigt oder gar tötet.

Als Lockmittel für Schnecken haben sich folgende Mittel bewährt: Bierfallen, das Auslegen von Kleiehäufchen, Hefeteig oder Rückstände von entsafteten Möhren. Unter ausgelegten und angefeuchteten Kartoffelsäcken, morschen Holzstücken oder Steinen sammeln sich Schnecken gerne an und können leicht abgesammelt werden. Wer sich nicht allzusehr ekelt, kann die gesammelten Schnecken mit kochendem Wasser übergießen und verjauchen lassen. Bei dieser Schneckenbrühe ist es wichtig, möglichst viele Arten zu sammeln, da beim Überbrühen arteigene Schrecksubstanzen ausgeschieden werden. Die so gewarnten Artgenossen bleiben einem mit solcher Brühe übergossenem Gemüsebeet fern.

Gefährdete Kulturen kann man vor Schnecken auch durch eine Randbepflanzung mit *Tagetes*, Petersilie, Zwiebeln oder Schnittlauch schützen. Auch Mulchdecken aus Adlerfarn oder Gerstenspreu, die um die Beete gestreut werden, wehren Schnecken ab.

Die eleganteste und sicherste Methode ist das Umzäunen der gefährdeten Kulturen mit einem Schneckenzaun. Es handelt sich um ein verzinktes Eisenblech, das etwa 30 cm hoch ist und etwa 10 cm in den Boden gesteckt wird. An der Oberkante verläuft eine spitze überstehende Kante, die die Schnecken nicht überwinden können. Es gibt auch Schneckenzäune aus Kunststoff, Elektrozäune oder Zäune mit einer Noppenkante, die die Schnecken ebenfalls zurückhalten.

65

Der Glanzrüßler steht als Stellvertreter für die Käfer, die artenreichste Gruppe innerhalb der geflügelten Insekten.

Wer auf dem Land wohnt, kann sich ein paar Indische Laufenten oder Warzen(Stumm-)enten zulegen. Sie räumen ebensogut, wenn nicht sogar besser als der Igel, mit den Schnecken auf.

Schnecken dürfen nicht nur als Schädlinge gelten, sondern sie betätigen sich als wertvolle Humusbildner im Boden, wo sie pflanzliche und tierische Abfälle beseitigen, Pilze, Algen und Flechten niederhalten und sich manchmal sogar räuberisch ernähren. Somit können sich Schnecken aus der Sicht des Gärtners als Nützlinge erweisen.

Käfer

Die Käfer (Coleoptera) bilden unter den 27 Ordnungen der geflügelten Insekten (Pterygota) die artenreichste Gruppe. Etwa 350 000 Arten sind weltweit bekannt. Die ganze Klasse der Insekten umfaßt über 1 Million Arten, somit ist etwa jedes dritte Insekt ein Käfer. Käfer besiedeln alle nur denkbaren Lebensräume. Sie können nicht nur laufen, klettern und fliegen, sondern auch schwimmen und tauchen. Es gibt eine schier unübersehbare Vielfalt an Formen und Farben. Allein in Mitteleuropa unterscheidet man etwa 5600 Arten in 100 Familien.

Käfer zeichnen sich vor allem durch ihre stark verhärteten (sklerotisierten) Vorderflügel (Deckflügel oder Elytren) aus. Darunter werden die häutigen und für das eigentliche Fliegen verantwortlichen Hinterflügel in komplizierter Weise eingefaltet. Käfer besitzen kauende Mundwerkzeuge, mit denen sie sowohl fleischliche als auch lebende und tote pflanzliche Nahrung aufnehmen können.

Die Larven der Käfer sind flügellos, besitzen fast durchweg 6 Beine und bewohnen häufig den Boden. Unter den Käfern und ihren Larven gibt es viele Pflanzenschädlinge (Knospenstecher, Wurzelnager, Blattfresser und Fruchtzerstörer), Vorratsschädlinge und Holzzerstörer, aber auch – und in der überwiegenden Zahl – sehr nützliche Tiere, die als Blütenbestäuber, Aasfresser und Räuber für ein Gleichgewicht in der Natur sorgen.

Aus dieser schier unerschöpflichen Mannigfaltigkeit der einheimischen Käfer möchte ich nur Vertreter dreier Familien vorstellen. Zum einen, weil sie jedem Gärtner bekannt sind, zum anderen, weil sie die drei verschiedenen Ernährungsweisen (Fleisch-, Pflanzen- und Aasfresser) darstellen. Es sind dies die Laufkäfer (Carabidae) als Vertreter der Räuber, die Schnellkäfer (Elateridae) und deren Larven, die Drahtwürmer, als Pflanzenschädlinge, sowie die Mist- und Dungkäfer (Geotrupidae) als Aasfresser.

Laufkäfer sind meist flinke, vorwiegend räuberisch lebende Tiere. Sie verstecken sich tagsüber meistens unter Laub, Steinen, Rinde oder in groben Bodenhohlräumen. Ihre Größe schwankt zwischen 2 und 40 mm. Sie besitzen lange, kräftige Beine und fadenförmige Antennen. Wegen ihrer starken Bindung an den Boden haben die meisten Arten die Hinterflügel teilweise oder ganz reduziert oder fliegen trotz vorhandener Flügel nur ausnahmsweise. Bekannte Vertreter sind Lederlaufkäfer *(Carabus coriaceus)*, Goldschmied *(C. auratus)*, Großer Puppenräuber *(Calosoma sycophanta)* und die Bombardierkäfer *(Brachynus spec.)*.

Einige Laufkäfer graben Gänge in den Boden, andere lauern in kleinen Erdhöhlen auf Beute und wiederum andere stellen der Beute an der Bodenoberfläche nach. Die Beute besteht hauptsächlich aus Regenwürmern, Schnecken und anderen Insekten. Die Larven der Laufkäfer haben ähnliche Lebensgewohnheiten und Nahrungsansprüche wie die Imagines (Alttiere).

Das Vorkommen der Arten wird von klimatischen Faktoren wie Feuchtigkeit oder Temperatur, aber auch vom Nahrungsangebot bestimmt. So findet man im Nadelwald mit Rohhumusauflage kaum Laufkäfer, weil dort die Regenwürmer – eine wesentliche Nahrungsquelle für Larven und Imagines – fehlen. Die größte Anzahl Laufkäfer wurde auf Getreidefeldern gefunden. Natürliche Biotope werden schwächer besiedelt. Als Schädlingspolizei haben Laufkäfer in landwirtschaftlichen Kulturen eine große Bedeutung, sie vertilgen beispielsweise Drahtwürmer. Auf drahtwurmverseuchten Feldern wurden bis zu 100 000 Laufkäfer pro ha gefunden. Auf Kartoffelfeldern sind 20 000 bis 40 000 Exemplare der großen *Carabus*-Arten pro ha keine Seltenheit. Sie halten dann die Kartoffelkäfer wirksam in Schach. Die pflanzenfressenden Arten wie der Getreidelaufkäfer *(Zabrus tenebrioides)* werden kaum schädlich.

Drahtwürmer sind die Larven der Schnellkäfer (Elateridae) und richten große Schäden an Pflanzenwurzeln an. Neben den Engerlingen, den Larven der Mai-, Juni- und Brachkäfer, sind die Drahtwürmer die wichtigsten Schädlinge unter den Käfern.

Drahtwürmer (vor allem der Gattungen *Corymbites* und *Agriotes*) wirken gedrungen, zeigen eine hell-gelbliche bis weiße Farbe und haben eine sehr kräftige, harte und glatte Kutikula (Haut). Die kurzen Beine sind kaum zu sehen. Dieser kurze, gedrungene und harte Körper hat ihnen auch zu ihrem Namen verholfen. Am Kopf besitzen sie außerdem noch einen halbrunden, kräftigen Vorsprung, der als Schaufel bezeichnet wird und zusammen mit den Mandibeln (Kiefer) zum Graben dient. Die Schnellkäfer haben ihren Namen wegen eines besonderen Umdrehungsmechanismus: Sie können sich mit knipsendem Geräusch aus der Rückenlage emporschnellen.

Grundsätzlich sind Drahtwürmer Allesfresser, viele leben räuberisch. Die überwiegende Zahl der Arten entwickelt sich in morschem Holz oder in anderer abgestorbener, pflanzlicher Substanz. Aus diesen meist waldbewohnenden Drahtwurmarten haben sich unter den Anbaubedingungen nach und nach Ar-

Mistkäfer arbeiten die Exkremente von Großtieren in den Boden ein und bewahren somit diesen hochwertigen Dünger vor zu raschem Zerfall.

ten herausgebildet (Gattungen *Agriotes* und *Selatosomas*), die überwiegend lebende Pflanzenwurzeln anknabbern. In stark besetzten Kulturböden wurden 10 bis 50 Drahtwürmer pro m² gezählt.

Eine in bodenbiologischer Hinsicht bedeutende Gruppe stellen auch die **Mist-** und **Dungkäfer** (Unterfamilien Geotrupinae und Aphodiinae) dar. Sie bewohnen bevorzugt trockenwarme Gebiete, in denen die Exkremente der Großtiere schnell verwesen und die darin enthaltenen Nährstoffe größtenteils ungenutzt entweichen würden. Durch das schnelle Einarbeiten von Kuhfladen, Pferdeäpfeln usw. bewahren sie diesen hochwertigen Dünger vor dem wirkungslosen Zerfall und halten die Nährstoffe erst einmal im Boden fest.

In Europa kommen vor allem Dungkäfer der Gattung *Aphodius* und Mistkäfer der Gattung *Geotrupes* vor. Während die kleineren *Aphodius*-Arten (5 bis 13 mm) ihre Eier direkt in die Kothaufen absetzen, graben die *Geotrupes*-Weibchen unter frischen Kothaufen senkrechte Gänge bis 0,5 m tief in die Erde, von denen Seitengänge abgehen, die mit Kot gefüllt werden. Dies dient als Nahrungsvorrat, aber auch als Ort der Eiablage. Von der Eiablage bis zum Ausschlüpfen des Käfers vergehen zwei

Vegetationsperioden. Der im Juli geschlüpfte Käfer bleibt bis zum kommenden Frühjahr in seiner unterirdischen Kammer.

Geotrupes-Arten kann man sehr leicht an ihrer großen (12 bis 25 mm) und plumpen Gestalt mit den kräftigen Beinpaaren und Maikäfer-artigen Fühlern erkennen. Sie sind entweder durchweg schwarz (*Geotrupes stercorarius*) oder metallisch blau (*G. vernalis*) gefärbt. Man findet sie in jedem Misthaufen oder Kotballen.

In den wärmeren Zonen hat man berechnet, daß Mistkäfer pro Käferpaar zwischen 100 und 600 g Kot in ihre Bauten eintragen und dabei im Schnitt 400 g Boden auswerfen. Unter Umständen kann eine derartige Wühl- und Umlagerungstätigkeit an geeigneten Standorten für die Bodenlockerung ganz wesentlich sein.

Maulwurfsgrille

Die Familie der Maulwurfsgrillen (Gryllotalpidae) gehört zusammen mit den Familien der Grillen (Gryllidae), der Laubheuschrecken (Tettigoniidae) und den Gewächshausschrecken (Rhaphidophoridae) zu der Unterordnung der Langfühlerschrecken (Ensifera).

Die Vorderbeine der Maulwurfsgrille sind zu mächtigen Grabschaufeln umgewandelt.

Als unterirdisch lebendes, Gänge grabendes Insekt besitzt die Maulwurfsgrille *(Gryllotalpus gryllotalpus)* – statt der stark muskulösen hinteren Sprungbeine – mächtige, zu Grabschaufeln umgewandelte Vorderbeine. Der Körper der Maulwurfsgrille ist langgestreckt-walzenförmig und mit feinen braunen, wasserabstoßenden Haaren besetzt. Kopf und Brust sind von einem festen Chitinpanzer umgeben. Der Hinterleib weist hingegen nur eine schwache Chitinisierung auf und ist daher stark beweglich. All dies sind Anpassungen an die unterirdische Lebensweise.

Das Weibchen legt im Laufe seines Lebens mehrere Nester an, in die insgesamt etwa 500 Eier abgelegt werden. Die Eier werden gegen Räuber bewacht, gegen Pilzbefall beleckt und bis zum Schlüpfen der ersten Larvenstadien weiter umsorgt.

Die Maulwurfsgrille ist erstaunlicherweise sowohl ein guter Schwimmer als auch ein guter Flieger. Besonders zur Fortpflanzungszeit läßt sich dies beobachten.

Bei Nahrungsmangel ernähren sich Maulwurfsgrillen vermehrt von lebenden Pflanzenteilen und können dadurch Schäden hervorrufen. Auch beim Graben der bis zu 20 cm tiefen und fingerdicken Gänge können sie durch das Abbeißen von Wurzeln vereinzelt geringfügige Schäden anrichten. Hauptsächlich ernähren sie sich aber – ähnlich dem Maulwurf – von Insektenlarven, Regenwürmern und anderen Bodentieren. So können sie auch zur Gesundung eines mit Drahtwürmern, Erdraupen und anderen Schädlingen übermäßig besetzten Bodens beitragen.

Maulwurf

Maulwürfe gehören innerhalb der Säugetiere (Mammalia) zu der Ordnung der Insektenfresser (Insectivora). Sie bilden eine eigene Familie (Talpidae).

Maulwürfe (Bild Seite 2) werden 11 bis 15 cm lang und wiegen nur 60 bis 130 g, dennoch leisten sie Erstaunliches. Innerhalb von etwa 10 Sekunden sind sie in der Lage, sich vollständig in einen lockeren Boden einzugraben, und nach 3 Minuten ist schon ein Gang von 30 cm Länge angelegt. Innerhalb von 24 Stunden bringt er es bei optimalen Bedingungen auf ein Gangsystem von 17 bis 20 m. Ein Mensch, der im Verhältnis zu seiner Körpergröße dasselbe leisten wollte, müßte in einer Nacht einen Tunnel von etwa 60 km Länge und in genügender Weite bauen, um seinen Körper durchzulassen.

Unsere unterirdischen Kanalarbeiter sind ausgesprochene Einzelgänger und Eigenbrötler. Artgenossen gegenüber verhalten sie sich äußerst aggressiv. Ein Eindringling, der sich in ein fremdes Tunnelsystem verirrt, kann nur schleunigst Reißaus nehmen oder auf seine Kampfstärke vertrauen. Der Unterlegene wird meist kurzerhand aufgefressen. Nur zur Paarungszeit wird der Maulwurf gesellig. Das Weibchen bringt 3 bis 5 nackte, blinde Jungen im gepolsterten Nest unterm Maulwurfshügel zur Welt.

Damit sich die Erdarbeiter in ihren Gängen sowohl rückwärts als auch vorwärts gleich schnell fortbewegen können, besitzt ihr kurzer, samtiger Haarpelz keinen Strich, läßt sich also nach allen Seiten gleichermaßen gut umlegen. Anders als sein Name vermuten läßt, befördert der Maulwurf die Erde nicht mit der Schnauze aus den Gängen, sondern mit den zu Grabschaufeln umgebildeten Vorderpfoten. Der Name kommt aus dem althochdeutschen Wort *muha* oder *muwa,* was Haufen bedeutet. Ein Muwurf ist also ein »Haufenwerfer«.

Igel

Der Igel *(Erinaceus europaeus),* ein weiterer und nicht weniger bekannter Vertreter der Insektivoren, ist ebenfalls ein Einzelgänger, wenn auch mit einer etwas anderen Lebensweise. Er ist ein Dämmerungstier, das sich hauptsächlich in trockenem Gelände mit Gebüsch, Waldrändern und Kulturlandschaften (Gärten, Parks) aufhält. Igel halten Winterschlaf, wobei die wichtigsten Lebensfunktionen wie Atmung und Herzschlag auf ein absolutes Minimum reduziert werden. Den Winterschlaf verbringen sie vollgefressen unter einem wärmenden Laubhaufen.

Igel, die man bei Einbruch des Winters draußen noch findet und die weniger als 600 g wiegen, haben keine Chance, im Freien den Frost zu überleben. Man kann sie dann in einer Kiste im Keller überwintern lassen und sie regelmäßig mit magerem gehackten Rindfleisch, rohem oder gekochtem Fisch, Hühnerinnereien, sowie ab und zu mit Rosinen oder Bananenstücken füttern. Auf Milch reagieren viele Igel mit Durchfall und sterben durch den dadurch bedingten Wasserverlust.

Das Stachelkleid des Igels besteht aus rund 16000 Stacheln. Sie sind hell und dunkel geringelt, aufstellbar und bieten bei Gefahr einen zuverlässigen Schutz, wenn sich der Igel zusammenrollt. Nur wenige Feinde – Greifvögel, Eulen, gelegentlich Dachs, Marder oder Fuchs – werden mit dem Igel fertig.

Igel gehören zu den ältesten Säugetierarten auf der Erde. Es gibt sie seit mehr als 70 Millionen Jahre. Zweimal im Jahr gibt es bei der Igelfamilie Nachwuchs. Im Schnitt gebiert die Igelmutter 7 Junge. Die Stacheln sind dann noch sehr weich und in eine Hülle eingeschlossen, damit die Mutter bei der Geburt nicht verletzt wird.

Die Nahrung der Igel besteht aus Insekten, Schnecken, kleinen Wirbeltieren, Schlangen, Obst und Wurzeln. Durch den verstärkten Einsatz von Insektiziden werden viele Kleintiere abgetötet. Somit verschmälert sich die Nahrungsgrundlage des Igels zusehends. Zudem sind ihm durch die Flurbereinigung viele seiner natürlichen Schlupf-

Der Igel ernährt sich von Kleintieren, Obst und Wurzeln. Wir sollten ihm in unseren Gärten wieder mehr Versteck- und Futtermöglichkeiten bieten.

winkel wie Hecken, Gebüsch, Feldgehölze und bewachsene Raine abhanden gekommen.

Igel sind geschützt, und wir sollten ihnen in unseren Gärten wieder Versteck- und Futtermöglichkeiten bieten, indem wir dichte Hecken anpflanzen oder Reisig und Laubhaufen für den Winterschlaf zur Verfügung stellen. Im Sommer wird es uns der normalerweise sehr ortstreue Igel dadurch danken, daß er den Garten von Schnecken freihält.

Spitzmäuse

Spitzmäuse (Soricidae) sollte man besser als Spitzrüßler bezeichnen, da sie mit den Mäusen, die zu den Nagetieren gehören, nicht verwandt sind. Es gibt in Mitteleuropa zwei Unterfamilien, die nach der Farbe der Zahnspitzen in Braun- und Weißzahnspitzmäuse aufgeteilt werden. Aber dies ist etwas für Spezialisten (Bild Seite 35).

Die lange, spitze Schnauze ist ein feines Riech- und Tastorgan mit langen beweglichen Tasthaaren. Die kleinen Augen dieser fast überall auf der ganzen Welt mit über 250 Arten verbreiteten Tierfamilie sind nicht besonders sehtüchtig.

Obwohl sie zu den kleinsten Säugetieren zählen, entwickeln Spitzmäuse den größten Appetit. Sie können mehr als ihr doppeltes Körpergewicht täglich verzehren und schrecken in der Not auch vor Artgenossen nicht zurück. In der Regel ernähren sie sich aber ähnlich wie Igel und Maulwurf von Spinnen, Insekten, kleinen Wirbeltieren, frischen Kadavern und gelegentlich von Pflanzen.

Die lebhaften Tiere hausen als Einzelgänger in selbstgegrabenen Höhlen oder ähnlichen Schlupfwinkeln. Sie sind überwiegend Nachttiere und lieben dichten Bodenbewuchs. Auch ihnen entzieht die moderne Landwirtschaft mit starkem Pestizideinsatz und großflächiger Flurbereinigung immer mehr die Lebensgrundlagen, so daß fast alle Arten geschützt sind.

Spitzmäuse halten keinen Winterschlaf. Sie müssen – wie der Maulwurf – dauernd Nahrung zu sich nehmen, sonst würden sie innerhalb weniger Stunden verhungern. Bei der steten Unruhe, Aufregung und Umtriebslust ist es kein Wunder, daß solch ein kleiner Körper viel verbrennt, damit auch schnell altert und früh stirbt. Da hilft nur eine rasche Vermehrung. Die Weibchen bringen mehrmals im Jahr 5 bis 10 nackte, blinde Junge zur Welt.

Im Winter flüchten sich vor allem die Hausspitzmäuse in landwirtschaftliche

Gebäude, wo sie oft Opfer von Katzen und Hunden werden, die sie zwar töten, aber wegen des intensiven Moschusgeruchs nicht fressen.

Mäuse

Mäuse (Muridae) gehören in die Klasse der Säugetiere (Mammalia) und bilden in der Ordnung der Nagetiere (Rodentia) eine der größten Familien mit etwa 500 Arten. Wie alle Nagetiere besitzen sie nur jeweils ein Schneidezahnpaar im Ober- und Unterkiefer. Diese Zähne wachsen unaufhörlich nach und müssen durch dauerndes Fressen und Nagen kurz gehalten werden.

Im Gegensatz zur Feldmaus *(Microtus avalis)* mit rundlichem Kopf und kurzem Schwanz hat die Hausmaus *(Mus musculus)* eine etwas spitzere Schnauze, größere Ohren und einen etwas längeren Schwanz. Die Hausmaus wird etwa 18 Monate, die Feldmaus nur 4,5 Monate alt. Mäuse sorgen daher für eine ständige Vermehrung. Hausmäuse werden nach 2 bis 3 Monaten geschlechtsreif und gebären nach 19 bis 21 Tagen Tragzeit 6 bis 13 nackte, blinde Junge. In ihrem kurzen Leben kommt eine Hausmaus auf bis zu 100 Nachkommen. Feldmäuse sind bereits nach 8 bis 10 Tagen geschlechtsreif. Erstmals bringt ein Weibchen nach 5 Wochen die ersten, meist 5 bis 7 Jungen zur Welt. Alle 21 Tage folgt dann ein Wurf mit bis zu 12 Jungen. Kein Wunder, daß hier des öfteren eine Bevölkerungsexplosion droht und die sprichwörtliche Mäuseplage auftritt.

Die Mäuse haben aber einige Methoden der natürlichen Geburtenkontrolle entwickelt. Zunächst wirkt das Nahrungsangebot regulierend auf den Bestand ein. Viel Nahrung läßt die Mäusedichte anwachsen, umgekehrt bewirkt Nahrungsmangel, daß die Bevölkerung schrumpft. Hat ein Weibchen innerhalb einer bestimmten Zeit zu oft Kontakt mit verschiedenen Artgenossen, so sorgen Hormone dafür, daß es unfruchtbar wird. Die Scheide bleibt geschlossen, die Gebärmutter bildet sich nicht vollständig aus und Eizellen werden erst gar nicht gebildet.

Feld- und Hausmaus unterscheiden sich in bezug auf die Wahl der Nahrung und dem Lebensraum. Die Hausmaus frißt ihr Leben lang auf wenigen m^2 Raum im Haus. Hausmäuse sind Allesfresser und kein Vorratsraum ist vor ihnen sicher. Apfelmus, Käse, Wurst, Mehl, Früchte, Körner, sogar Schaumgummi, Wolle und Papier verzehren sie.

Feldmäuse dagegen sind Pflanzenspezialisten, die sich für den Winter unterirdische Vorratslager anlegen. Wenn aber die Winter zu streng sind, so daß Nahrungsmangel entsteht, halten sich Feldmäuse gern in Scheunen auf und richten dort an Getreidevorräten großen Schaden an. Als Lebensraum bevorzugen Feldmäuse offenes Gelände, vor allem Wiesen und Felder mit großem Nahrungsangebot sowie Hänge mit leichter Steigung. Ihre Gänge bauen sie dicht an der Oberfläche mit Vorratskammern und Kugelnestern. Feldmäuse bewegen sich auf Wechseln in ihrem mehrere km weit reichenden Aktionsradius.

Sollten Mäuse einmal örtlich überhand nehmen, hilft am besten die gute alte Mausefalle oder eine jagende Katze. Natürliche Feinde sind Mäusebussard, Turmfalke und Schleiereule.

Vom Umgang mit Gartenböden

Seite 73:
Mischkulturen hal-
ten den Boden be-

deckt und beugen
einer einseitigen
Auslaugung vor.

Bodenarten

Von Bodentypen spricht der Bodenkundler, wenn er die Anzahl und Art der
Schichten (Horizonte) angibt und beschreibt, die vom Grundgestein bis zur
oberen Humuslage bei natürlich gewach-
senen, noch nicht kultivierten Böden
aufeinanderfolgen (siehe Seite 15). Ob
ein Boden von guter Qualität und hoher
Fruchtbarkeit ist, darüber entscheidet
das Merkmal »Bodenart«. Die Bodenart
sagt etwas aus über die Beschaffenheit
des Oberbodens, darüber, ob wir es mit
einem leichten, mittleren oder schweren
Boden zu tun haben. Mit »schwer« oder
»leicht« ist aber nicht das Bodengewicht
gemeint, sondern wie leicht oder schwer
sich der Boden bearbeiten läßt.

Böden setzen sich unter anderem aus
Mineralteilchen verschiedener Größe
und in wechselnden Mengenanteilen
zusammen. Die Größe – nicht die Zusammensetzung – der Mineralpartikel
entscheidet über die Bodenart. Drei
Korngrößen sind hierfür ausschlaggebend: Sand (Korngröße 0,06 bis 2 mm),
Schluff (0,002 bis 0,06 mm) und Ton
(<0,002 mm). Im allgemeinen Sprach-
gebrauch werden reine Sandböden als
leichte und reine Tonböden als schwere
Böden bezeichnet. Es gibt viele Zwi-
schenformen, die der Bodenkundler
z. B. als sandigen Lehm, tonigen Lehm
oder lehmigen Sand usw. bezeichnet,
je nach Verhältnis der einzelnen Korn-
größenfraktionen zueinander.

Leichte Böden (Sandböden)

Sandböden verfügen über gute physikalische Eigenschaften, das heißt sie haben

eine gute Wasserdurchlässigkeit, sind
gut belüftet und können leicht bearbeitet werden. Sie erwärmen sich sehr
rasch, kühlen aber auch wieder schneller aus.

Sandkörner haben Kugelstruktur. Aus
diesem Grund können sie nicht dicht
aufeinandergepackt werden. Sie rollen
auseinander und bilden große Porenhohlräume. Sie laufen ständig Gefahr,
»vom Winde verweht« zu werden, da
die einzeln lagernden Sandkörner leicht
weggetragen werden können.

Sandböden weisen nur ein geringes
Speichervermögen für pflanzenverfüg-
bares Wasser auf, weil durch die großen
Porenhohlräume das Regenwasser hin-
durchrinnt wie durch ein Sieb. Sandböden bestehen in der Hauptsache aus
Quarzkörnchen und besitzen von Natur
aus nur einen geringen Gehalt an für die
Pflanzenernährung wichtigen zusätzlichen Nährstoffen. Vor allem sind sie
aus Mangel an Ton-Humus-Komplexen
nicht in der Lage, zugeführte Nährstoffe
wie z. B. Kalk und Stickstoff festzuhalten. Auf solchen Böden können bis zu
60 % der aufgebrachten Düngermenge
ausgewaschen werden, was das Nitrat-
problem noch verstärkt. Die Nährstoffe
werden auch nicht langsam an die Pflanzen abgegeben, sondern sie bekommen
die volle Düngerladung immer direkt ab,
so daß die Gefahr der Überdüngung und
Überkalkung gegeben ist.

Andererseits können sich in einem
lockeren Sandboden die Pflanzenwurzeln gut ausbreiten und die schnellere
Erwärmung sorgt dafür, daß Sandböden
im Frühjahr die ersten Böden sind, die
wieder ergrünen. Durch den hohen Luftgehalt im Boden verläuft die Umsetzung

Dieser sandige und schluffreiche Boden weist eine bröselige Struktur auf.

Glatte Kanten entstanden bei der Bearbeitung dieses tonreichen Bodens. So ein Boden neigt zu Verschlämmung und Verkrustung.

der organischen Substanz schneller als in schweren Böden. Diese Umsetzung geschieht aber oft zu schnell, und weil speicherfähige Ton- und Humusteilchen fehlen, werden Nähr- und Humusstoffe nicht gebunden und gehen vorzeitig wieder verloren.

Durch Ausbringen von lehmhaltigem Kompost, Gründüngung und Bodenbedeckung vermehrt man die organische Substanz und damit den Humusanteil. Stein- und Tonmehl, sowie geringe Mengen an kohlensaurem Kalk machen die anfangs zu durchlässigen Böden bindiger.

Schwere Böden (Tonböden)

Tonböden sind das entgegengesetzte Extrem zu den Sandböden. Die Bodenteilchen sind viel kleiner (<0,002 mm) und mit bloßem Auge nicht zu erkennen. In der aufgeschwemmten Bodenprobe sind die Tonpartikel aber als Trübung sichtbar. Tonminerale sind im Gegensatz zu den Sandkörnern nicht kugelig, sondern blättchenförmig schichtweise aufgebaut und sehr dicht gelagert. Bei Regen kann viel Wasser eingelagert werden. Die Plättchen quellen auf. Die Nährstoffe werden ebenfalls sehr fest gebunden, so daß die Saugkraft der Pflanzen weder ausreicht, das Wasser aufzunehmen noch die Nährstoffe verfügbar zu machen. Es kann daher passieren, daß bei einem Tonboden die Pflanzen schon zu welken anfangen, obwohl der Boden noch feucht erscheint.

Die Tonteilchen sind überdies so dicht gelagert, daß nur wenige kleinste Hohlräume zur Verfügung stehen. Die Durchlässigkeit für Luft und Wasser ist demgemäß sehr gering. Nach Regen quillt der Boden auf wie ein Schwamm, bei der nachfolgenden Trockenheit schrumpft er, backt zusammen und bricht dann mit den oft beschriebenen charakteristischen Rissen auf.

Tonböden können nur während sehr kurzer Zeit bearbeitet werden. Ist es zu naß, klebt der Boden an den Geräten und bildet schmierige Schollen. Wird der Boden in diesem Zustand bearbeitet, dann bekommt man nicht nur schmutzige Schuhe, sondern man zerstört auch das Bodengefüge auf lange Zeit. Der Boden verschmiert und wird verdichtet. Wenn der Boden aber zu trocken ist, wird er steinhart und zerfällt bei der nur unter sehr großem Kraftaufwand möglichen Bearbeitung in Klumpen. Man nennt Tonböden daher auch oft »Stunden-« oder gar »Minutenböden«.

Tonböden haben zwar ein großes Nährstoff- und Wasserpotential, aber es ist für die Pflanzen schlecht nutzbar. Zudem können sich Pflanzenwurzeln in dichtem Bodengefüge nur ungenügend ausbreiten, Kümmerwuchs ist die Folge. Wichtig ist es daher, die Krümelbildung durch Kalkung zu fördern. Tonböden müssen durch regelmäßige und reichliche Gaben von Sand und Kompost ge-

lockert werden. Bodenbedeckung fördert die Gare und verhindert übermäßige Verdunstung. Wichtig erscheint auch ein durchlässiger Untergrund, den man durch Anbau von tiefwurzelnden Gründüngungspflanzen erreichen kann. In Extremfällen muß eine Dränage für Entwässerung sorgen.

Mittlere Böden (Lehm und Löß)

Wohl dem, der einen solchen Boden in seinem Garten hat. Diese Böden liegen in ihren Nutzungsmöglichkeiten für die Pflanzenproduktion zwischen den leichten Sandböden und den schweren Tonböden. Die Haltekraft und Speicherung von Wasser und Nährstoffen ist zufriedenstellend, die Durchlüftung günstig und die Wärmeverhältnisse sind ausgewogen.

Während ein Sandboden mehr als 85 % Sand enthält und ein Tonboden mehr als 65 % Ton, stellen die in unseren Breiten weit verbreiteten Löß- und Sandlößböden Mischungen aus den Korngrößen Sand und Schluff dar. Wenn alle drei Korngrößen Sand, Schluff und Ton in etwa gleich großen Anteilen im Boden vorkommen, dann bezeichnen wir diese Bodenart als Lehm. Lehm (35 % Sand, 30 % Schluff, 35 % Ton) und Löß (10 bis 25 % Ton und 70 bis 80 % Schluff) sind typische Beispiele für mittlere (milde) Bodenarten mit besonders günstigen Eigenschaften.

Während die Bearbeitung eines Tonbodens zum Hochleistungssport werden kann, lassen sich mittlere Lehmböden leicht bearbeiten. Dennoch gibt es auch bei Lehm oder Lößböden, je nach Schluffanteil, Probleme. Schluffige Bö-

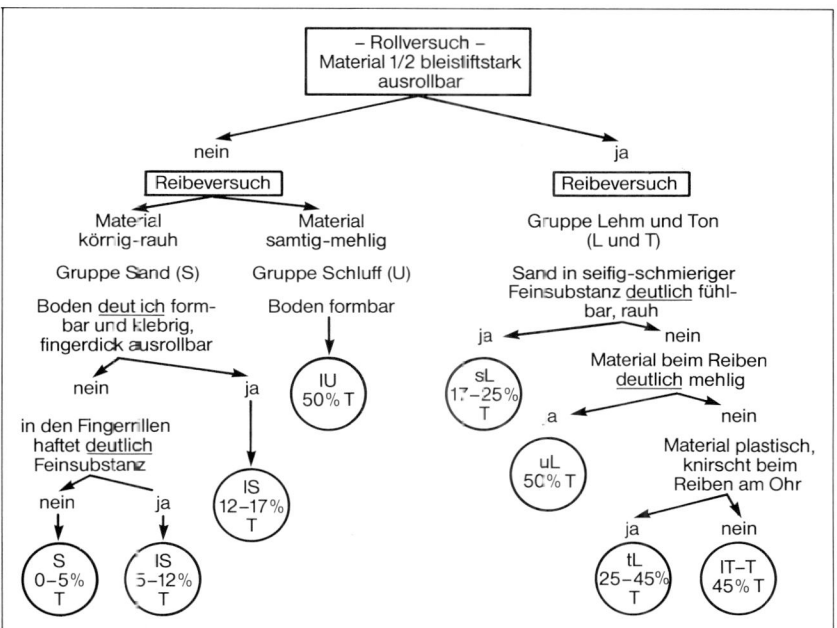

den neigen stets zu dichter Lagerung und somit zu Wasserstau und schlechter Durchlüftung. Solche Böden sind anfällig für Abspülung und Bodenverschlämmung.

Als Faustregel gilt: Bodenarten, die hauptsächlich aus nur einer Korngröße bestehen, haben meist ungünstige Eigenschaften. Lehm und Löß, welche eine gemischte Korngrößen-Zusammensetzung aufweisen, sind günstiger, weil sich hier die Vor- und Nachteile der einzelnen Korngrößen ausgleichen.

Einfache Methoden der Bodenanalyse

Fingerprobe

Man kann damit die Bodenart ohne großen Aufwand selbst bestimmen. Dazu nimmt man eine etwa walnußgroße Bodenprobe und knetet und zerreibt sie zwischen Daumen und Zeigefinger. Der Boden muß dabei feucht (aber nicht naß) sein. Der Versuch, den Boden in der Handfläche zu einer halbbleistiftstarken Walze auszurollen (Rollversuch), dient dabei zur Grobuntergliederung. Mit dem Reibeversuch zwischen Daumen und Zeigefinger wird dann die feinere Untergliederung durchgeführt. Man kann dadurch feststellen, inwieweit der Boden formbar und bindig ist, und welchen Anteil an sicht- und fühlbaren Sandkörnern er hat.

Bei einiger Übung gestattet dieses schnell durchführbare Verfahren, mindestens acht Bodenarten voneinander zu unterscheiden.

1. Sand: Der Boden besteht aus einzelnen Körnern, die mit dem bloßen Auge gut sichtbar sind und sich rauh anfühlen.

Die Bodenprobe haftet nicht am Finger, ist nicht bindig und nicht formbar. (Sandanteil >85 %)

2. Schluff: Die Bodenprobe fühlt sich samtartig-mehlig an. Sie ist nicht bindig, nur schlecht formbar, haftet aber deutlich in den Fingerrillen. Keine oder nur sehr wenige Sandkörner. (Schluffanteil >80 %)

3. Ton: Der Boden ist bindig und klebrig. Er läßt sich wie Teig formen und ausrollen. Wenn man mit dem Finger über die Probe streicht, entstehen glänzende Reibflächen. Keine Sandkörner. (Tonanteil >65 %)

4. Schluffiger Sand bis sandiger Schluff: Die Bodenprobe beinhaltet etwa zu gleichen Teilen gut sicht- und fühlbare Sandkörner und feines Gesteinsmehl, das sich samtartig anfühlt und in den Fingerrillen haften bleibt. Die Probe ist nicht bindig und nur schlecht formbar. (Sand 45 %, Schluff 45 %, Ton 10 %)

5. Lehmiger Sand bis sandiger Lehm: Der Boden enthält viele Sandkörner. Die Probe ist etwas bindig, klebrig oder schmierig. Sie läßt sich formen und ausrollen. Sie zerbricht oder reißt jedoch, wenn man sie etwa bleistiftstark ausrollen möchte. (Sand 55 %, Schluff 30 %, Ton 15 %)

6. Toniger Sand bis sandiger Ton: Der Boden ist bindig und läßt sich gut formen. Er klebt an den Fingern. Beim Reiben entstehen schwach glänzende Reibflächen. Zugleich sind aber auch noch viele Sandkörner zu erkennen. (Sand 45 %, Ton 35 %, Schluff 20 %)

7. Lehmiger Schluff bis schluffiger Lehm: Die Bodenprobe ist bindig und klebrig. Man kann sie gut formen, sie wird aber beim Ausrollen rissig. Streicht

man mit dem Daumen darüber, so entstehen samtartige, stumpfe Reibflächen. (Sand 20 %, Schluff 65 %, Ton 15 %)

8. Toniger Lehm bis lehmiger Ton: Die Bodenprobe ist bindig und klebrig. Sie enthält nur wenige Sandkörner und läßt sich gut formen. Beim Streichen entstehen schwach glänzende Reibflächen. (Sand 20 %, Schluff 35 %, Ton 45 %)

Wer mit der Fingerprobe Schwierigkeiten hat, kann es auch mit der Hörprobe versuchen. Man zerreibt dazu die Bodenprobe in der Nähe des Ohres zwischen den Fingern. Kann man dabei z. B. ein deutliches Knirschen vernehmen, dann enthält die Probe einen größeren Anteil an Sand.

Für ein erfolgreiches Gärtnern – zumal in Einklang mit der Natur – ist es nicht allein damit getan, die Bodenart zu kennen, sondern ein erfahrener Gartenbesitzer will auch wissen, wieviel Humus und welche Humusform vorhanden ist. Auch über die Gefügeform und die Nährstoffversorgung des Bodens und der Pflanzen sollte sich der natürlich-biologisch wirtschaftende Gärtner ein Bild machen. Dafür gibt es ebenfalls einfache Möglichkeiten, die jedermann ohne großen Aufwand selbst durchführen kann.

Wurzelwachstum

Um zu wissen, wie es unter der Bodenoberfläche aussieht, graben wir eine Pflanze vorsichtig aus, damit soviel Wurzelmasse wie möglich erhalten bleibt. Am Wuchs der Wurzeln kann man bestimmen, wie leicht bzw. wie schwer es die Pflanze hatte, in den Boden einzudringen. In einem guten, lockeren Boden gehen die Wurzeln – je nach Wurzel-

Das Wurzelbild sagt uns, in welchem Zustand sich der Boden befindet. Diese Wurzeln hatten keine Probleme, den krümeligen Boden zu durchdringen.

typen – entweder senkrecht nach unten oder strahlenförmig seitlich ab. Es entwickelt sich eine große Wurzelmasse. In einem verdichteten Boden sind nur wenige Wurzeln auf engstem Raum zu finden. Oft knicken die Wurzeln auch seitlich ab, was auf eine verfestigte Schicht hinweist. Schon allein aus dem Wurzelbild kann auch ein wenig geübter Gärtner erkennen, ob der Boden in Ordnung ist, oder ob zur besseren Lockerung etwa mechanisch nachgeholfen werden muß. Die Durchwurzelbarkeit eines Bodens wird auch als »physiologische Gründigkeit« bezeichnet, nach der die Standorte folgendermaßen eingestuft werden:

– flachgründig bis 40 cm
– mittelgründig bis 80 cm
– tiefgründig bis 130 cm.

Krümelprobe

Am besten kann man das Bodengefüge beurteilen, wenn man einen größeren Bodenblock mit einem Spaten aussticht und nach folgendem Schema untersucht:

1. Der Boden besteht aus fester homogener Masse, ohne Trennfugen. Gelegentlich sind Risse möglich. Das Material ist brüchig oder plastisch. Man spricht von .... **Kohärentgefüge**

2. Der Boden ist klumpig-bröckelig und besteht aus unregelmäßigen Trümmern, die kantig oder gerundet und zum Teil verschmiert sind.
   a) Kompakte, mindestens faust- bis ziegelgroße Bruchstücke: ....
   .... **Klumpen**
   b) Erbsen- bis faustgroße Bruchstücke mit rauher Bruchfläche: ....
   .... **Bröckel**
   c) Überwiegend unverbundenes Sandmaterial, zum Teil durch Feuchtigkeit zusammenhaftend in Ober- und Unterboden: ....
   .... **Einzelkorngefüge**

3. Der Boden ist körnig, splittrig oder krümelig, meist locker gelagert und porös.
   a) Die Bodenkörner sind zu lockeren, porösen Krümeln verklebt und zum Teil mit Wurmlosung durchsetzt: .... **Krümelgefüge**
   b) Es bilden sich schuppig-splittrige, meist scharfkantig-spitze, aber locker gelagerte Aggregate: ....
   .... **Splitter- oder Korngefüge**

4. Der Boden besteht im Verband, bildet aber durch Trennfugen Gefügeelemente (Aggregate).
   a) Die Trennfugen verlaufen überwiegend horizontal. Es bilden sich flächig-schichtige Aggregate. Der Bo-

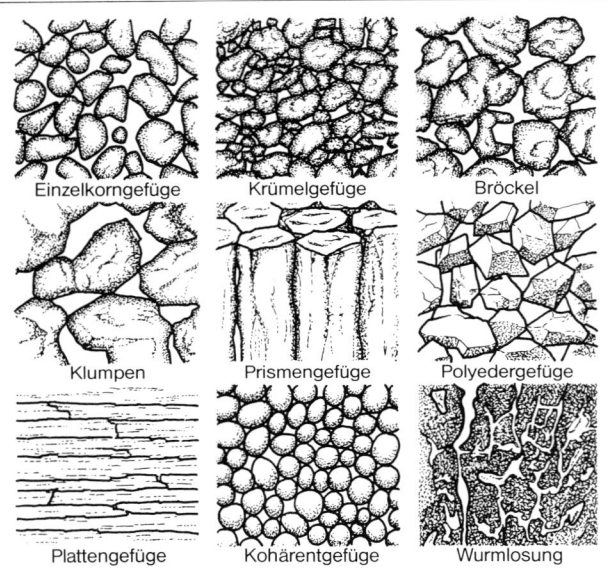

Einzelkorngefüge | Krümelgefüge | Bröckel

Klumpen | Prismengefüge | Polyedergefüge

Plattengefüge | Kohärentgefüge | Wurmlosung

Gefügeformen im Boden.

den läßt sich buchartig aufblättern und zeigt vereinzelt Röhren. Die Fugen sind meist geschlossen: . . . . **Plattengefüge**

b) Die Trennfugen verlaufen horizontal und vertikal. Die einzelnen Gefügeelemente sind scherbig, würfelartig oder prismatisch, scharf bis stumpfkantig: . . . **Scherbengefüge**

c) Die Aggregate sind würfelförmig bis scherbig, scharf- bis stumpfkantig. Sie sind weit oder auch dicht gelagert mit oft nur nadelstichgroßen Poren: . . . . **Subpolyeder- und Polyedergefüge**

d) Die Aggregate stehen gestreckt, säulig im Boden und zerfallen oft in Polyeder: . . . . **Prismen- oder Säulengefüge**

Ob wir plattige Aggregate, Einzelkorngefüge oder aber stabile Ton-Humus-Komplexe am Boden vorfinden, stellen wir auf einfache Weise dadurch fest, daß wir eine Handvoll Boden aus etwa 20 cm Tiefe holen und in der Faust zusammenballen. Wenn der Boden aus Krümeln zusammengesetzt ist, wird dieser Erdklumpen bei leichtem Druck mit dem Finger dagegen in kleine Krümel zerfallen. Ein Sandboden zerfiele dagegen in viele Einzelkörner. Den Verfestigungsgrad der Bodenschichten, der ebenfalls Auswirkung auf Bodengare, Durchwurzelbarkeit und Bodenbearbeitung hat, läßt sich auch sehr leicht prüfen. Dazu läßt man den Bodenklumpen einfach auf den Boden fallen. Ein Klumpen, der etwa aus 1 m Höhe auf den Boden auftrifft, kann vollkommen in kleine Bröckel, bei einem sehr losen Boden in Einzelteile oder aber bei einem festen Boden in wenige große Klumpen zerfallen. Meist lassen sich solche Klumpen auch von Hand nur sehr schwer oder gar nicht zerkleinern.

Sedimentations-
versuch im Stand-
zylinder. Sand setzt
sich nach weni-
gen Minuten am
Boden ab, wäh-
rend die Humus-
teilchen noch lange
in der Lösung
schweben.

Schlämmprobe

Außer mit der Fingerprobe kann man auch mit Hilfe der Schlämmprobe den Anteil von Sand, Schluff, Ton und Humus einer Bodenprobe bestimmen. Man füllt dazu etwas Boden, den man aus der oberen Bodenschicht bis 20 cm Tiefe entnimmt, in ein Wasserglas (Marmelade- oder Einmachglas) und füllt es mit Wasser auf, damit der Boden gut aufgelöst wird. Aufgrund ihrer verschiedenen Sinkgeschwindigkeiten senkt sich zuerst der Sand ab, danach der Lehm bzw. der ton- und schluffhaltige Anteil der Erde und zum Schluß der Humus (Abbildung).

Der Sand setzt sich schon nach wenigen Minuten ab. Bleibt das Wasser dann noch trübe, kann es mehr als 14 Tage dauern, bis die schluff- oder tonhaltigen Teile oder die Humusteilchen zur Ruhe kommen. Aus der Höhe der Ablagerungen kann man den Anteil von Sand, Lehm (Schluff oder Ton) und Humus ablesen.

Der Prozeß läßt sich etwas beschleunigen, indem man eine Messerspitze Kalk dazugibt. Der Ton flockt dann aus und setzt sich schneller ab.

Humustest

Will der interessierte Hobbygärtner auch noch wissen, mit welcher Art von Humus er es zu tun hat, so gibt es auch dafür eine einfache Untersuchungsmethode: Ein Teelöffel Boden – diesmal aus der obersten Schicht – wird mit der dreifachen Menge Salmiakwasser (1 Teil Salmiakgeist – Ammoniumchlorid – und 3 Teile Wasser) kräftig geschüttelt und dann abgefiltert. Ist das Filterwasser

dunkel gefärbt, liegt Nähr- bzw. Rohhumus vor. Es sind dann noch viele unverrottete Substanzen vorhanden, die das Wasser dunkel färben. Ist das Filterwasser dagegen klar, dann haben wir es mit Dauerhumus zu tun, der dunkel färbende Huminstoffe festhält.

Die bisher beschriebenen Methoden liefern keine exakten Daten, aber sie ermöglichen doch eine gute Übersicht und erste Vergleichswerte.

Säuretest (Bodenreaktion)

Für die Messung des pH-Wertes bietet der Handel Meßsonden, Testflüssigkeiten und -streifen an. Mit Indikatorstäbchen aus dem Fachgeschäft kann man den Säuregrad am einfachsten und relativ zuverlässig bestimmen. Etwas Boden wird mit destilliertem Wasser aufgeschlämmt. Man hält das Indikatorstäbchen hinein, vergleicht die Färbung mit einer Farbskala und kann somit den Wert ablesen. Die einfachste Methode,

Reaktion des Bodens bei der Salzsäureprobe (aus Göbel 1984)	Ungefährer Kalkgehalt in Gewichtsprozent
keine Reaktion	0 %
kaum hörbares, schwaches Aufbrausen	weniger als 0,5 %
schwaches Aufbrausen, bei schweren Böden. Aufblähen der Bodenprobe	0,5 bis 1,5 %
deutliches, aber nicht anhaltendes Aufbrausen	1,5 bis 4 %
starkes Aufbrausen bis schwaches Schäumen	4 bis 10 %
starkes, anhaltendes Schäumen	über 10 %

den pH-Wert zu messen, indem eine Meßsonde in den Boden gesteckt wird, ist auch die denkbar schlechteste. Die Stiftung Warentest prüfte im April 1986 dreizehn Meßsonden und beurteilte alle mit »mangelhaft«. Ausschlaggebend für die Bewertung waren die großen Meßfehler.

Nährstoffuntersuchung

Im Handel gibt es Kleinstlabors zu kaufen, die in der Lage sind, die Konzentrationen von Stickstoff, Phosphor, Kalium und zusätzlich den pH-Wert zu messen. Sie kosten zwischen 30 und 200 DM und liefern für den Hausgebrauch ganz gute Ergebnisse. Ihre Anwendung ist aber nicht immer ganz einfach. Schadstoffe wie z. B. Schwermetalle lassen sich überhaupt nicht feststellen. Wesentlich zuverlässigere Ergebnisse kann jeder Hobbygärtner, Landwirt oder Ökobauer von der nächstliegenden landwirtschaftlichen Untersuchungs- und Forschungsanstalt (Lufa) erhalten (siehe Labormethoden und Adressenliste).

Kalkbestimmung

Dazu träufelt man einen Tropfen verdünnte Salzsäure (10 %ig) auf den Boden. Wenn der Boden viel Kalk enthält, dann braust und schäumt er auf wie Brausepulver. Das Brausen wird durch entweichendes CO_2 verursacht. Es entsteht, wenn die Salzsäure den Kalk zersetzt. Die Stärke und Dauer des Aufbrausens gibt einen Hinweis auf den ungefähren Kalkgehalt. Der exakte Gehalt muß im Labor ermittelt werden.

Zeigerpflanzen

Nicht immer muß ein Boden so exakt wie oben beschrieben analysiert werden. Oft genügt schon ein Blick auf den Bewuchs eines Standortes, um zu erkennen, mit welchen Bodeneigenschaften wir es zu tun haben. Es gibt Pflanzen, die uns über die Stickstoffverhältnisse im Boden Auskunft geben. Andere reagieren ganz spezifisch auf den pH-Wert. Auch trockene und nasse Standorte werden durch bestimmte Pflanzen angezeigt (Tabelle).

Zeigerpflanzen für Bodeneigenschaften (siehe Farbtafeln auf Seite 84 und 85)

Trockener Boden
Hasenklee *(Trifolium arvense)*
Gemeiner Wundklee *(Anthyllis vulneraria)*
Zypressen-Wolfsmilch *(Euphorbia cyparissias)*
Feld-Thymian *(Thymus serpyllum)*
Färberkamille *(Anthemis tinctoria)*

Nasser Boden
Wiesenschaumkraut *(Cardamine pratensis)*
Echtes Mädesüß *(Filipendula ulmaria)*
Kriechender Hahnenfuß *(Ranunculus repens)*
Ackerminze *(Mentha arvensis)*
Huflattich *(Tussilago farfara)*

Saurer Boden
Hasenklee *(Trifolium arvense)*
Hederich *(Raphanus raphanistrum)*
Hohlzahn *(Galeopsis segetum)*
Wald-Ehrenpreis *(Veronica officinalis)*
Stiefmütterchen *(Viola tricolor)*
Hundsveilchen *(Viola canina)*

Kalkhaltiger Boden
Acker-Gauchheil *(Anagallis arvensis)*
Leinkraut *(Linaria vulgaris)*
Löwenzahn *(Taraxacum officinale)*
Wiesen-Salbei *(Salvia pratensis)*
Wegwarte *(Cichorium intybus)*
Ringelblume *(Calendula officinalis)*

Stickstoffreicher Boden
Vogelmiere *(Stellaria media)*

Bingelkraut *(Mercurialis annua)*
Schwarzer Nachtschatten *(Solanum nigrum)*
Große und Kleine Brennessel *(Urtica dioica* und *U. urens)*
Wiesenkerbel *(Anthriscus sylvestris)*
Taubnessel *(Lamium album)*

Stickstoffarmer Boden
Hasenklee *(Trifolium arvense)*
Besenginster *(Cytisus scoparius)*
Wilde Möhre *(Daucus carota)*
Mauerpfeffer *(Sedum acre)*
Hornkraut *(Cerastium* spec.*)*

Schwerer Boden
Ackerschachtelhalm *(Equisetum arvense)*
Löwenzahn *(Taraxacum officinale)*
Kriechender Hahnenfuß *(Ranunculus repens)*
Ackerminze *(Mentha arvensis)*

Leichter Boden
Klatschmohn *(Papaver rhoeas)*
Königskerze *(Verbascum thapsus)*
Hasenklee *(Trifolium arvense)*
Vogelmiere *(Stellaria media)*

Lehmiger (mittlerer) Boden
Herbstzeitlose *(Colchium autumnale)*
Huflattich *(Tussilago farfara)*
Persischer Ehrenpreis *(Veronica persica)*
Wiesenfuchsschwanz *(Alopecurus pratensis)*
Flockenblume *(Centaurea scabiosa)*
Bingelkraut *(Mercurialis annua)*

Zeigerpflanzen für Bodeneigenschaften. Oben links: Hasenklee weist auf trockene bzw. saure Böden hin. Oben rechts: Die Wegwarte wächst auf kalkhaltigen Standorten. Unten links: Das Wiesenschaumkraut liebt nasse Böden. Unten rechts: Der Wiesenkerbel deutet auf stickstoffreiche Standorte hin.

Oben links:
Nur auf stickstoff-
armen Böden
gedeiht der
Mauerpfeffer.

Oben rechts:
Die Vogelmiere
wächst bevorzugt
auf leichten
Gartenböden.

Unten links:
Einen schweren
Boden zeigt der
Schachtelhalm an.

Unten rechts:
Die Herbstzeitlose
ist kennzeichnend
für lehmige
Standorte.

Labormethoden

Im Laufe der Jahre kann sich ein Hauptnährstoff anreichern oder ein anderer gerät vielleicht ins Minimum, wenn man ständig nach festen Rezepten oder nur gefühlsmäßig düngt. Wer also genau wissen will, wie es um den Nährstoffgehalt seines Gartenbodens bestellt ist, sollte deshalb eine Bodenprobe zur Untersuchung einsenden. Wenn man dies jährlich wiederholt, kann man auch die Entwicklung des Nährstoffhaushaltes registrieren. Die Kosten hierfür sind verhältnismäßig gering (sie liegen zwischen 22 und 50 DM), vor allem wenn man die Kosten einer vielleicht überflüssigen Düngung oder den Ernteverlust bei Nährstoffmangel gegenüberstellt.

Bodenuntersuchungsstellen wie die landwirtschaftlichen Untersuchungs- und Forschungsanstalten (Lufa), aber auch private Labors sind über das ganze Bundesgebiet verstreut. Dort werden Bodenproben mit präzisen Methoden und modernsten Meßgeräten auf pH-Wert, Nährstoffgehalt und Bodenart getestet. Wer zusätzlich den Gehalt an Schwermetallen (z. B. Blei, Cadmium, Nickel, Kupfer und Quecksilber) bestimmen lassen will, muß pro untersuchtes Element nochmals zwischen 10 und 40 DM drauflegen.

Biologische Tests

Wer als biologisch wirtschaftender Gärtner Auskunft haben möchte über die genaue Zusammensetzung, Art und Menge des Bodenlebens und über die Güte des Humus, kann sich an Spezialinstitute (Adressenliste im Anhang) wenden.

Die biologische Aktivität in einem Boden läßt sich über verschiedene Methoden messen und beurteilen. Um die Zusammensetzung und Menge der verschiedenen Mikroorganismen in einem Boden zu beurteilen, werden Objektträger in den Boden gelegt, die mit Ethanol entfettet wurden. Die Mikroflora des Bodens besiedelt die Glasplatten und bleibt auch nach der Entnahme daran haften. Unter dem Mikroskop können die Mikroorganismen nun bestimmt und ausgezählt werden.

Die Atmungsaktivität einer Bodenprobe bildet ebenfalls ein Maß für die biologische bzw. mikrobielle Aktivität des Bodens. Im Zuge ihrer Lebensprozesse erzeugen auch die Bodenlebewesen CO_2. Das freiwerdende CO_2 stellt somit ein Maß für die Besiedlungsdichte dar.

Auch Enzyme, die von Mikroorganismen ausgeschieden werden, stellen eine gute Möglichkeit dar, die Aktivität zu messen. Man bedient sich dazu vor allem eines bestimmten Enzyms, der Katalase. Sie zerlegt Wasserstoffperoxid (H_2O_2) in Wasser und Sauerstoff. Die Anwesenheit von viel Katalase im Boden zeigt, daß sich sehr viele Mikroorganismen im Boden befinden. Die Arbeit einzelner Gruppen von Mikroorganismen wie stickstoffbindende Bakterien *(Azotobacter)* oder zellulose- und ligninabbauender Organismen lassen sich ebenfalls mit einfachen biologischen Tests beurteilen.

Wer Genaueres über die mikrobiologischen Methoden wissen möchte, wende sich bitte direkt an eines der auf Seite 117 aufgeführten Labors oder beachte die entsprechenden Literaturangaben ab Seite 122 (z. B. Brucker 1976).

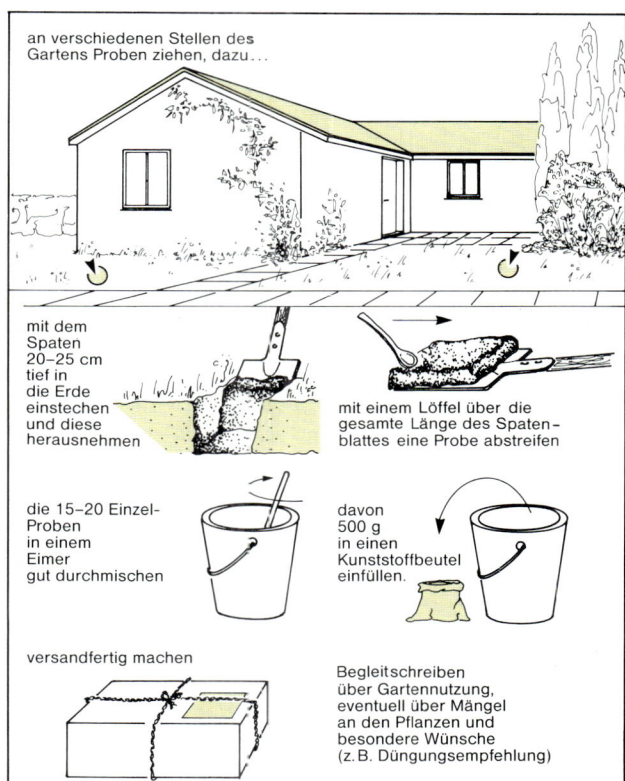

Die Abbildung zeigt, worauf es beim Ziehen von Bodenproben ankommt. Aus jedem Gartenteilstück stellt man eine neue Mischprobe aus verschiedenen Einzelproben her. Zur Ermittlung des Düngerbedarfs sollte man alle zwei Jahre eine Bodenprobe durchführen. Die Adressen, Preise und Leistungen der Bodenuntersuchungsinstitute sind auf Seite 118 bis 121 zusammengefaßt.

an verschiedenen Stellen des Gartens Proben ziehen, dazu...

mit dem Spaten 20–25 cm tief in die Erde einstechen und diese herausnehmen

mit einem Löffel über die gesamte Länge des Spatenblattes eine Probe abstreifen

die 15–20 Einzel-Proben in einem Eimer gut durchmischen

davon 500 g in einen Kunststoffbeutel einfüllen.

versandfertig machen

Begleitschreiben über Gartennutzung, eventuell über Mängel an den Pflanzen und besondere Wünsche (z. B. Düngungsempfehlung)

Probennahme

Die Bodenprobe sollte in ihrer Zusammensetzung typisch für die zu untersuchende Fläche sein. Erforderlich ist eine Mischprobe, die sich aus Einzeleinstichen zusammensetzt. (Etwa 10 Proben sind auf 100 m² erforderlich.) Die Probennahme erfolgt am besten mit einem Bohrstock oder auch mit einem Spaten. Dabei wird nach Ausheben eines Spatenstichs aus der gesamten Tiefe mit einem Löffel die Teilprobe entnommen. Am Ende sollten nicht mehr als 300 bis 400 g Boden zusammenkommen. Folgende Punkte sind zu beachten:

– Am sinnvollsten nimmt man eine Bodenprobe im Frühjahr oder im Herbst, im Zeitraum zwischen letzter Ernte und erster Düngung.
– Randstellen, Brandflächen, alte Dungstellen, Kompostplätze und ähnliches sind auszulassen, da sie wegen der Extremwerte das Ergebnis verfälschen würden.
– Für Garten- und Ackerland erfolgt die Bodenentnahme bis etwa 20 cm Tiefe, für Grünland reichen schon 10 cm Tiefe. Ist eine Untersuchung des Unterbodens (z. B. bei Spargel, Obst oder Reben) von Interesse, so wird eine gesonderte Probe aus dem Untergrund,

aus einer Tiefe von 20 bis 50 cm, entnommen.

- Die Proben von Krume und Unterboden sind getrennt zu halten und auch entsprechend zu kennzeichnen.
- Von so verschiedenen Kulturen wie Beeren, Obst, Gemüse oder Rasen und Ziergarten mit den unterschiedlichen Ansprüchen der jeweiligen Pflanzen sollten getrennte Proben genommen werden. Man nimmt für jede Kulturfläche 10 bis 15 Proben aus mehreren gut verteilten Stellen und mischt sie anschließend auf einer sauberen Unterlage.
- Jede einzelne Mischprobe wird in Plastiktüten verpackt und mit wasserfestem Stift beschriftet.
- Es empfiehlt sich, ein Begleitschreiben (Liste) mit Hinweisen und Angaben zu Bodennutzung, Kulturzustand, Düngung (Menge und Art), Schadbilder usw. beizufügen.

Einige Institute schicken auf Anfrage auch Probetüten mit Bodenprobeliste und Zubehör zu. Alle Institute geben auch immer telefonisch Auskunft über die Voraussetzungen für eine zuverlässige Analyse.

Analyse der Probe

In der Regel wird eine sogenannte Normaluntersuchung (Standarduntersuchung) durchgeführt. Sie umfaßt die Bestimmung des pH-Wertes (Säuregrad), des Kalkgehaltes, des lactatlöslichen Phosphors, des leichtlöslichen Stickstoffes, des Kalium- und Magnesiumgehaltes. Daneben sind Untersuchungen von Spurennährstoffen, Gesamtstickstoff, Humusgehalt usw. sowie einige physikalische Bewertungen wie Schlämmanalyse (Sand-, Ton-Gehalt) möglich.

Untersuchungen auf Schad- und Giftstoffe (z. B. Schwermetalle, Pestizide) sind nicht grundsätzlich, sondern nur bei Verdacht auf Belastung zu empfehlen, falls Interesse an einer Gesamtinformation über den jeweiligen Boden besteht.

Nach 10 bis 14 Tagen erhält man einen Untersuchungsbefund mit der Auswertung der Ergebnisse und individuellen Düngerempfehlungen. Wer Auskünfte und Ratschläge für einen naturgemäßen Anbau sucht, der schickt seine Bodenproben am besten direkt an ein biologisch orientiertes Institut (Adressen sind auf Seite 120 angegeben).

Schlußfolgerungen aus den Untersuchungsergebnissen

pH-Wert

Wichtigstes Kriterium für die Beurteilung eines Bodens ist die Bodenreaktion. Eine optimale Bodenreaktion, also ein pH-Wert zwischen 6,5 und 7,5, ist die Voraussetzung für den Erfolg vieler anderer Maßnahmen der Bodenpflege und Düngung. Liegt der pH-Wert unter 6, muß gekalkt werden. Liegt der pH-Wert im optimalen (neutralen) Bereich, so reicht es, wenn man im Herbst eine Erhaltungskalkung vornimmt. Dazu bietet sich Algenkalk an, den man nur ganz leicht über die Beete pudert. Algenkalk enthält viele wichtige Spurenelemente. Man kann aber auch kohlensauren Kalk, der etwas preiswerter ist, nehmen.

Kalk wirkt nicht direkt ertragsfördernd, aber er verbessert die Bodenstruktur.

Eisenmangel bei Erdbeeren. Das Blattgewebe vergilbt zwischen den Blattadern. Diese Erscheinung wird durch ein Übermaß an Kalk und Phosphor im Boden begünstigt.

Durch Zugabe von Kalk wird außerdem die Aktivität des Bodenlebens angeregt.

Kalzium verbessert die Strukturstabilität der Böden und spielt in der Pflanze eine wichtige Rolle beim Aufbau der Zellwände. Es wirkt zudem bei der Regulierung des Wasserhaushaltes mit. Da es auch an vielen Wachstumsvorgängen beteiligt ist, wirkt sich Kalziummangel besonders auf junge Gewebeteile aus. In der Folge einer drastischen Kalzium-Unterversorgung stirbt der Vegetationskegel ab. Weil Kalzium in älteren Pflanzenteilen fest gebunden ist, kann es nicht in die unterversorgten, teilungsfähigen Gewebe nachgeliefert werden. Oft wird ein Kalziummangel nur bedingt durch ein hohes Kalium- oder Ammoniumangebot.

Phosphor

Phosphate, die Abkömmlinge der Phosphorsäure, sind nicht nur für die Blütenbildung sowie den Samen- und Fruchtansatz wichtig, sondern sie spielen als Energieüberträger bei allen Lebensvorgängen der Pflanzen eine Rolle. Sie wirken aus diesem Grund auch beim Aufbau der Eiweißstoffe und Kohlenhydrate mit. Zusammen mit Kalk bilden Phosphate die Grundlage aller wichtigen mikrobiellen Vorgänge. Wegen dieser zusätzlichen strukturfördernden Wirkung werden sie auch als Pflanzen- *und* Bodendünger bezeichnet.

50 mg Phosphat pro 100 g Boden bedeuten schon einen hohen Gehalt. Bei einem mittleren Boden (sandigen Lehm) sind 20 bis 30 mg pro 100 g Boden anzustreben. Leicht erhöhte Werte an Phosphor sind unbedenklich, bedeuten aber im Grunde nur Luxus. Überschreitet die Phosphorkonzentration aber den Wert von 100 mg pro 100 g Boden, ist Vorsicht geboten, weil größere Phosphorvorräte die Spurenelemente Eisen und Zink festlegen und damit zu Minderertrag und verschiedenen Krankheitserscheinungen führen.

Phosphate werden kaum ausgewaschen. Sie wandern – im Gegensatz zu anderen Nährstoffen – nicht im Boden. Besonders kalkreiche Böden legen Phosphate schnell fest, um sie dann, an Huminstoffe gebunden, den Pflanzen über lange Zeiträume hinweg langsam nach und nach zur Verfügung zu stellen.

Kalium

Kalium ist wichtig für die Stabilität des Pflanzengewebes. Es bewirkt eine kräftigere Färbung der Blüten und Früchte, eine Festigung des Fruchtfleisches und

Kaliummangel an Buschbohnen.
Zuerst sterben die Blattspitzen der älteren Blätter ab. Die Pflanzen sehen aus, als würden sie welken.

bessere Lagerfähigkeit bei Obst und Gemüse. Gut mit Kalium versorgter Spinat hält sich länger frisch. Weißkohl bekommt festere Köpfe und hält sich, zu Sauerkraut verarbeitet, wesentlich länger. Kalium erhöht den Vitamin-C-Gehalt. Es regelt den Wasserhaushalt der Pflanzen, hemmt die Wasserabgabe, schützt somit die Gewächse vor Dünge- und Frostschäden.

Ein Zeichen für Kaliummangel sind braune Blattspitzen und braune, tote Gewebepartien, die sich vom Blattrand ins Blattinnere fortsetzen, sogenannte Nekrosen. Vor allem bei Topfpflanzen ist dies zu beobachten, weil hier durch die erhöhten Gießwassermengen viel Kalium verloren geht. Die Pflanzen helfen sich dadurch, daß sie Kalium aus Gewebeteilen zurückholen, die ihr Wachstum schon abgeschlossen haben.

Für einen mittleren Boden sind 20 bis 40 mg Kalium (K_2O) pro 100 g Boden ausreichend. Geringere Werte sollte man durch eine Düngung mit Kalimagnesia (Patentkali) oder schwefelsaurem Kalium ergänzen.

Zuviel Kalium im Boden äußert sich in einer Hemmung des Pflanzenwachstum, gleichzeitig kommt es auch zu einer erhöhten Auswaschung von Magnesium und Kalzium. Meist ist aber Kalium in genügender Menge im Boden vorhanden. Es muß aber von den Mikroorganismen in eine pflanzenverfügbare Form umgewandelt werden. Je lebendiger ein Boden ist, desto weniger leidet er unter Kaliummangel.

Magnesium
Magnesium ist für die Bildung des Chlorophylls unentbehrlich. Jedes Chlorophyll-Molekül hat in seinem Inneren ein Magnesiumatom als Mittelpunkt gebunden. Ohne Chlorophyll könnte die Pflanze keine Photosynthese betreiben, weder Zucker und Stärke aufbauen noch Samen, Früchte und Knollen bilden. Magnesiummangel zeigt sich durch krankhafte Veränderungen an den Blatträndern und zwischen den Blattadern (blaßgraue Färbung, fahlgraue Flecken, flächenhaft auftretende Braun- bzw. Rotfärbung).

Im Boden hat Magnesium auch Einfluß auf die Löslichkeit des Phosphors. Besonders in sauren Böden verhütet das Magnesium die Festlegung der wasserlöslichen Phosphorsäure durch Eisen und Aluminium, indem Magnesiumphosphat gebildet wird, das leicht pflanzenaufnehmbar ist. Ebenso wie Kalium beteiligt sich Magnesium am Krümelaufbau, besonders wenn Kaliummangel

Magnesiummangel an Sellerie. Das Gewebe zwischen den Blattadern der älteren Blätter verfärbt sich zuerst. Eine gute Kalkversorgung verhindert den Mangel.

vorliegt. Auch in diesem Zusammenhang ist wieder auf eine ausreichende Kalkversorgung, also eine günstige Bodenreaktion, zu achten. Nur so wird z. B. bei schweren Böden das Magnesium vom Kalzium freigesetzt und pflanzenverfügbar.

Ein gut mit Magnesium versorgter Boden sollte Gehalte zwischen 20 und 30 mg Magnesium pro 100 g Boden enthalten. Wichtig ist vor allem ein Verhältnis von Kalium zu Magnesium wie 3 : 1.

Humus

Alle Fruchtbarkeitseigenschaften werden von der organischen Substanz beeinflußt. Sie befindet sich im Ab- oder Umbau (Nährhumus) oder wird zu stabilen Huminsäuren (Dauerhumus) aufgebaut. Der Humus wirkt auf die Bodeneigenschaften immer ausgleichend. Sand wird weniger durchlässig (bindiger), Ton dagegen erhält eine bessere Durchlässigkeit und wird poröser. Durch Humus bildet sich eine widerstandsfähige, stabile Krümelstruktur, die einer Oberflächenverschlämmung entgegenwirkt.

Huminstoffe können das 3- bis 9fache ihres Eigengewichtes an Wasser festhalten. Humus verbessert durch seine Struktur die Durchlüftung und Dränage. Seine dunkle Farbe führt zu einer rascheren Durchwärmung des Bodens. Humus bildet zusammen mit den Tonmineralen eine stabile, widerstandsfähige Krümelstruktur in Form von Ton-Humus-Komplexen.

Der Anteil an Ton und Humus im Boden ist ausschlaggebend für die Austauschkapazität der Mineralstoffe. Diese lagern sich an der Oberfläche kleinster Teilchen an, dringen zum Teil in die tonigen Plattenschichten ein und stehen im Austausch mit der Bodenlösung. In diesem Zustand können die Nährstoffe nicht ausgewaschen werden, die wachsenden Pflanzenwurzeln können sie aber aufschließen.

Man unterscheidet drei Humusformen: *Dauerhumus* bildet die Nährstoffreserve im Boden, da er sich nur sehr langsam abbaut. In Verbindung mit Bodenmineralien entstehen die den Boden stabilisierenden Ton-Humus-Verbindungen. *Nährhumus* ist die sich relativ schnell abbauende Form der organischen Substanz. In ihr werden die leichter zersetzbaren Stoffe wie Zucker, Stärke und Eiweiß von den Bodenlebewesen für die Energiegewinnung und zum Aufbau von eigener Körpersubstanz gewonnen. Dieser Teil des Humus würde mit der Zeit vollständig verbraucht, wenn nicht ständig frisches Material hinzukäme.

Humus bildet sich aus abgestorbenem Pflanzenmaterial. Der Auflage- oder Rohhumus bildet eine Vorstufe des stabilen Humus.

Seite 93: Stickstoffkreislauf im Boden und in der Atmosphäre. Überschüssiges Nitrat wird ausgewaschen und verschlechtert die Grundwasserqualität.

Rohhumus ist eine Vorstufe des Humus, wie er z. B. aus dem Nadelwald bekannt ist. Die Rotteprozesse sind hier noch nicht abgeschlossen, bzw. es herrschen anaerobe Verhältnisse durch zuviel Feuchtigkeit vor. Rohhumus wirkt leicht versauernd.

Der Boden im Garten sollte mindestens 3 bis 10% Humus enthalten. Leichte Böden zeigen dann eine tiefschwarze und schwere Böden eine dunkelbraune Farbe. Der Humusgehalt eines Bodens läßt sich nur durch konsequente Kompostwirtschaft, Gründüngung und die Zufuhr großer Mengen an organischer Substanz erhöhen.

Stickstoff

Stickstoff gilt als Motor des Pflanzenwachstums. Er wird zur Bildung der lebenswichtigen Eiweißverbindungen gebraucht. Stickstoff braucht die Pflanze auch zur Bildung des Chlorophylls (Blattgrün) und der Wuchsstoffe.

Ohne Stickstoff wächst keine Pflanze, doch zuviel Stickstoff schadet sowohl der Pflanze als auch dem Boden. Es kommt also auf die Dosierung an. Es darf nur soviel Stickstoff in den Boden gelangen, wie die Pflanze aufnehmen und vertragen kann. Ein Übermaß an Stickstoff wird in Form von Nitrat zur Gefahr.

Zuviel Stickstoff bewirkt, daß die Pflanzen vergeilen. Die Pflanzenzellen sind dann sehr wasserhaltig. Es entwickelt sich schwammiges Gewebe, und die Gewächse werden anfällig für Krankheiten und Schädlinge. Zuviel Stickstoff verzögert auch die Reife, die Pflanzen »schießen ins Blatt«. Blüte und Fruchtbildung leiden darunter. Bei der Kartoffel äußert sich dies zum Beispiel in einer großen Krautmasse, wobei die Knollen wäßrig und teilweise hohl werden, leicht faulen und eine geringe Haltbarkeit aufweisen.

Die Pflanze nimmt Stickstoff fast ausschließlich in Form von Nitrat (NO_3), also in mineralisierter Form, auf. Die Umwandlung von Stickstoffverbindungen in Nitrat bewerkstelligen im Boden die Mikroorganismen, vor allem die sogenannten nitrifizierenden Bakterien, die im durchlüfteten Bereich des Bodens leben. Bei Luftmangel (in feuchten, kalten Böden oder in festem Stapelmist) werden dagegen hauptsächlich denitrifizierende Bakterien aktiv, die den Stickstoff und das Nitrat in das für die Pflanzen schädliche Ammoniakgas (NH_3) umwandeln.

Bei der Düngung ist zu unterscheiden, ob direkt mineralischer Stickstoff – also Nitratdünger – oder organischer Stick-

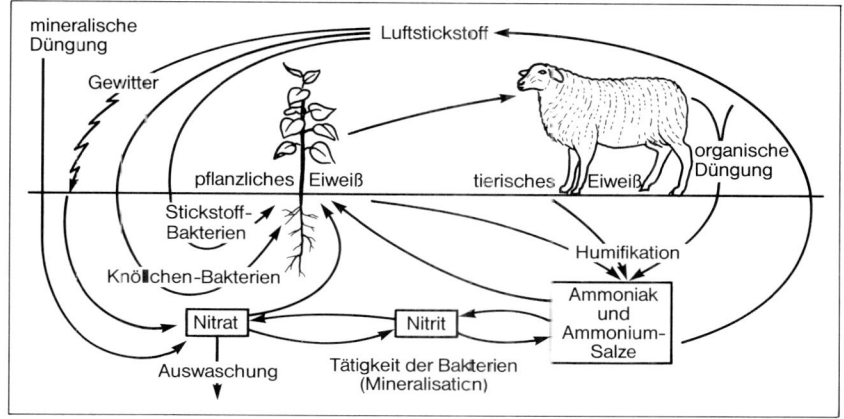

stoff in Form von Kompost, Horn- und Knochenmehl und Gründüngung zugeführt wird. Die Nitratdünger sind reine Mineralsalze, die sich sofort in Wasser lösen, während die organischen Stickstoffdünger erst nach und nach durch das Bodenleben in Nitrat umgesetzt werden.

Aber auch im Bio-Garten kommt es vor, daß die Bodenlösung zuviel Nitrat enthält. Die Pflanzen konnten dann nicht allen Stickstoff, der zur Verfügung stand, verwerten. Das Problem, sowohl für den Bauer als auch für den Gärtner, besteht darin, die richtige Menge Stickstoff zum richtigen Zeitpunkt und bei günstigem Wetter auszubringen.

Zu beachten ist auch, daß die Pflanzen unterschiedliche Ansprüche an den Stickstoffgehalt des Bodens stellen. Im Vergleich zu Schwachzehrern muß man bei den Starkzehrern wie Kohl, Lauch, Gurken und Tomaten schon etwas mehr Kompost, Horn- oder Knochenmehl oder anderer handelsüblichen organischen Dünger verabreichen. – Aber immer weniger, als auf der Packung empfohlen wird.

Im Garten sollten wir bestrebt sein, den Nitratwert so gering wie möglich zu halten, und eine Obergrenze von 30 mg/kg Boden anstreben.

C-N-Verhältnis

Das Verhältnis von Kohlenstoff zu Stickstoff dient als Hinweis für den Rottezustand eines Bodens bzw. für die Abbaubarkeit organischer Sustanz. Bei einem engen C-N-Verhältnis (<10) steht den Mikroorganismen für ihre Abbautätigkeit ausreichend Stickstoff zur Verfügung. Bei einem weiten C-N-Verhältnis (>15) wird für den Abbau der organischen Substanz noch zusätzlich Stickstoff gebraucht. Das Optimum liegt bei einem C-N-Verhältnis von 10 bis 15 : 1. In diesem Bereich ist die günstigste Mineralisierung zu erwarten.

Bodenverbesserung

Vor allem zu leichte, zu schwere oder zu saure Böden haben nachteilige Eigenschaften, die es mit gezielten Maßnahmen zum Positiven hin zu verändern gilt. Wir bedienen uns dazu sogenannter Bodenverbesserungsmittel, die sich in zwei Gruppen unterscheiden lassen:

1. Sie regen die Tätigkeit der Bodenorganismen an.
2. Sie verbessern die chemisch-physikalischen Eigenschaften der Böden (Säuregehalt, Wasserhaltefähigkeit, Struktur).

Bodenverbesserungsmittel

Sand

Sand eignet sich vorzüglich dazu, schwere Böden aufzulockern. Bei Tonböden verbessert Sand die Durchlässigkeit für Luft und Wasser. Sie werden leichter und lassen sich besser bearbeiten. Auch Moorböden können mit Hilfe von Sand aufgelockert werden. Gleichzeitig wird die zu starke Wasserhaltekraft dieser Böden etwas vermindert.

Kalk

Kalk ($CaCO_3$, Kalziumkarbonat) bindet Säuren im Boden, schließt Nährstoffe auf, verbessert die Krümelstruktur und regt das Bodenleben an (siehe Seite 88). Kalziumkarbonat wird in Steinbrüchen aus Kalkgestein wie Marmor, Kreide, Dolomit oder Mergel gewonnen. Kalk ist schwer wasserlöslich. In Verbindung mit Säuren bildet sich die leicht wasserlösliche Form des Kalks, das Kalziumhydrogenkarbonat ($Ca(HCO_3)_2$). Durch diesen Vorgang werden zwar Säuren gebunden bzw. verbraucht, was einer Versauerung des Bodens entgegenwirkt, aber der Kalk kann nun vermehrt ausgewaschen werden. Deshalb muß man den Kalkgehalt des Bodens immer wieder überprüfen und Defizite ausgleichen.

Übermäßige Kalkgaben können aber auch Schäden hervorrufen. Zuviel Kalk bindet wichtige Spurenelemente und Phosphorsäure in der Erde. Dies kann zu Mangelkrankheiten führen. Größere Kalkmengen führen zwar zu stärkerem Wachstum, gleichzeitig bewirkt der dadurch angeregte Stoffwechsel der Pflanzen aber auch einen höheren Humusverbrauch.

Kalke werden nach ihrer unterschiedlichen Wirkungsgeschwindigkeit in zwei Gruppen eingeteilt. Die schnell wirkenden Kalke wie Brannt- und Löschkalk sind leicht wasserlöslich, werden aber heiß und wirken zum Teil ätzend. Sie eignen sich nur für schwere Böden. Da Branntkalk sehr schnell wirkt und überschüssige Mengen leicht ausgewaschen werden, kann man Branntkalk auch noch 14 Tage vor der Aussaat bei einem akut festgestellten Mangel einsetzen (Gesundkalkung).

Die zweite Gruppe, die langsam wirkenden Kalke, umfaßt Kalksteinmehl, Kalkmergel (kohlensauren Kalk), kohlensauren Magnesiumkalk und Algenkalk. Diese Kalkformen wirken mild und langsam und eignen sich vorzüglich für leichte und mittlere Böden. Über längere Zeit regelmäßig gegeben, verbessern sie auch schwere Böden. Sie enthalten meist auch noch wichtige Spurenelemente und Magnesium.

Man rechnet mit 2 bis 5 kg/100 m² Reinkalk, wobei für schwere Böden mehr, für leichte Böden weniger benötigt wird. Diese Menge muß jedes Jahr – am besten im Herbst – ersetzt werden. Genauen Aufschluß gibt immer eine Bodenprobe. Als Faustregel, wenn kein akuter Notstand vorliegt, gilt: Lieber öfter kleine Gaben puderzuckertig auftragen und leicht einharken als eine einmalige starke Düngung geben.

Torfstich. Durch den Abbau von Torf werden vor allem in Niedersachsen weite Moorflächen zerstört.

Torf

Torf entsteht, wenn verwesende Pflanzenteile unter Wasser durch Sauerstoffmangel konserviert werden. Aus Resten verschiedener Pflanzen setzt sich der Niedermoortorf zusammen. Er ist kalkhaltig und weist einen neutralen bis schwach alkalischen pH-Wert auf. Weder Nährstoffe noch Kalk finden wir dagegen im Hochmoortorf. Er besteht hauptsächlich aus Moosen. Für gärtnerische Zwecke wird überwiegend die junge Form des Hochmoortorfes, der braune Weißtorf, angeboten. Er ist wenig zersetzt, hat kaum mineralische Nährstoffe, aber dank seiner stark faserigen Struktur vermag er, schwere Böden aufzulockern und reichlich Wasser aufzunehmen.

Drei Punkte sollten beim Einsatz von Torf beachtet werden:

– Torf hat in seiner Naturform keinerlei Düngewirkung. Die im Handel angebotenen Torfe sind häufig mit Düngern angereichert.

– Bei häufigem Gebrauch wirkt Torf wegen seines niedrigen pH-Wertes auf Dauer versauernd.

– Jedes Jahr werden etwa 10 000 ha intakter Moorflächen und Sumpfgebiete durch den Abbau dieses Naturstoffes unwiederbringlich vernichtet. Dabei werden äußerst wertvolle Lebensräume mit einer einzigartigen, reichhaltigen Lebensgemeinschaft zerstört.

Der besondere Wert des Torfs liegt in seiner enormen Wasserhaltefähigkeit. Torf braucht aber sehr lange, bis er genügend Feuchtigkeit aufgenommen hat, und gibt sie dann auch nur sehr ungern wieder ab. Torfgaben können einen durch übermäßige Kalkdüngung zu stark alkalisch reagierenden Boden in Richtung sauer bis neutral lenken.

Auf Torf geradezu angewiesen sind die Moorbeetpflanzen (Rhododendron, Azaleen, Heidekraut und Hortensien). Sie reagieren gut auf Torf als Bodenverbesserung. Völlig falsch ist es dagegen,

Rindenmulch eignet sich hervorragend zum Abdecken von Beeten, Wegen oder Baumscheiben.

die kalkliebenden Rosen mit saurem Material wie Torf zu bedecken.

Aus Gründen des Naturschutzes sollte man auf den Einsatz von Torf nach Möglichkeit verzichten, denn es gibt längst andere natürliche Ersatzstoffe.

Rindenprodukte

3 Millionen m³ Rinde fallen jährlich in den Sägewerken als Abfall an. Etwa 30 % davon werden bereits zu Rindenprodukten verarbeitet. Man unterscheidet drei Produktgruppen:

Rindenmulch ist im Prinzip nichts anderes als mehr oder weniger zerkleinerte Rindenstücke. Der Mulch dient vor allem zum Abdecken von Beeten, Baumscheiben, Wegen, Spielplätzen oder Reithallen. In der Rinde sind wachstumshemmende und antibiotisch wirkende Substanzen enthalten. Daher können unter solch einer Mulchschicht keine Unkräuter (einmal abgesehen vom Lichtmangel) gedeihen, und unerwünschte Pilze und Bakterien haben einen schweren Stand. Die Rindenmulchschicht verhindert zudem Bodenerosion, Austrocknung und Verdichtung des Bodens. Die Rinde fördert das Bodenleben, wird mit der Zeit abgebaut und verbessert damit die Humusqualität. Erst nach 3 bis 4 Jahren muß man erneut Rindenmulch auftragen. Wegen seiner wachstumshemmenden Wirkung darf Rindenmulch *nicht* in den Boden eingearbeitet werden.

Rindenkompost, Rindenhumus. Sollen Pflanzen in einem Rindenprodukt wachsen, so dürfen keine Hemmstoffe mehr vorhanden sein. Zu diesem Zweck wird die zerkleinerte, frische Rinde gut befeuchtet und mit Mineralstoffen, haupt-

sächlich Stickstoff in Form von Harnstoff-Granulat, versetzt. In riesigen Mieten wird nun diese aufbereitete Rinde durch Mikroorganismen in besten Humus umgewandelt. Bei den dabei entstehenden Temperaturen (bis 72 °C) sterben Unkrautsamen und Krankheitserreger ab. Nach etwa einem Jahr ist die Rinde ausgereift und hat dann bessere Eigenschaften als Torf.

Für die **Rindenkultursubstrate** werden dem Rindenhumus noch Torf, Sand, Ton und zusätzlich Nährstoffe in verschiedenen Mengen und Zusammensetzungen beigemischt.

Lindan, Hexachlorcyclohexan (HCH), lange Zeit im Wald gegen Borkenkäfer eingesetzt, kann alle Versuche, Rinde als Bodenverbesserungsmittel einzusetzen, zunichte machen. Wer will schon sein Gemüse in Humus anbauen, der mit Insektizidrückständen belastet ist, oder seine Kinder auf belastetem Rindenmulch spielen lassen. Deshalb sind die Sägewerke verpflichtet, nur lindanfreie Rinde zur Verarbeitung bei den Humuswerken anzuliefern. Dies wird durch Stichproben konsequent überprüft. Wenn dann auf der Verpackung noch der »Blaue Engel«, das begehrte Umweltverträglichkeitsgütezeichen des Umweltbundesamts, prangt, kann man unbedenklich zugreifen.

Wurmhumus

Von den herausragenden Eigenschaften des Wurmhumus und seiner Bedeutung für die Bodenstruktur und die Versorgung der Pflanzen mit Nährstoffen war bereits die Rede (Seite 54 ff.). Er weist eine annähernd neutrale Reaktion auf (pH-Wert 6,5 bis 7,8) und verbessert somit die Puffereigenschaften des Bodens. Seine Kieselsäureanteile tragen zudem zur Kräftigung der Pflanzen bei. Wurmhumus enthält antibakteriell wirkende Schleimstoffe, die kränkelnde Pflanzen wieder gesunden lassen. Wurmhumus fördert überdies das Wurzelwachstum und führt daher zu höheren und besseren Ernten.

Stroh

Ebenso wie Rinde und im Gegensatz zu Torf ist Stroh ein Abfallprodukt, das alle Jahre wieder nachwächst und dessen Nutzung keinerlei Raubbau bedeutet. Es hat ähnliche Eigenschaften wie Rinde, schützt als Mulch aufgebracht den Boden vor Erosion, verhindert das Austrocknen und Verdichten des Bodens. Durch seine faserige, grobe Struktur bewirkt in den Boden eingearbeitetes Stroh eine bessere Lockerung und Durchlüftung. Durch die Regulierung des Luft- und Wasserhaushaltes und dank seiner

rein organischen Natur fördert es die Humusbildung und das Bodenleben. Durch die erhöhte Aktivität der Mikroorganismen entsteht zeitweise eine höhere Bodenwärme, was sich wiederum fördernd auf die Samenkeimung auswirkt. Eine zusätzliche Stickstoffgabe fördert den Abbau von Stroh. Strohstreu wird leicht vom Wind davongetragen. Es eignet sich daher eher als Abdeckung zwischen den Pflanzen (z. B. Erdbeeren) oder unter Sträuchern als zur Bedeckung von Wegen oder größeren offenen Flächen.

Gesteinsmehle

Es gibt verschiedene Gesteinsmehle, deren Zusammensetzung wechselt, je nachdem, aus welchem Gebiet das Material stammt. Man unterscheidet Basalt- und Granitmehl sowie Tonminerale. Alle sind reich an Spurenelementen. Sie werden schon seit Jahrhunderten in Form von Kalksteinmehl und Mergel im Ackerbau eingesetzt und sind heutzutage für den biologischen Gartenbau unentbehrlich.

Basaltmehl ist reich an Kalzium und Magnesium, arm an Kalium, hat wenig Quarzanteile und ist von dunkler Farbe. Es wirkt basisch. Granitmehl dagegen enthält viel Silizium, hat einen hohen Quarzanteil und ist hell gefärbt. Es reagiert sauer. Für einen leichten Sandboden kommt eher das Basaltmehl in Frage.

Tonminerale (siehe Seite 23) sind vor allem wegen ihrer Ionenaustauschkapazität und ihrer Quellfähigkeit von Bedeutung. Die direkte Düngerwirkung auf die Pflanzen ist bei allen Gesteinsmehlen sehr gering. Die Spurenelemente und

Kompostbereitung. Oben links: Auf den Bodenkontakt kommt es an, damit Bodenlebewesen einwandern.

Oben rechts: Zunächst wird alles Material gesammelt und dann gut vermischt aufeinandergesetzt.

Unten links: Zwischen die Lagen wird Gesteinsmehl eingestreut. Unten rechts: Der fertig aufgesetzte

Kompost wird mit Stroh abgedeckt, um für einen ausgeglichenen Temperatur- und Wasserhaushalt zu sorgen.

Minerale müssen erst durch Mikroorganismen oder physikalisch-chemische Prozesse gelöst und aufbereitet werden. Gesteinsmehle geben aber Nährstoffe und Wasser langsam und kontinuierlich ab. Sie verbessern dadurch nachhaltig den Nährstoff- und Wasserhaushalt. Durch ihr enormes Quellvermögen können nen Gesteinsmehle (vor allem die Tonminerale Bentonit und Montmorillonit) viel Feuchtigkeit aufnehmen. (1 g Tonmineral kann etwa 20 g Wasser speichern!) Durch ihre Fähigkeit, Nährstoffe an die großen Oberflächen zu binden, vermindern Tonminerale bei leichten Sandböden die Auswaschungsverluste ganz erheblich.

Durch Zugabe von Gesteinsmehl und wegen dem damit verbundenen feuchteren Milieu erhöht sich die Zahl der Mikroorganismen beträchtlich. Die bessere biologische Aktivität verbessert den Garezustand des Bodens und steigert somit auch die Fruchtbarkeit.

Kompost

Kompost ist der Lieferant von Humus und hat die gleichen Eigenschaften wie der auf Seite 91 beschriebene Humus.

Kompost ist der Garant für Bodenfruchtbarkeit. Deshalb wird im folgenden Kapitel die wichtigste Tätigkeit des Gärtners, die Kompostierung, erläutert.

Kompostierung

Für die Kompostierung gibt es kein allgemeingültiges Patentrezept. Jeder Gärtner muß individuell nach den vorhandenen Möglichkeiten und seinen speziellen Bedürfnissen den eigenen Weg finden. Wenn man sich aber klar macht, unter welchen Bedingungen die Umsetzungsvorgänge der vielen Billionen Kleinlebewesen, die unermüdlich im Komposthaufen arbeiten, ablaufen, dann lassen sich daraus einige wichtige Regeln ableiten.

Das Ziel des Kompostierens ist es, die Vorgänge, die sich in der Natur in der obersten Bodenschicht abspielen, auf engstem Raum möglichst genau nachzuahmen.

1. Der richtige Standort

Ein Komposthaufen oder ein -silo sollte möglichst an einer halbschattigen und windgeschützten Stelle seinen Platz haben. Der Komposthaufen muß vor praller Sonne und starken Winden (wegen der Austrocknungsgefahr) sowie vor zu kräftigen und langanhaltenden Regenfällen (wegen der Fäulnisgefahr) geschützt werden. Eine mit Hecken oder Büschen bestandene Gartenecke eignet sich besonders gut. Ideal wäre ein Platz unter einem schattenspendenden Baum.

2. Bodenkontakt

Eine Kompostmiete oder ein Silo muß immer Kontakt mit der offenen, belebten Erde haben. Man darf den Komposthaufen auf gar keinen Fall auf Stein oder Betonplatten aufsetzen.

Der Bodenkontakt ist wichtig, weil nur so die Mikroorganismen, Kleinlebewesen und vor allem die Regenwürmer aus dem Boden in das Kompostmaterial einwandern können. Bei großer Hitze oder starker Kälte können sie sich auch wieder in die schützenden Tiefen des Bodens zurückziehen.

3. Luftmangel vermeiden

Beim Anlegen einer Kompostmiete ist darauf zu achten, daß das Material möglichst locker und luftig aufgesetzt wird. Sauerstoff ist lebensnotwendig für die Mikroorganismen und Tiere, die im Kompost die Rottevorgänge durchführen. Bei Sauerstoffmangel kommt es zu unangenehm riechenden Fäulnisprozessen. Das lockt Fliegen, Ratten und anderes Ungeziefer an. Ganz davon abgesehen, daß diese stinkende, schmierige Masse Gift für die Pflanzen darstellt. Hier hilft nur sofortiges Umsetzen und erneutes lockeres Aufschichten.

4. Ausgewogene Feuchtigkeitsverhältnisse

Das Material in einem Komposthaufen muß immer gut feucht sein. Für die an der Umsetzung des organischen Materials beteiligten Kleinlebewesen gehört genügend Feuchtigkeit zu den elementaren Lebensgrundlagen. Als Faustregel gilt: Der Kompost soll die gleiche Feuchtigkeit wie ein gut ausgedrückter nasser Schwamm haben. Wenn beim Zusammenpressen einer Kompostprobe das Wasser zwischen den Fingern herausläuft, so ist der Haufen zu naß. Bröckelt die Probe dagegen in der Hand, dann muß für mehr Feuchtigkeit gesorgt werden.

5. Die richtige Mischung

Eine wichtige Voraussetzung für eine harmonische Rotte stellt eine ausgewogene Mischung verschiedener Materialien dar. Dazu sammelt und zerkleinert man das anfallende organische Material auf einem gesonderten Sammelplatz. Beim Aufsetzen versucht man, stickstoffreiche mit stickstoffarmen Substanzen, nasses mit trockenem, frisches mit altem, holziges mit weichem Material, sowie grob gehäckseltes mit feinem Schnittgut möglichst vielfältig miteinander zu kombinieren.

Je kleiner das Material, das auf den Kompost gelangt, desto besser kann es von den Mikroorganismen zersetzt werden und desto schneller kommt man in den Besitz des kostbaren Humus.

Wichtig ist, daß Sie saftreiches frisches Material mit trockenen, holzigen Abfällen gut vermengen. Sie erhalten dadurch ein ausgewogenes C-N-Verhältnis, und es entsteht eine lockere, luftige Mischung – die die beste Voraussetzung für die Umwandlungsprozesse der Mikroorganismen bildet.

6. Schichtenbauweise

Die Grundfläche der Kompostmiete sollte nicht breiter als 1,5 m sein. Als unterste Lage dienen kleingeschnittene Zweige und Stengel. Sie bilden eine Dränage- und Luftschicht. Hierauf werden jetzt lagenweise die gut durchmischten Garten- und Küchenabfälle etwa 20 bis 30 cm hoch aufgeschichtet. Über jede Lage wird puderzuckerartig etwas Algenkalk, Gesteinsmehl und organischer

Dünger gestreut. Kalk fördert die Zersetzung, Stickstoff ist der Energielieferant für die Mikroorganismen, und Gesteinsmehl sorgt für Geruchsbindung und für die Bildung stabiler Ton-Humus-Komplexe.

Zwischen die einzelnen Lagen streut man etwas alten Kompost. Damit wird der neue Haufen mit dem notwendigen lebenden Inventar geimpft. Man kann dafür aber auch im Handel erhältliche Kompoststarter und -beschleuniger benutzen. Dies sind nichts anderes als konzentrierte Bakterienpräparate, die eine rasche und harmonische Rotte bewirken.

Die Miete sollte zudem mindestens 1 m hoch sein, aber auch nicht höher als 1,5 m werden. Die Mindesthöhe ist notwendig, damit sich das Material in der ersten Verrottungsphase rasch erwärmen kann. Die dabei erreichten Temperaturen von bis zu 70 °C töten einige Krankheitserreger, unerwünschte Pilze und Bakterien, sowie einige Unkrautsamen ab.

7. Abdecken

Die fertige Kompostmiete wird mit einer lockeren, luftdurchlässigen Decke aus Laub, Stroh, Rasenschnitt, Schilfmatten oder alten Säcken abgedeckt. Diese »Haut« verhindert, daß während der ersten heißen Phase der Verrottung zuviel Nährstoffe freigesetzt werden. Wärme und Feuchtigkeit bleiben dadurch erhalten, und die gesamte Mikrofauna und -flora wird gegen das Sonnenlicht abgeschirmt. Zugleich bildet die Abdeckung Wind- und Regenschutz. Die Schutzhülle über den Kompost darf aber auch nicht zu dicht sein. Achten Sie peinlich darauf, daß der Luftaustausch mit der Umgebung gewährleistet ist, es muß genügend Sauerstoff in das Kompostmaterial gelangen.

Wenn Sie ihren Kompost nach diesen Regeln ansetzen, dann geht die Rotte rasch und harmonisch vonstatten, und Sie erhalten nach 3 bis 4 Monaten verwertbaren Grob-, Roh- oder Frischkompost. Dieser Rohkompost eignet sich schon zur Therapie bei Bodenverdichtungen. Die unverrotteten Bestandteile dieses Kompostmaterials werden im Gartenboden weiter ab- und umgewandelt. Es wirkt anregend auf die Bodenorganismen. Besonders Regenwürmer fühlen sich unter einer Rohkompostdecke sehr wohl. Somit wird die Bodengare und das Pflanzenwachstum gefördert. Rohkompost darf nur oberflächlich aufgetragen bzw. leicht in die oberste Bodenschicht eingeharkt werden. Rohkompost darf man niemals mit den Pflanzenwurzeln in Berührung bringen, da die Rotte noch nicht beendet ist und das Material viel Sauerstoff benötigt.

Nach etwa 9 Monaten der Rotte erhält man Reifkompost, der reichlich Dauerhumus enthält. Er wird, vermischt mit Gartenerde, als Topferde und zur Pflanzenanzucht verwendet. Saatbeete werden damit vorbereitet, und man gibt ihn als Düngergabe ins Pflanzloch von nährstoffliebenden Pflanzen wie Gurken, Kohl oder Tomaten. Über längere Zeiträume gegeben, wirkt Reifkompost durch seinen Gehalt an antibakteriellen Substanzen, Enzymen und Spurenelementen als ausgesprochenes Heilmittel gegen Pflanzenkrankheiten und Mangelerscheinungen. Überholt ist die Ansicht, daß guter Humus 2 bis 3 Jahre lang liegen muß. Je länger der Kompost liegenbleibt, desto mehr Nährstoffe gehen verloren.

Reifer Kompost riecht ähnlich wie frische Walderde. Zur genauen Überprüfung empfiehlt sich eine einfache Probe, der **Kresse-Test.** Kompost wird in eine flache Schale oder Teller gefüllt und Kresse hineingesät. Nach leichtem Andrücken und Befeuchten müssen die Keimlinge innerhalb von 3 Tagen sichtbar werden. Nach etwa 2 weiteren Tagen müssen sich die Blätter bilden. Werden die Blätter gelb oder braun, enthält der Kompost noch zu viele Hemmstoffe. In diesem Fall muß er noch einige Zeit lagern, bis er eingesetzt werden kann.

Was kann kompostiert werden? Grundsätzlich können alle organischen Substanzen aus dem Garten und der Küche Verwendung finden:

− welke Blumen, eingegangene Topfpflanzen, Staudenstengel, Baum- und Heckenschnitt, Laub, Gras und Rückstände aus den Gemüsebeeten.
− Mist und Streu von Haustieren (Kaninchen, Hamster, Vögel, Katzen).
− Kaffeesatz, Teereste, Gemüse- und Obstabfälle, Tierhaare, Staubsaugertüten, verdorbene Lebensmittel, Fisch- und Fleischreste (eventuell mit Gesteinsmehl einpudern), Zeitungen, Kartons, Eierschachteln.

Ungeeignet sind Pflanzen oder Pflanzenteile, die von gefährlichen Pilzkrankheiten, z. B. der Kohlhernie, befallen sind. Auch Glas, Metalle, Kunststoffe, farbiges Papier und Haushaltschemikalien haben auf dem Kompostplatz nichts zu suchen.

Vorsicht ist bei Zitrusfrüchten angezeigt, deren Schalen Konservierungsmittel enthalten. Auch der Inhalt von Staubsaugerbeuteln (besonders in Großstädten) oder das Laub von Straßenbäumen können größere Mengen an Schwermetallen wie Blei und Cadmium enthalten. In kleinen Mengen ist dieses Material aber unbedenklich.

Es ist daher immer sinnvoll, möglichst unterschiedliche Abfälle in nicht zu großen Mengen zu verarbeiten, damit eine ausgewogene Nährstoffzusammensetzung gewährleistet ist und eine Schadstoffanreicherung vermieden wird.

Düngung

In der Regel reichen im biologisch bewirtschafteten Garten Komposterde und Gründüngung völlig aus. Aber in vielen Fällen, z. B. bei der Neuanlage eines Gartens oder wenn man spezielle Kulturen anbauen möchte, kommt man nicht umhin, auf zusätzliche, im Handel erhältliche Düngemittel zurückzugreifen. Dabei gilt es grundsätzlich, drei Arten zu unterscheiden:

1. **Mineraldünger** (sogenannte Kunstdünger) werden meist durch die chemische Veränderung von Naturprodukten großtechnisch hergestellt, oder sogar aus einfachen Ausgangsstoffen unter großem Energieaufwand synthetisiert, wie die meisten Stickstoffdünger. Mineraldünger sind beispielsweise Kalimagnesia, Thomasmehl, Kalkstickstoff, Blaukorn, Nitrophoska, Superphosphat. Auch Dünger, die aus Salzen von natürlichen Mineralvorkommen gewonnen werden wie Kalk, Rohphosphat, Thomasmehl und Patentkalk, gehören hierher.

2. Unter **organischen Düngern** versteht man alle Dünger, die aus pflanzlichen oder tierischen Abfallprodukten aufbereitet werden. Hierzu zählen auch die Wirtschaftsdünger wie Mist, Jauche, Gülle und Kompost. Organische Dünger sind auch Guano, Rinderdung, Horn-, Knochen- und Blutmehl, Fischmehl oder Geflügeldünger.

3. Bei **organisch-mineralischen Düngemitteln** werden den organischen Rohstoffen noch zusätzlich mineralische Düngesalze zugegeben. Ein Beispiel ist Torfmischdünger.

Alle Düngemittel stellen den Pflanzen die lebensnotwendigen Nährstoffe zur Verfügung. Der entscheidende Unterschied liegt in der Art und Weise, wie dies geschieht.

Mineraldünger

Sie sind sehr leicht wasserlöslich und werden von den Pflanzenwurzeln schnell und mühelos aufgenommen. Gerade wegen ihrer leichten Löslichkeit gelangen diese Nährsalze aber oft ungenutzt ins Grundwasser. Wird die Dosis nämlich zu großzügig bemessen – und viele Gärtner verfahren leider immer noch nach dem Motto: viel hilft viel –, dann können die Pflanzen nur einen Teil der gelösten Nährstoffe aufnehmen. Der Rest wird vom Regen ausgewaschen und in Bäche, Seen und Flüsse geschwemmt. Es kommt zu einer Überdüngung (Eutrophierung) der Gewässer.

Düngemaßnahmen, die der Humusbildung und Mineralienanreicherung dienen (Brucker)

Düngeart	kg pro 100 m² (1 Ar)	Zeitpunkt der Ausbringung	Bedeutung, Hinweise
Bentonit	3 (bis 10 bei sandigen Böden)	Herbst/Frühjahr	Tonerde zur Tonhumusbildung, auch Kompostzusatz
Steinmehl	3 (bis 20 bei sandigen Böden)	Herbst	Magnesiumanreicherung bei tonarmen Böden, auch als Kompostzusatz
Kalimagnesia (statt des bodenversauernden Kalimagnesias ist auch Laubkompost geeignet!)	2–4	Herbst/Frühjahr	Bei Böden mit einem pH-Wert über 6 zur Kalium- und Magnesiumanreicherung, bei Tonböden (schwere, schmierige Böden) unnötig; bei sauren Böden Kalk zugeben
Thomasmehl	3–6	Herbst	Phosphatanreicherung
Knochen- und Tierkörpermehl	2–5	Herbst/Frühjahr	Kalk-, Stickstoff-, Phosphatanreicherung
Guano	2–4	Frühjahr	Stickstoff- und Phosphatdüngung
Kuhmist	100–500	Herbst	Bei breiter Kompostierung das ganze Jahr. Ab und zu Löcher zur Belüftung einbohren
Hühnermist (getrocknet im Handel)	5	Herbst/Frühjahr	Antibiotikazusatz erfragen. Bei Zusatz nur als geringe Kompostzugabe verwendbar
Gülle	100 l	Frühjahr oder Herbst; nicht auf Schnee oder bei Regen ausbringen!	Vergären lassen mit Belüftung, Kräuterpräparate oder Bentonit zusetzen

Das Bodenleben verarmt in überdüngten Böden. Besonders Regenwürmer reagieren empfindlich auf zu hohe Salzkonzentrationen. Ohne Nachschub an organischem Material nimmt die Humusschicht ab, das Bodenleben wandert aus oder stirbt ab. Die Lebendverbauung und somit die Bindung der zugeführten Nährstoffe an Ton-Humus-Komplexen funktioniert nicht mehr. Die Qualität der Gartenerde läßt langsam, aber stetig nach, und der Ertrag muß mit immer höheren Düngergaben gesichert werden. Die Zerstörungsspirale dreht sich somit in immer enger werdenden Windungen, bis irgendwann der Kollaps eintritt.

Die so herangezüchteten Pflanzen sind ohne Widerstandskraft, haben weniger Aroma und können auch nicht zu einer ausgewogenen und gesunden Ernährung des Menschen beitragen. Über die organische Masse aber nimmt die Pflanze auch viele wichtige Inhaltsstoffe wie Aminosäuren, Vitaminvorstufen, Spurenelemente und andere Wirksubstanzen auf, die der ausschließlich mineralisch gedüngten Pflanze fehlen. Eine Pflanze ist nur so gesund wie der Boden, auf dem sie wächst.

Der Vorteil der Mineraldünger liegt jedoch in der immer gleichbleibenden Qualität, der immer gleichen prozentualen Zusammensetzung. Wenn man aufgrund einer Bodenuntersuchung gezielt und schnell einen bestimmten Nährstoff ergänzen muß, ist diese Form der Düngung sicher von Vorteil.

Organische Düngemittel

Im Gegensatz zu den mineralischen Düngesalzen wirken organische Dünger langsam und müssen erst von den Bodenorganismen verarbeitet werden, bevor die in ihnen enthaltenen Nährstoffe von den Pflanzen aufgenommen werden können. Für die organische Düngung gilt: Nicht die Pflanzen, sondern das Bodenleben wird ernährt. Organische Dünger bestehen aus den unterschiedlichsten Tierabfällen (Blut, Horn, Knochen, Leder) oder aus Tiermist (Guano, Rinder-, Hühner-, Schafs-, Pferde- und Ziegenmist). Es gibt auch pflanzliche organische Abfalldünger wie Meeresalgen, Trester, Leinsaat- und Rizinusschrot.

Horn- und Blutmehl sind stickstoffhaltig. Knochenmehl dagegen enthält mehr Phosphor. Man kann die einzelnen Dünger auch miteinander mischen und erhält dann einen organischen Volldünger. Von den tierischen Düngern sind eigentlich nur getrockneter Rindermist und Guano in nennenswerter Menge im Handel erhältlich. Rindermist enthält alle Nährstoffe in ausgeglichener, milder Form. Tierische Dünger, auch Schweine- und Pferdemist, hauptsächlich aber Schaf-, Ziegen- und Kaninchenmist, sollte nur über den Umweg der Kompostierung zum Einsatz gelangen. Frischer Mist darf nur oberflächlich und dünn über den Winter ausgebracht werden, so daß er gut verrotten kann. Tierische Dünger eignen sich besonders für stark zehrende Pflanzen, oder wie der Pferdemist zum »Aufheizen« der Frühbeete. Geflügelmist, z. B. Guano, ist besonders hitzig, hat einen hohen Kalium- und Stickstoffanteil. Bei Überdüngung können leicht Verbrennungen entstehen. Er sollte daher stets mit Erde vermischt, kompostiert oder als Jauche angesetzt werden.

Gründüngungspflanzen und ihre Ansprüche an den Boden						
Deutscher Name	Botanischer Name	bevorzugte Bodenart	Bodenreaktion	Saatzeit	Aussaat-menge g/m²	Kälteempfindlichkeit
Buchweizen	Fagopyrum esculentum	leicht, trocken	schwach bis stark sauer	Frühjahr bis Ende August	10–15	nicht winterhart
Serradella	Ornithopus sativus	sandig	sauer	Frühjahr bis Mitte August	5–10	winterhart
Gelbe und Blaue Lupine	Lupinus luteus und L. angustifolius	Sandboden bis lehmiger Sand	sauer bis schwach sauer	Frühjahr bis Anfang September	20–30	friert im Winter ab
Sonnenblume	Helianthus annuus	warm	schwach sauer	Frühjahr bis Ende Juli	4–6	erträgt leichte Frühfröste
Bienenfreund	Phacelia tanacetifolia	keine besonderen Ansprüche	neutral bis schwach sauer	Frühjahr bis Ende August	2–4	nicht winterhart
Inkarnatklee	Trifolium incarnatum	mittel	schwach sauer bis neutral	Ende Juli bis Anfang September	4–8	winterhart
Persischer Klee	Trifolium resupinatum	mittelschwer	schwach sauer bis alkalisch	Mai bis Juli	5–6	friert im Winter ab
Sommerwicke	Vicia sativa	keine besonderen Ansprüche	schwach sauer bis alkalisch	Frühjahr bis Mitte August	20–30	friert im Winter ab
Winterwicke	Vicia villosa	leicht bis mittelschwer	schwach sauer bis neutral	Anfang August bis Mitte September	15–20	winterhart
Ölrettich	Raphanus sativus var. oleiformis	mittelschwer	neutral bis schwach alkalisch	Frühjahr bis Anfang September	4–6	winterhart
Weißer Steinklee	Melilotus alba	mittel bis schwer	neutral	Frühjahr bis Anfang September	4–6	winterhart
Hopfenklee	Medicago lupulina	mittel bis schwer	neutral	März bis Juni	3–5	winterhart
Futtererbse	Pisum sativum	keine besonderen Ansprüche	neutral bis alkalisch	Frühjahr bis Mitte August	20–30	friert im Winter ab
Gelber Senf	Sinapis alba	mittelschwer	alkalisch	Frühjahr bis Ende August	4–6	friert im Winter ab
Winterraps	Brassica napus	mittelschwer	alkalisch	August	4–6	winterhart (erträgt Temperaturen bis – 15°C)
Esparsette	Onobrychis viciifolia	kalkhaltig	alkalisch	Frühjahr bis Mitte August	25–40	winterhart

Die Phacelia zählt zu den schnellwachsenden Gründüngungspflanzen. Ihre Wurzeln schließen den Boden auf, und ihr üppiges Blattwerk reichert die oberste Bodenschicht mit organischem Material an.

Gründüngung

Die rein pflanzliche Düngung und Bodenverbesserung wird immer beliebter, da sie viele Vorteile bietet. Man sät dazu auf abgeernteten Beeten schnellwachsende Pflanzen an (z. B. Senf oder *Phacelia*), die zudem ein dichtes Wurzelwerk bilden. Wenn sie aufgelaufen sind, werden sie abgeschnitten, oder sie frieren über den Winter ab. Dann werden sie in den Boden eingearbeitet und liefern bei ihrer Zersetzung die wichtigen Nährstoffe.

Einige Gründüngungspflanzen (Leguminosen wie Klee, Wicken, Lupinen, Erbsen und Bohnen) sind in der Lage, mit Hilfe von Knöllchenbakterien an ihren Wurzeln Luftstickstoff zu binden. Bei der Verwesung wird dieser zusätzliche Stickstoff frei und im Boden angereichert.

Das dichte Pflanzenkleid der Gründüngungspflanzen schützt den Boden vor Verdunstung und Erosion und unterdrückt das Unkraut. Durch das ausgedehnte Wurzelwerk wird der Boden gelockert, durchlüftet und mit organischer Masse, dem Futter für das Bodenleben, angereichert.

Wichtig ist es, Pflanzen für die Gründüngung auszusuchen, mit denen eventuell erkannte Nährstoffmängel gezielt beseitigt werden sollen, und die zu den Gewächsen passen, die anschließend angebaut werden sollen. Senf ist beispielsweise ein Nahrungskonkurrent zu Kohl (beides sind Kreuzblütler) und daher als Vorfrucht zu Kohl ungeeignet. Gründüngung zur Lockerung des Bodens empfiehlt sich auch bei Gärten, die neu angelegt werden, vor allem bei der Erschließung von Baugrundstücken. Denn selbst auf solchen von Baumaschinen und Handwerkern verdichteten und verwüsteten Böden sind Gründüngungspflanzen in der Lage, wieder Luft und Leben in die Erde zu bringen, den Boden zu lockern und für andere Pflanzen vorzubereiten (Tabelle Seite 105).

Pflanzenjauchen

Sie lassen sich jederzeit aus Wasser und den entsprechenden Pflanzen selbst herstellen. Man benötigt dazu große Holz- oder Plastikfässer oder auch Steingut-töpfe.

Als Faustregel gilt: Um 1 kg frisches Pflanzenmaterial (entspricht 100 bis 200 g getrocknete Substanz) zu vergären, benötigen Sie etwa 10 l Wasser. Nehmen Sie dazu am besten Regenwasser oder längere Zeit in der Sonne abgestandenes Leitungswasser. Nach 1 bis 3 Wochen ist die Jauche gebrauchsfertig.

Pflanzenjauchen kann man leicht selbst herstellen. Sie werden aus verschiedenen Pflanzenarten in Kunststoffässern angesetzt. In der richtigen Verdünnung ausgebracht, fördern sie das Bodenleben und stärken die Kulturen.

Diese konzentrierte Pflanzennährbrühe muß, noch bevor sie angewendet wird, im Verhältnis 1:10, bei sehr starken Jauchen gar im Verhältnis 1:20 verdünnt werden.

Besonders geeignete Jauchepflanzen sind die Große Brennessel *(Urtica dioica)*, Beinwell *(Symphytum officinale)* oder Comfrey *(Symphytum asperum)* und Ackerschachtelhalm *(Equisetum arvense)*. Aber auch Auszüge von Löwenzahn *(Taraxacum officinale)*, Rainfarn *(Chrysanthemum vulgare)*, Wermut *(Artemisia absinthum)*, Schnittlauch und Zwiebel wirken ausgleichend und kräftigend auf das Pflanzenwachstum. Um tatsächlich eine gute Wirkung zu erzielen, ist es wichtig, diese heilenden Jauchen vorbeugend und regelmäßig anzuwenden.

Besonders der Regenwurm bevorzugt mit Brennesseljauche gedüngte Böden. Über den Kompost gegossen, fördern Pflanzenjauchen die Rotte, indem sie reichlich Energie für die Arbeitsprozesse der Mikroorganismen bereitstellen. Pflanzenjauchen stellen somit einen wichtigen Beitrag dar, den Garten chemiefrei zu halten und sind besonders in der Umstellungsphase zur rein biologischen Bewirtschaftung von immenser Bedeutung.

Bodenbearbeitung (Umgraben: Ja oder Nein?)

Wenn wir unseren Gartenboden bearbeiten, sollten wir uns immer vor Augen halten, daß wir es mit einem lebendigen Organismus zu tun haben. Das Bodenleben erschließt letztendlich den Pflanzen die Nährstoffe. Die Mikroorganismen und auch größere Bodenbewohner leben nicht kunterbunt im Boden zerstreut, sondern arbeiten wohlgeordnet Hand in Hand in verschiedenen Zonen des Bodens. Wenn wir uns die einzelnen Schichten in dem 15 bis 30 cm starken Oberboden und die dazugehörigen Lebewesen vorstellen, dann wird uns klar, daß es gilt, diese Schichtung möglichst ungestört zu lassen. Aber genau das Gegenteil haben wir mit der traditionellen Arbeitsweise, dem Umgraben, erreicht. Mit jedem Spatenstich werden die sorgsam aufgebauten Schichten auf den Kopf gestellt. Luftliebende (aerobe) Organismen der Bodenfauna und -flora werden buchstäblich begraben, und umgekehrt erhalten die luftfliehenden (anaeroben) Organismen Kontakt mit dem für sie tödlich wirkenden Sauerstoff. Wenn die Humusschicht besonders dünn ist (<10 cm), wird beim Umgraben sogar unbelebter Unterboden nach oben geworfen.

Natürlich sind die Bodenbewohner in der Lage, die natürliche Ordnung wieder herzustellen. Weil aber ein Teil der Lebewesen abgetötet wurde, dauert dies erheblich länger, als wenn man den Boden ungestört gelassen hätte. Eine Verminderung der Fruchtbarkeit, zumindest eine Verzögerung des Wachstums, sind deutlich erkennbare Auswirkungen dieser falschen Bodenbearbeitung. Die konsequente Schlußfolgerung muß heißen: Nie wieder umgraben!

Was aber soll man mit schweren, tonigen Böden tun, oder bei der Neuanlage oder einem stark vernachlässigten Garten? Es gibt immer wieder Ausnahmesituationen, in denen auch der biologisch wirtschaftende Gärtner den Lebewesen mechanisch »unter die Arme greifen« muß. Nur sollte es dann sehr schonend geschehen.

Bei schweren Böden ist es durchaus einmal sinnvoll, im Herbst umzugraben und grobe Schollen liegenzulassen, damit der Frost zumindest eine mechanische Zerkleinerung der großen Schollen bewirkt. Wir müssen uns aber darüber im klaren sein, daß diese Frostgare eine Scheingare ist und der erste starke Frühjahrsregen den Boden wieder zusammenschlägt.

Oft tritt an manchen Stellen im Garten Staunässe auf. Auch hier erscheint es am Anfang ratsam, mit tieferer Bodenbearbeitung für einen besseren Abfluß des überschüssigen Wassers zu sorgen, zumal an solchen Stellen auch kaum Bodenlebewesen vorhanden sind, die man in ihrer Arbeit stören könnte. Die tiefe mechanische Bearbeitung des Bodens sollte aber immer die Ausnahme bleiben und nur dazu dienen, in einem toten Boden mit schlechten physikalischen Eigenschaften die Lebensbedingungen für das Bodenleben zu verbessern.

Wenn anschließend an die mechanische Bodenbearbeitung Maßnahmen ergriffen werden, die das Bodenleben fördern, zum Beispiel durch Bodenbedeckung, Kompostgaben und Gründüngung, dann wird es nicht lange dauern, bis der Boden so locker ist, daß man ohne Mühe seine Hand bis zum Handgelenk in die Erde stecken kann.

Geräte für die Bodenbearbeitung

Grabgabel. Wenn wir den Boden lokkern und gleichzeitig die Regenwürmer schonen wollen, so benutzen wir die Grabgabel. Sie besteht aus einem Holzstiel und vier flach geschmiedeten, kräftigen Zinken. Sie ist sowohl zum Umgraben als auch zur bloßen Lockerung geeignet. Die Gabel wird bis zum Stielanfang in die Erde gestoßen und dann mehrmals ruckartig hin und her bewegt (Abbildung Seite 109 rechts oben). Damit wird die Erde gelockert und bleibt somit wasser- und luftdurchlässig, ohne daß sie umgewendet werden muß.

Beim **Sauzahn,** auch Azet-Wühler genannt, handelt es sich um einen einfachen, sichelförmigen Zinken, der an einem Stiel festgemacht ist. Dieser Zinken läßt sich leicht durch den Boden ziehen. Er lockert die Erde auf, ohne die Schichten zu zerstören.

Der **Krail** oder Kräuel ist ein Vierzahn mit klauenartig im rechten Winkel abgebogenen Zinken. Er wird hauptsächlich zum Vorbereiten der Beete im Frühjahr benutzt und um Kompost und Dünger oberflächlich einzuarbeiten.

Links oben:
Mit dem Gartenwiesel läßt sich verschiedenes Material in den Boden einarbeiten.

Rechts oben:
Zur Bodenlockerung bewegt man die Grabgabel locker hin und her.

Unten:
Bodenbearbeitungsgeräte.

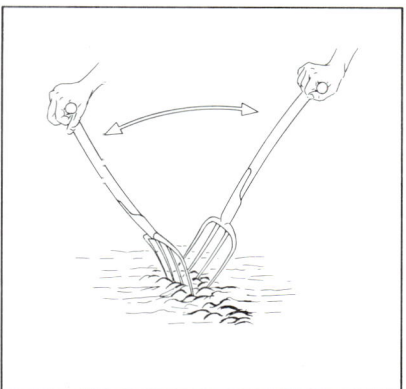

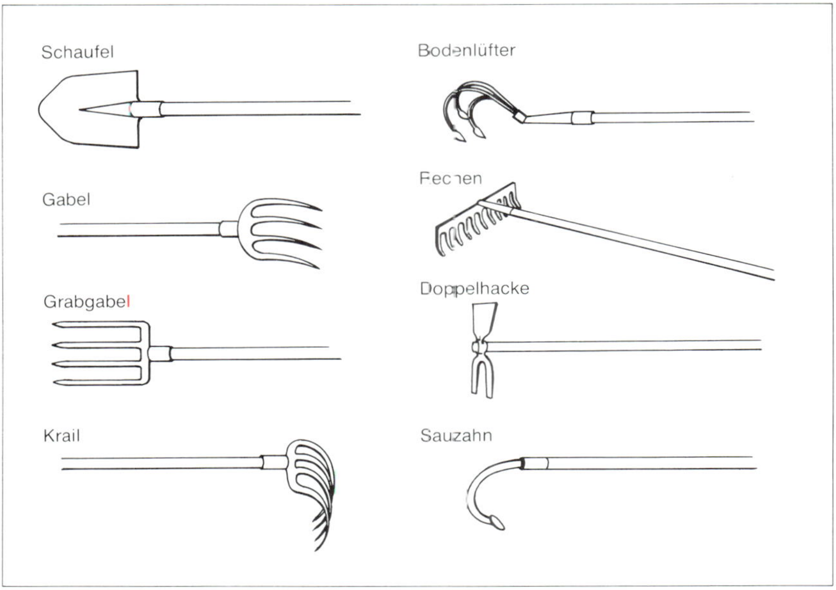

Schaufel

Gabel

Grabgabel

Krail

Bodenlüfter

Fechen

Doppelhacke

Sauzahn

Wenn man den Boden flach lockern und fein krümeln will, empfiehlt es sich, von einem **Kultivator** (Ziehhacke) oder Grubber Gebrauch zu machen. Es gibt ihn in verschiedenen Größen, und die Bearbeitungstiefe läßt sich regulieren. Im Gegensatz zum Grubber mit einfachen Rundstahlzinken hat der Kultivator noch sogenannte »Gänsefüße« an den Zinken.

Lohnend ist auch die Anschaffung eines **Gartenwiesels.** Je nach Ausführung besteht dieses Gerät aus mehreren sternförmigen, spitzen Zinken, die sich drehen. Der Gartenwiesel eignet sich vorzüglich zum oberflächlichen Einarbeiten von Kalk, Gesteinsmehl, Kompost, Mulchmaterial und Gründüngungspflanzen. Vermooste Rasenflächen lassen sich durch diese schonende Bodenlockerung wieder heilen, und in Blumen- und Gemüsebeeten kann man damit gezielt das Unkraut bekämpfen.

Ein ebenfalls bewährtes Gartengerät ist der **Hand-** oder **Häufelpflug.** Wie der Name schon sagt, funktioniert dieses Gerät nach dem Prinzip der Pflüge. An einem Stiel ist eine gehärtete Stahlspitze mit Seitenflügeln befestigt. Je nach Neigung des schräg gehaltenen Stiels und dem Druck, den man ausübt, gräbt sich der Handpflug mehr oder weniger tief in den Boden. Die Seitenflügel schieben dabei die Erde seitlich weg. Mit diesem Arbeitsgerät lassen sich Kartoffelreihen anhäufeln, Pflanzdämme z. B. für Erdbeeren aufwerfen, sowie Saat-, Pflanz- und Bewässerungsrillen ziehen.

Die **Kreuzhacke,** auch Doppelhacke genannt, ist in Süddeutschland weit verbreitet. Sie stellt eine kombinierte Zieh- und Schlaghacke dar. Eingesetzt wird sie hauptsächlich zur Unkrautbekämpfung und Bodenlockerung in Beeten mit großem Pflanzabstand oder auf Flächen außerhalb der ausgewiesenen Beete.

Anbau nach dem Vorbild der Natur

Schon unsere Vorfahren wußten, daß Kulturpflanzen die Böden auf eine bestimmte Weise auslaugen. Wenn man die gleiche Art über längere Zeit auf der gleichen Stelle anbaut, wird die Erde »müde«. Die Konsequenz aus dieser Erkenntnis war die Dreifelderwirtschaft mit jährlichem Wechsel der Frucht auf einem bestimmten Feld. Nach 3 Jahren der verschiedenen Fruchtfolgen wurde das Feld brach liegen gelassen, damit sich die Erde unter dem Einfluß der Wildpflanzen wieder erholen konnte.

Die Natur weist nirgendwo gleichförmige Pflanzenbestände (Monokulturen) auf. Überall – es sei denn auf Extremstandorten – finden wir eine bunte, vielfältige Mischung von Pflanzen. Die Vielfalt und Abwechslung in der Natur ist sowohl aus räumlicher als auch aus zeitlicher Sicht wohlbegründet. Verschiedene Pflanzen haben auch verschiedene Nahrungsansprüche. Sie benötigen unterschiedliche Nährstoffe und Spurenelemente in variablen Mengen und Zusammensetzungen.

Pflanzen nehmen nicht nur Nahrung mit den Wurzeln aus dem Boden auf, sie scheiden auch bestimmte Abfall- bzw. Austauschsubstanzen in den Boden aus. Diese reichern sich im Boden an, so daß die Pflanzen Gefahr laufen, im eigenen Abfall zu ersticken. Außerdem finden Schädlinge durch diese hohe Konzentration pflanzentypischer Stoffe ohne Mühe ihre Wirtspflanze. Es gibt nun auch unter den Kulturpflanzen solche, die einander verdrängen und solche, die sich gegenseitig unterstützen. Eine gesunde Mischung hilft demnach, Schädlinge in Schach zu halten und der Bodenmüdigkeit vorzubeugen. Die Mischkultur bedeutet eine Folgerung aus dieser Erkenntnis.

In der Natur gibt es keine nackten Stellen, von einigen Ausnahmen wie nackter Gebirgsfels und Wüsten abgesehen. Wird die Erde durch Naturgewalten oder durch den Einfluß des Menschen freigelegt, ist sie bestrebt, diese Blöße möglichst schnell wieder durch Gräser und Kräuter zu bedecken und zu stabilisieren. Auch der jährliche Laubfall dient dazu, die Erde vor Erosion zu schützen und ihr wieder verbrauchte Nährstoffe zuzuführen. Im Garten versuchen wir, dies durch Mulchdecken nachzuahmen.

Fruchtwechsel

In der klassischen vierjährigen Fruchtfolge wird der Garten in vier Bereiche (Quartiere) eingeteilt. Die Kulturen werden jährlich reihum gewechselt, wobei jeder Bereich mehrere Beete enthalten kann. Im ersten Jahr werden im Quartier 1 Starkzehrer, im Quartier 2 Mittel- und im Quartier 3 Schwachzehrer eingepflanzt. Quartier 4 bleibt brach, oder man sät Gründüngungspflanzen ein. Noch vor der Einsaat wird der vierte Bereich des Gartens gut mit verrottetem Mist oder anderem organischen Dünger versorgt.

Zu den **Starkzehrern** gehören Getreide, alle Kohlarten, Gurken, Tomaten, Paprika, Lauch, Sellerie und je nach Einschätzung auch Kartoffeln.

Mittelzehrer sind Salate, Spinat, Kohlrabi, Möhren, Zwiebeln, Rote Beete. Radieschen, Rettich und Schwarzwurzeln. Zu dieser Gruppe zählt man teilweise auch Kartoffeln, Paprika und Sellerie.

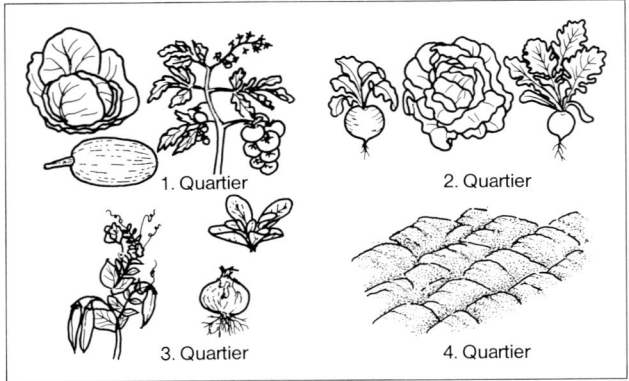

1. Quartier

2. Quartier

3. Quartier

4. Quartier

Fruchtwechselschema nach dem Vorbild der Dreifelderwirtschaft. Stark-, Mittel- und Schwachzehrer wechseln sich mit einer Brache ab.

Seite 113:
Die Mischkultur strebt eine bunte Vielfalt von Blumen, Kräutern und Gemüse an.

Als **Schwachzehrer** bezeichnet man die meisten Kräuter, Bohnen und Erbsen, wobei die Leguminosen-Arten Bohne und Erbse den Boden dank der Knöllchenbakterien noch mit Stickstoff anreichern.

Zwei Dinge sollte man bei der Fruchtfolge noch beachten: Zum einen können nicht alle Pflanzen bedenkenlos nacheinander gepflanzt werden. So gedeiht Rote Beete zwar nach Salat und Kohlrabi, nicht aber nach Spinat, Mangold und Schwarzwurzeln. Zum anderen gibt es Pflanzen, deren Standort möglichst nicht gewechselt werden sollte. Dazu gehören die Tomaten, Erdbeeren, Rhabarber und Spargel. Ein Wechsel sollte – wenn überhaupt – frühestens nach 3 Jahren erfolgen.

Vorfrucht- und Nachbauempfehlungen

Die folgenden Angaben sind nur allgemeingültige Richtlinien und Erfahrungswerte. Immer muß der biologisch wirtschaftende Gärtner oder Landwirt eigene Erfahrungen sammeln und der individuellen Gartensituation anpassen.
– Bohnen und Erbsen kann man nach Kohl anpflanzen,
– Erbsen nicht nach Zwiebeln oder Lauch.

– Gurken und Tomaten vertragen sich mit allen anderen Gemüsearten, mit Ausnahme der Kartoffel bei Tomaten.
– Kohl gedeiht am besten nach Leguminosen und Hackfrüchten.
– Salat gedeiht immer und überall.
– Spinat setzt man am besten nach Frühkartoffeln, Erbsen oder Brechbohnen.
– Rettich mag als Vorfrucht keine Kreuzblütler wie Senf oder Kohl.
– Salbei gedeiht nach Blumenkohl und Spinat, nicht aber nach Möhren und Petersilie.
– Zwiebeln pflanzt man vorzugsweise nach den Kohlarten und Gurken, oft zusammen mit den Möhren.

Mischkultur

Die Mischkultur ist eine naturgemäße Abwandlung der Fruchtfolge. Hier werden die Kulturen nicht jährlich gewechselt, sondern örtlich von Reihe zu Reihe. Wir pflanzen also nach Möglichkeit eine bunte Vielfalt von Blumen, Kräutern und Gemüse.

Von der Natur abgeschaut und aus jahrzehntelangen Erfahrungen hat man gelernt, daß es Blumen, Gemüsearten und Kräuter gibt, die sich gut miteinan-

der vertragen, zum Teil sogar ergänzen. Es gibt aber auch Pflanzen, die sich überhaupt nicht vertragen. Wurzeln und Blätter scheiden arttypische Stoffe aus oder sondern Gerüche ab, die das Umfeld und damit auch andere Pflanzen beeinflussen. Auf der anderen Seite können sich Pflanzen in bestimmten Kombinationen in der Aroma-Ausbildung fördern, wie Radieschen und Kresse oder Kartoffeln und Kümmel. Die Mischkultur strebt möglichst günstige, sich in ihren guten Eigenschaften verstärkende Pflanzengemeinschaften an. Beetrandpflanzen wie Baldrian, Wermut, Petersilie, Knoblauch oder Kresse fördern dabei das Wachstum und den Aromagehalt der Gemüsepflanzen.

Neben den direkten Nachbarschaftswirkungen sind die Pflanzengestalten zu berücksichtigen. Schlanke Pflanzen sollte man mit solchen, die breit und buschig wachsen, vergesellschaften. So können Kohlköpfe und Schnittsalat oder Schwarzwurzeln und Kopfsalat nebeneinander stehen. Die ausgewachsenen Pflanzen sollen den Boden möglichst vollständig bedecken, damit im Sommer die so wichtige Schattengare entsteht. Ebenso sinnvoll ist es, flach- und tiefwurzelnde Pflanzen nebeneinander anzubauen. Ein klassischer Fall ist die Kombination tiefwurzelnder Möhren mit flachwurzelnden Zwiebeln.

Ein weiterer wichtiger Aspekt sind die unterschiedlichen Reifezeiten der Gemüsepflanzen. Zwischen den langsam wachsenden Hauptkulturen lassen sich immer wieder mal schnellwachsende – und anspruchslose – Nebenkulturen wie Radieschen, Kohlrabi und Salat einsäen. Diese sind schon wieder abgeerntet, bevor das Hauptgemüse beginnt, sich voll auszubreiten.

Nicht zu vergessen ist auch das Bodenleben, und man sollte zu seiner Ernährung immer wieder Ernte- und Wurzelrückstände in den Boden einarbeiten.

Mischkulturen dürfen nicht ohne Überlegung angelegt werden. Ackern Sie nicht wild drauflos, sondern setzen Sie sich lieber einmal 5 Minuten hin, beobachten Sie die Natur, um dann bedächtig und planvoll vorzugehen.

Vorteile der Mischkultur (nach BUND)

- Die große Vielfalt stärkt das natürliche Gleichgewicht (insbesondere das Bodenleben).
- Qualität, Haltbarkeit und Geschmack von Obst und Gemüse werden verbessert.
- Der Bodenmüdigkeit wird entgegengewirkt.
- Es ist kein übermäßiger Schädlingsbefall zu befürchten.
- Synthetische Pestizide sind unnötig.
- Das ausgeglichene Mikroklima und der verbesserte Wasserhaushalt ermöglichen Mehrerträge.
- Unkraut läßt sich leichter unterdrücken.

Geeignete Mulchmaterialien (Haase 1988)

während der Kulturzeit

Kultur	Mulch
Kulturen, die längere Zeit stehen und einen weiten Pflanzabstand haben	Lebendmulch mit Erd- oder Weißklee, oder Untersaat mit Spinat, Neuseeländer Spinat, Kapuzinerkresse, im Spätsommer mit Feldsalat und Winterpostelein
kurzlebige Kulturen	Gras-, Kräuter-, Wildkräuter, Heckenschnitt, Tomatenabfälle etc.
Kürbisarten	schwarze Mulchfolie
Erdbeeren	Farnblätter oder Lavagruß
Moorbeetpflanzen	Kaffeesatz
Rosen	Tee-Abfälle
Zierrabatten	Rindenmulch, Lavagranulat, Grasschnitt, Lebendmulch mit Bodendeckern, unter Hecken auch Stroh oder Laub

über Winter
auf den gelockerten Boden halbverrotteten Kompost oder Mist ausbringen, je nach nachfolgender Kultur. Bei nachfolgenden Schwachzehrern Stroh oder Laub aufbringen, im Frühjahr wieder abharken und auf Komposthaufen geben.

Die Mulchschicht aus Stroh schützt den Boden vor Verschlämmung bei Regen, vor Austrocknung und Windverwehung. Unkraut kann weniger rasch aufkeimen.

Mulchen

Das Bodenleben entwickelt sich unter einer Schutzschicht aus einer lebenden Pflanzendecke (Wiese) oder totem Pflanzenmaterial (Laubstreu) in optimaler Weise. Geeignete Mulchmaterialien für verschiedene Kulturen und Gartenbereiche nennt die Tabelle auf Seite 114.

Als Mulchmaterial eignet sich jede kohlenstoffhaltige organische Substanz: Sägespäne, Rinde, Stroh, Heu, Grasschnitt, Laub, Gemüseabfälle, Kartoffelkraut, zerkleinertes Unkraut, Brennesseln, aber auch zerkleinertes Zeitungspapier und Pappe (kein Buntpapier). Den gleichen Zweck erfüllt eine schwarze, geschlitzte Folie, die aber kein organisches Material nachliefert.

Unter einer Bodenbedeckung bleibt die Erde feucht, warm, luftig und locker. Der Boden bleibt vor Verschlämmung bei Regen, vor Erosion durch den Wind und vor Austrocknung durch die Sonne geschützt. Temperaturschwankungen werden ausgeglichen, der Boden ist im Winter besser vor Frost und im Sommer vor zu großer Hitze geschützt. Zudem werden die Bodenlebewesen gefördert, der Gehalt an freier Kohlensäure durch die Atmungsprozesse steigt.

Man bezeichnet das Mulchen auch oft als Flächenkompostierung. Durch die ständig nachgelieferten Nährstoffe, der guten, lockeren Bodensubstanz und der reichlich vorhandenen Kohlensäure finden die Pflanzen ausgeglichene Wachstumsbedingungen vor. Erdbeeren können außerdem sauberer geerntet werden und einer Pilzinfektion durch aufspritzende Sporen in den Regentropfen wird vorgebeugt. Fallobst fällt weicher.

Für die Gartenarbeit bedeutet eine konsequente Bodenabdeckung weniger Hackarbeit, weniger Gießen und weniger Jäten, weil auch das Unkraut unter der Mulchschicht erstickt.

Es hat sich bewährt, nur dünne Mulchschichten auszubringen und sie lieber öfter aufzufüllen, sobald sie verrottet sind. Beim Aufbringen des Mulchmaterials sollte die Erde feucht sein. Es soll eine lockere, luftige Abdeckung entstehen.

Schlußbetrachtung

Die schlimmen Folgen der ungehemmten Industrialisierung von Mitte des vorigen Jahrhunderts bis heute und des ungeahnten Wirtschaftswunders der fünfziger und sechziger Jahre werden uns heute gewahr. Lang haben Wald und Boden die Schadstoffe ausgefiltert und abgepuffert. Doch nun ist ihre Kapazitätsgrenze erreicht. Der Wald hat zuerst aufgegeben. Mehr als 50 % aller Waldbäume gelten als geschädigt. Ist dies der Anfang eines allgemeinen Vegetationssterbens?

Viele Seen sind durch den sauren Regen umgekippt, tot, ohne jegliches Leben. Es ist nur eine Frage der Zeit, bis auch der Boden bzw. das Leben in ihm abstirbt. Die Mikrolebewelt ist in extrem belasteten Gebieten schon merklich gestört. Vor allem die Versauerung der Böden macht die jahrelang abgepufferten Schwermetalle wieder mobil und dezimiert die Bodenlebewesen. Schadstoffe reichern sich über die Nahrungskette in pflanzlichem und tierischem Gewebe an und finden sich mit den höchsten Konzentrationen im Menschen. Die einzelnen Ökosysteme – Wald, Wiese oder Boden – sind auf einem äußerst labilen, hochempfindlichen Gleichgewicht aufgebaut. Sie drohen zusammenzubrechen. Beim Wald ist es augenfällig, beim Boden sind erste Alarmzeichen in Form von Überdüngung, Versteppung und Erosion unübersehbar. Wer den Boden zerstört, entzieht nachfolgenden Generationen die Lebensgrundlage. Und bei der Zerstörung sind wir alle Mittäter: Als Verbraucher, wenn wir für unsere Nahrungsmittel möglichst wenig unseres Einkommens ausgeben wollen und dabei auf optische Merkmale mehr Wert legen als auf Qualität. Damit werden der Monokultur und der Massentierhaltung Vorschub geleistet mit all ihren schädlichen Auswirkungen auf die Umwelt und besonders den Boden. Als Autofahrer verpesten wir die Luft und fördern die Asphaltierung der Landschaft. Auch der Bau vieler einzeln stehender Häuser entzieht der Natur den Boden. Jeder einzelne in unserer Wegwerfgesellschaft produziert Unmengen von Müll, der zunehmend die Landschaft verschandelt und den Boden belastet.

Die Probleme sind bekannt, ein gewisses Bewußtsein vorhanden. Was fehlt sind Taten! Was aber der Gärtner in seinem elementaren Bereich für die Gesundung des Bodens tun kann, wurde in diesem Buch ausführlich beschrieben.

Der Boden läßt sich eben nicht ausklopfen wie ein Teppich. Deshalb erinnern wir uns – wann immer wir wieder eine Handvoll guter, humoser Erde hochhalten – an die Worte des Häuptlings Seattle aus dem Jahre 1854: »Was immer der Erde widerfährt, widerfährt auch den Kindern der Erde ... Der Mensch hat das Gewebe des Lebens nicht erschaffen. Er ist in ihm lediglich eine Faser. Was immer er diesem Gewebe antut, tut er sich selbst an ... Die Erde ist unsere Mutter!«

Labors, die Bodenuntersuchungen durchführen

Neben den auf Seite 118 bis 121 genannten Instituten führen folgende Labors Bodenuntersuchungen durch.

Stelzner – VOS
Grolandstraße 51a
8500 Nürnberg

Hessische landwirtschaftliche
Versuchsanstalt, Landwirtschaftliches
Untersuchungsamt Darmstadt/Kassel
Rheinstraße 91
6100 Darmstadt
Postfach 4001
Tel. 06151-81091

Landwirtschaftliche Untersuchungs-
und Forschungsanstalt
Rodeweg 5–11
5300 Bonn 3
Tel. 0228-4340

Landwirtschaftliche Untersuchungs-
und Forschungsanstalt,
Joseph-König-Institut
Kanalstraße 240
4400 Münster (Westfalen)
Tel. 0251-276745

Ausführliche Analysen im Sinne des biologischen Anbaus bieten:

Dr. Volker Rusch, Institut für mikrobiologische Bodenuntersuchung
Am Hintersand
6348 Herborn

Labor für Bodenuntersuchungen und
Spurenmetall-Analytik Dr. Fritz Balzer
Oberer Ellenberg 5
3551 Amönau

Labor für Bodenmikrobiologie
Dr. Grün-Wollny
Burggarten 9
3554 Lohra-Kirchvers

Öko-Datenservice GmbH
Budinskygasse 18
A-1190 Wien

Mikrobiologisches und Chemisches
Labor Dr. W. Wenzel
Maygasse 8
A-8010 Graz

ACEPSA-Labor
CH-1041 Oulens VD

Central Bodenkundig Bureau Jr. Rispens
Singelstraat 19–21
NL-6600 HP Deventer

CBB-Bodenuntersuchungslabor
Winfried Felderer
Speckbacher Straße 5
I-39012 Meran

Adressen, Preise und Leistungen der Bodenuntersuchungsinstitute

Institutsanschriften	Standarduntersuchung					Einzeluntersuchung						Sonstige	
	pH	P	K	Mg	Ca	pH	P	K	Mg	B	Ca	Salz	Humus
Niedersachsen/Bremen													
Niedersächsisches Landesamt für Bodenforschung Außeninstitut für Moorforschung und angewandte Bodenforschung Friedrich-Mißler-Straße 46–48 2800 Bremen 1 Telefon (04 21) 23 69 02 oder 23 20 38						12,-	17,-	17,-	17,-		17,-		
Landwirtschaftliche Untersuchungs- und Forschungsanstalt Finkenborner Weg 1a, Postfach 295 3250 Hameln 1 · Tel. (0 51 51) 6 50 73	×	× 9,50	×		×				9,50			Leitfähigkeit 6,-	
Bodenuntersuchungsinstitut Koldingen Holländerei 22 3017 Pattensen 1 Tel. (0 51 02) 20 66	×	× 25,80	×	×		Bodenanalyse für Landwirte und Gärtner Bodenanalyse für jeden Garten, Rasen, Gemüse, Obst, Blumen							
je Standarduntersuchung 25,80, Rabatt bei Sammelbestellungen erfragen													
Saarland													
Landwirtschaftliche Untersuchungs- und Forschungsanstalt Speyer Obere Langgasse 40 6720 Speyer Tel. (0 62 32) 7 60 26	×	× 16,-	×	×		4,-		6,-				5,-	je 18,-
Bayern													
Bayrische Landesanstalt für Bodenkultur und Pflanzenbau Vöttinger Straße 38 8050 Freising Tel. (0 81 61) 7 13 25	je nach Umfang 9,- bis 25,-					4,-				17,-	5,-		
Landwirtschaftliches Untersuchungsamt Würzburg Luxburgstraße 4 · 8700 Würzburg Tel. (09 31) 7 13 25 und 9 00 21	×	× 12,-	×	×						8,50	10,-		
Rheinland-Pfalz													
Geologisches Landesamt Rheinland-Pfalz Emmeranstraße 36 6500 Mainz Tel. (0 61 31) 23 22 61 oder 23 22 62									55,-	70,-			Gesamt 110,-
Landes-Lehr- und Versuchsanstalt Egbertstraße 18 5500 Trier Tel. (0 6 51) 4 90 61	×	× 17,-	×	×	×	+B 10,-	10,-	10,-	4,50	5,50		5,-	14,-
Hessen													
Hessische Landwirtschaftliche Versuchsanstalt Landwirtschaftliches Untersuchungsamt Am Versuchsfeld 13 3500 Kassel-Harleshausen Tel. (05 61) 8 81 41	×	× 8,-	×	×						15,-			
Schleswig-Holstein													
Landwirtschaftliche Untersuchungs- und Forschungsanstalt Gartenlabor Herrn Dr. Diener Mars-La-Tour-Straße 4 2900 Oldenburg Tel. (04 41) 80 13 90	×	× 19,-	×	×						10,-			
Hochschule Bremerhaven Institut für Umweltmeßtechnik Prof. Dr. Stephan Columbusstraße 2 2800 Bremerhaven Tel. (04 71) 9 00 81													
Landwirtschaftliche Untersuchungs- und Forschungsanstalt Kiel der Landwirtschaftskammer Schleswig-Holstein Gutenbergstraße 75–77 2300 Kiel 1 Tel. (04 31) 1 50 87 und 1 50 88	×	× 11,-	×	×	×				7,-	10,-	10,-	7,-	12,-

Angaben in DM

Ges.-Stickstoff	Nmin	Korngröße	Cu	Zn	Pb	Cd	Ni	Cr	Hg	Rückstands-untersuchungen	Beratung
Nitrat 30,– Nitrit 30,-					45,-	45,-			45,-	Hier sind die Preisspannen sehr unterschiedlich. Dies hängt von den zu untersuchenden Wirkstoffen ab. Es ist zu empfehlen, sich bei Bedarf das entsprechende Gebührenverzeichnis zukommen zu lassen.	
			Grundpreis 30,- zusätzlich je Element 24,- qualitativ 24,- quantitativ 72,-							150,- bis 220,-	
Versendung von Nitratschnelltest 56,50 + Porto + Mehrwertsteuer Auch Probennahme durch Institut. Bitte anfragen.			Schwermetalluntersuchungen auf Anfrage								Düngeempfehlung, Beratung. Liefert außerdem die benötigten Materialien (Anleitungen, Probetüten, Probenlisten).
		einschließlich 2 Fraktionen 20,- jede weitere Fraktion kostet 10,-	auf Anfrage, je Element 25,-								Düngeberatung nach umweltfreundlichen Gesichtspunkten, je Beratung 2,-
28,-		Siebanalyse je Fraktion 7,-	32,-	30,-	32,-	32,-	32,-	32,-	40,-		
10,-			32,-	32,-	32,-	32,-	32,-	32,-		Aufschlußgebühr pro Probe 20,-	
		Siebanalyse 60,-	75,-	75,-							keine
Nitratgehalt 20,-		Ton, Schuff, Grob-, Feinsand 25,-	25,-	25,-	25,-	25,-	25,-	25,-	25,-	Gesamtuntersuchung (Klärschlamm, Müllkompost, pH-Wert, Salz, Wasser, NPK, organische Substanz, pflanzenphysiologischer Test	jede Bodenprobe wird ausgewertet
15,-			12,-	12,-	25,-	25,-	25,-	45,-		das erste Element kostet 40,- auf Anfrage in 6100 Darmstadt, Rheinstraße 91 je nach Wirkstoff 50,- bis 200,-	keine
Nitrat 10,- Nitrit 20,-		Grundpreis einschließlich 2 Fraktionen 30,-		30,-		30,-			72,-	Zuerst wird ein Kressetest (9,50) durchgeführt. Herbizide je nach Wirkstoff 100,- bis 200,-, Insektizide etwa 220,-	Düngeempfehlung für bestimmte Kulturpflanzen
Nitrat 35,- Nitrit 35,-					Gesamt 130,-						Beratung über Umweltbelastung
	15,-	Ton, Schluff, Sand je Fraktion 15,-	7,-	10,-	sonstige Schadstoffuntersuchungen kosten je nach Schadstoff 50 oder 100,-					Chlorierte Kohlenwasserstoffe je Block 75,-; Phosphorsäureester 75,-	Düngeempfehlungen, Bodenprobenahmegebühr je nach Umfang 4,30, Nitrat 15,-

Adressen, Preise und Leistungen der Bodenuntersuchungsinstitute

Institutsanschriften	Standarduntersuchung						Einzeluntersuchung						Sonstige	
	pH	P	K	Mg	Ca		pH	P	K	Mg	B	Ca	Salz	Humus
Baden-Württemberg Staatliche Landwirtschaftliche Untersuchungs- und Forschungsanstalt Augustenberg Postfach 410943 7500 Karlsruhe 41 Tel. (0721) 48521 und 48520	×	×	×	×	× Bor oder Natrium 16,-		4,-		6,-				10,-	18,-
Landesanstalt für Landw. Chemie der Universität Hohenheim Bodenabteilung Emil-Wolff-Straße 14 7000 Stuttgart 70 Tel. (0711) 4501-2672	×	×	× 6,-	6,50	×					6,50	10,-		4,50	16,-
Nordrhein-Westfalen Landwirtschaftliche Untersuchungs- und Forschungsanstalt der Landwirtschaftskammer Rheinland Weberstraße 59–61 5300 Bonn 1 Tel. (0228) 210021-26	×	×	× 12,-	×							14,-	10,-	5,-	20,-
Landwirtschaftliche Untersuchungs- und Forschungsanstalt der Landwirtschaftskammer Westfalen-Lippe Schorlemerstraße 26 4400 Münster Tel. (0251) 2761	×	×	× + Cu: 14,-	×	×		siehe Standarduntersuchung, wird der Einfachheit halber nur komplett ausgeführt							15,-
Hamburg Institut für angewandte Botanik Marseiller Straße 7 2000 Hamburg 36 Tel. (040) 41231	×	×	× + N: 23,-	×	×		×	×	×	×				
Berlin Pflanzenschutzamt Berlin Altkircherstraße 1–3 1000 Berlin 33 (Dahlem) Tel. (030) 8313082	×	×	× 30,-	×	×		×	×	×		×			×

Quelle: BUND Informationsmappe »Biologischer Land- und Gartenbau«, BUND Umweltzentrum, Stuttgart

Angaben in DM

Untersuchungen			Schwermetalle							Rückstands-	Beratung
Ges.-Stickstoff	N$_{min}$	Korngröße	Cu	Zn	Fb	Cd	Ni	Cr	Hg	untersuchungen	
25,-		2 Fraktionen 20,- jede weitere Fraktion 10,-	35,-	35,-	35,- Grundpreis 18,-	35,-	35,-	35,-	35,-	je nach Wirkstoff bis 20,-	kurze Hinweise
24,-			Untersuchungen auf Schad- und Giftstoffe sind nicht grund- sätzlich, sondern nur von Fall zu Fall mögl.ch (vorherige Anfrage)								Untersuchungsbefund mit Auswertung der Ergebnisse, evtl. geringe Be- ratungsgebühr, in Sonderfällen ein- gehende Beratung
25,-	60,-	4 Fraktionen etwa 35,-	10,-	8,-						Chlorierte Kohlenwasserstoffe Grundgebühr 85,- je Wirkstoff 25,-	Dünge- empfehlung
22,-	66,-	30,- bis 90,-			auf Anfrage						Dünge- anleitung
											Beratung möglich, Kosten nach Zeitaufwand, Dünge- empfehlung
					auf Anfrage						Düngeberatung

Literaturverzeichnis

Akademie für Naturschutz und Landschaftspflege (ANL): Informationen 3 – Naturschutz im Garten. ANL, Laufen/Salzach.

Bechmann, A., Michelsen, G.: Global Future – Es ist Zeit zu Handeln. Öko-Institut, Dreisam Verlag, Freiburg 1981.

Bölsche, J. (Hrsg.): Natur ohne Schutz. Rowohlt-Taschenbuch Verlag, Reinbek 1982.

Bölsche, J. (Hrsg.): Was die Erde befällt … Rowohlt-Taschenbuch Verlag, Reinbek 1984.

Brauns, A.: Praktische Bodenbiologie. Verlag Gustav Fischer, Stuttgart 1968.

Breschke, J.: Der Garten ohne Gift. Delphin-Verlag, Zürich 1983.

Brucker, G., Kalusche, D.: Bodenbiologisches Praktikum. Quelle & Meyer Verlag, Heidelberg 1976.

Brucker, G.: Lebensraum Boden. Franckh'sche Verlagshandlung, Stuttgart 1988.

Buch, W.: Der Regenwurm im Garten. Verlag Eugen Ulmer, Stuttgart 1986.

Corna Werke (Hrsg.): Biologisch Gärtnern vom Frühjahr bis zum Herbst. Eigenverlag, Ulm o. J.

Darwin, C.: Die Bildung der Ackererde durch die Tätigkeit der Würmer. März Verlag, Herbstein 1983.

Ditfurth, H. von: So laßt uns denn ein Apfelbäumchen pflanzen. Es ist soweit. Rasch und Röhring, Hamburg 1985.

Dunger, W.: Tiere im Boden. Die neue Brehm-Bücherei, Ziemsen-Verlag, Wittenberg 1964.

Eichenberger, R., Henggeler, S.: Das Jahr im biologischen Gartenbau. Ein Aussaat- und Arbeitskalender. Verlag Eugen Ulmer, Stuttgart 1983.

Fehr, H. O.: Unser Bio-Garten. Badischer Verlag, Freiburg 1988.

Francé, R. H.: Das Leben im Boden. Das Edaphon. Edition Siebeneicher, Volkswirtschaftlicher Verlag, München 1981.

Franz, H.: Bodenzoologie als Grundlage der Bodenpflege. Akademie-Verlag, Berlin 1950.

Franz, H.: Der Einfluß verschiedener Düngungsmaßnahmen auf die Bodenfauna. Angewandte Pflanzensoziologie, Heft 11, 1953.

Franz, H.: Die Bodenfauna der Erde in biozönotischer Betrachtung. Erdwissenschaftliche Forschung, Band 10, 1975.

Göbel, P.: Alles über Gartenböden. Franckh'sche Verlagshandlung, Stuttgart 1984.

Gottschall, R.: Kompostierung. Alternative Konzepte 45, Verlag C. F. Müller, Karlsruhe 1984.

Gruhl, H.: Ein Planet wird geplündert. Fischer Verlag, Frankfurt 1975.

Haase, M.: Mischkultur, Hügelbeet, Hochbeet. Verlag Eugen Ulmer, Stuttgart 1988.

Heck, I.: Der erste Schritt zum giftfreien Garten. Hrsg.: Theo Tacke, Borken o. J.

Hennig, E.: Der Mutterboden – Sitz des Lebens. Selbstverlag 1980.

Hennig, E.: Humus, Stickstoff, Urgesteinsmehl. Verlag Tibor Marczell, München 1981.

Hennig, E.: Die Bodenfruchtbarkeit im Kleingarten. Verlag Tibor Marczell, München o. J.

Hertel, F.: Bodenverbesserung. Albrecht Philler Verlag, Minden 1980.

Heyer, G. von: Die drei Säulen der Dauerfruchtbarkeit. Eigenverlag, Hamburg 1974.

Heynitz, K. von: Kompost im Garten. Verlag Eugen Ulmer, Stuttgart 1983.

Heynitz, K. von, Merckens, G.: Das Biologische Gartenbuch. Verlag Eugen Ulmer, Stuttgart 1983, 4. Auflage.

Howard, Sir Albert: Mein Landwirtschaftliches Testament. Edition Siebeneicher, Volkswirtschaftlicher Verlag, München 1979.

Kahnt, G.: Ackerbau ohne Pflug. Verlag Eugen Ulmer, Stuttgart 1976.

King, F. H.: 4000 Jahre Landbau in China, Korea und Japan. Edition Siebeneicher, Volkswirtschaftlicher Verlag, München 1984.

Koch, E. R., Vahrenholt, F.: Die Lage der Nation. GEO-Buch, Verlag Gruner und Jahr, Hamburg 1983.

Koenemann, E.: Neuzeitliche Kompostbereitung. Bionomica-Verlag, Mannheim 1981.

Koenemann, E.: Biologische Düngung im Gemüsebau. Bionomica-Verlag, Mannheim 1983, 5. Auflage.

Kreuter, M.-L.: Der Bio-Garten. BLV Verlagsgesellschaft, München 1983, 5. Auflage.

Kreuter, M.-L.: 1×1 des Bio-Gärtners. BLV Verlagsgesellschaft, München 1983.

Kreuter, M.-L.: Biologischer Pflanzenschutz. BLV Verlagsgesellschaft, München 1983.

Kühnelt, W.: Bodenbiologie. Herold Druck- und Verlagsgesellschaft, Wien 1950.

Lindner, U.: Der Hausgarten biologisch. Verlag Eugen Ulmer, Stuttgart 1987.

Mayer, P., Seufert, M.: Rettet den Boden. Stern-Report, Verlag Gruner und Jahr, Hamburg 1985.

Metzner, H., Ottow, J. C. G.: Ökologie und ihre biologischen Grundlagen. Fernlehrgang Ökologie der Universität Tübingen, Heft 1, 1984.

Meyer, L. Ton-Humus-Komplexe als Träger der Bodenfruchtbarkeit und als Bodenverbesserungsmittel. Forschungsdienst 11, 1941.

Mohr, H., Schopfer, P.: Lehrbuch der Pflanzenphysiologie. Springer-Verlag, Berlin 1978.

Mücke, B. Ferguson, J. A.: Der Garten der zehn Jahreszeiten. Ehrenwirth Verlag, München 1987.

Preuschen G.: Kontrolle der Bodenfruchtbarkeit – Anleitung zur Spatendiagnose. IFOAM Sondernummer 2, Stiftung ökologischer Landbau, Kaiserslautern 1985, 3. Auflage.

Preuschen. G.: Das neue Bodenbuch. Fischer Taschenbuch-Verlag, Frankfurt 1983.

Rainer, R.: Die Welt als Garten-China. Akademische Druck- und Verlagsanstalt, Graz 1976.

Rid, H.: Bodendiagnose mit Spaten und Bohrstock. Zeitschrift für Pflanzenbau und Pflanzenschutz 5, 1954.

Rid, H.: Das Buch vom Boden. Verlag Eugen Ulmer, Stuttgart 1984.

Rusch, H. P.: Bodenfruchtbarkeit, eine Studie biologischen Denkens. Verlag Karl F. Haug, Heidelberg 1978.

Sattler, F., Wistinghausen, E. von: Der landwirtschaftliche Betrieb (biologisch-dynamisch). Verlag Eugen Ulmer, Stuttgart 1985.

Scheffer, F., Schachtschabel, P.: Lehrbuch der Bodenkunde. Ferdinand Enke Verlag, Stuttgart 1982, 11. Auflage.

Schlichting, E., Blume, H. F.: Bodenkundliches Praktikum. Verlag Paul Parey, Hamburg 1966.

Seifert, A.: Gärtnern, Ackern – ohne Gift. Biederstein Verlag, München 1980.

Sekera, F.: Gesunder und kranker Boden. L. Stocker Verlag, Graz 1943.

Snoek, H., Wülfrath, H.: Das Buch vom Steinmehl. Pietsch Verlag, Stuttgart 1983.

Snoek, H.: Biologisch richtig düngen. Südwest Verlag, München 1984.

Spohn, E.: Selber kompostieren für Garten und Feld. Schnitzer Verlag St. Georgen/Schwarzwald o. J.

Stiftung Warentest: Ratgeber Garten.

Berlin 1987. Vertrieb: Postfach 10660, 7000 Stuttgart 80.

Straßburger, E., Noll, F., u. a.: Lehrbuch der Botanik. Gustav Fischer Verlag, Stuttgart 1978.

Tischler, W.: Agrarökologie. VEB Gustav Fischer Verlag, Jena 1965.

Topp, W.: Biologie der Bodenorganismen. UTB 1101, 1981.

Trolldenier, G.: Bodenbiologie. Franckh'sche Verlagshandlung, Stuttgart 1971.

Umweltschutz- und Gartenamt der Stadt Freiburg: Garten als Lebensraum. Tips zum biologischen Pflanzenschutz.

Wolff, Peter F. C.: Der gesunde Gartenboden. BLV Verlagsgesellschaft, München 1982.

Zimmermann, W.: Steine geben Brot. Verlag E. O. Cohrs, Rotenburg 1975.

Bildquellen

Die Zeichnungen fertigte Wolfgang Jauch, Pliezhausen, nach Vorlagen des Autors.

Zeichnung Seite 38, 51 und 87: Marlene Gemke, Germering.

Zeichnung Seite 108: Sigrid Lokau, Bochum-Wattenscheid.

Bartunek, A., Aichtal: Seite 106.

Baumeister, W., Stuttgart: Seite 52, 65.

Bleich, Wolfschlugen und Institut für Bodenkunde und Standortslehre der Universität Hohenheim: Titelfoto, Seite 16, 39, 81, 89.

Buch, W., Freiburg-Opfingen: Seite 11, 19 unten, 33(2), 41, 65, 79, 99(4), 107.

Ehmann, D., Filderstadt: Seite 14 Mitte.

Eidgenössische Forschungsanstalt für Obst-, Wein- und Gartenbau, CH-Wädenswil: Seite 90, 91.

Göbel, P., Hauneck: Seite 9, 12, 14 oben, 18(2), 19 oben, 47, 75(2), 92, 95.

Hapo, Agrar & Naturbild, Rielasingen: Seite 84 oben rechts.

Henseler, E., Bonn: Seite 53, 69.

Jauch, W., Pliezhausen: Seite 58, 60(3), 68.

Kögler, R., Marktredwitz: Seite 15(2).

Merswa, D., Regensburg: Seite 96, 108.

Netzsch-Lehner, A.: Seite 42. Foto aus der Dia-Reihe 1000792 »Mikroorganismen im Boden« des FWU Institutes für Film und Bild, Grünwald.

Reinhard, H., Heiligkreuzsteinach: Seite 2, 14 unten, 35, 55, 63, 71, 73, 84 oben links und unten (2), 85 (4), 112, 114.

Remund, U., CH-Wädenswil: Seite 54.

Titze, W., Kiel: Seite 45 Mitte.

Register

.Pferdegesundheit kompakt

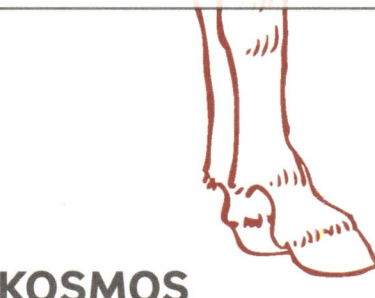

Ute Ochsenbauer

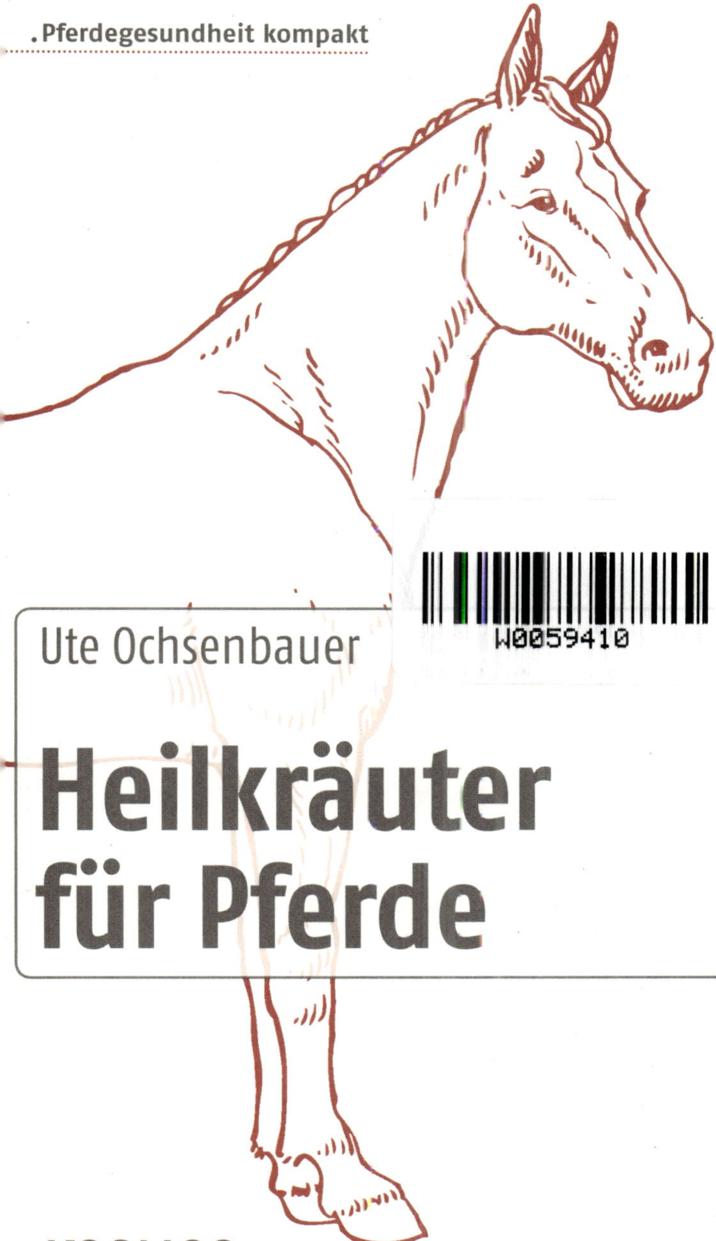

Heilkräuter für Pferde

KOSMOS

Wie (be-)nutzen Sie dieses Buch?

Warum Kräuter Pferden guttun

Kräuterheilkunde hat eine Geschichte, die ungefähr so alt ist wie die Menschheit. Nicht nur Menschen nutzen Kräuter, um Gesundheitsprobleme zu beheben, auch Tiere suchen sich bestimmte Kräuter, um Mangelsituationen auszugleichen oder Krankheiten zu heilen. Auf den wenigsten Pferdeweiden findet sich heute ein vielseitiges Kräuterangebot. Auch fertige Kräutermüslis können diesen Mangel nicht ausgleichen. Was liegt also näher, als Pferde gezielt durch Kräuter zu unterstützen und zu behandeln? Diese Kräuter können frisch oder getrocknet, selbst gesammelt, selbst angebaut oder zumindest selbst ausgesucht sein!

Was ist zu beachten?

Kräuter wirken. Daher können sie auch Nebenwirkungen haben. Geben Sie eine bestimmte Mischung nicht länger als 4 Wochen. Sollten die Beschwerden Ihres Pferdes dann noch nicht verschwunden oder Ihr Pferd sowieso chronisch krank sein und weiterhin Unterstützung brauchen, wechseln Sie zu anderen Kräutern. Nach weiteren 4 Wochen können Sie wieder Mischung 1 geben, oder Sie finden noch eine weitere neue Kräutermischung, bevor Sie zur ersten zurückkehren.

Manche Kräuter dürfen in der Trächtigkeit nicht verabreicht werden. Hierfür gibt es dieses Symbol:

Bei anderen wurde festgestellt, dass sie zu Beschwerden führen, wenn man sie kiloweise verfüttert. Da wir nur Mengen von etwa 20 Gramm geben, haben wir diese Kräuter als schwach giftig gekennzeichnet und im Buch belassen. Hierfür gibt es dieses Symbol:

Wenn Ihr Pferd stark allergisch ist, verzichten Sie auf Mischungen und geben Sie stattdessen Einzelkräuter. So lassen sich überschießende Reaktionen leichter vermeiden und die Ursache für eine allergische Reaktion ist schneller geklärt.

Geben Sie mindestens 48 Stunden vor einem Turnier keine Kräuter mehr. Manche Kräuter sind dopingrelevant. Zurzeit sind dies Arnika, Baldrian und Teufelskralle mit 4 Tagen Karenzzeit. Bei allen anderen Kräutermischungen, v. a. aber solchen, die Ingwer, Eukalyptus, Weihrauch, Hopfen, Weidenrinde, Spitzwegerich, Süßholz oder Thymian enthalten, gilt vorsichtshalber: 48 Stunden vor dem Turnier nicht mehr geben. Einzelkräutergaben, wie Ingwerpulver oder reiner Thymiantee, sollten mindestens 4 Tage vor einem Turnier nicht mehr verabreicht werden. Halten Sie sich aber über die aktuellsten Informationen auf dem Laufenden, da sich die Doping-Liste immer wieder ändert. Für zurzeit dopingrelevante Kräuter gibt es dieses Symbol: 🗡

Einsatzgebiete von Kräutern

Bach-Blüten-Essenzen oder homöopathische Mittel arbeiten mit stark verdünnten Kräutern, die auf der energetischen Ebene wirken. Die Mischungen, die Sie in diesem Buch finden, sind handfester. Dadurch wirken sie aber auch langsamer und müssen meist über einen längeren Zeitraum gegeben werden. Genau herauszufinden, wie Kräuter heilen, lag bisher nicht unbedingt im Fokus der Aufmerksamkeit von Forschern und schon gar nicht im Interesse der Pharmaindustrie.

Die Stärke von Kräutermedizin oder Phytotherapie liegt in der Prävention. Ein jeweils mit den passenden Kräutern versorgtes Pferd wird gar nicht erst krank. Sein gesamter Organismus wird in Zeiten von Fellwechsel oder Stress sanft und doch durchdringend von Pflanzenmischungen gesund erhalten.

Die Unterstützung bestimmter Organe wie Leber oder Herz, Haut und Schleimhaut, die Wundheilung Infektionsprophylaxe, Schmerzreduktion, Unruhe und Nervosität sind weitere Paradegebiete für den Einsatz von Kräutern. Häufige Einsatzgebiete sind auch chronische Krankheiten wie Allergien.

Lassen Sie akute Erkrankungen oder unklare Probleme immer vom Tierarzt abklären! Wenn Sie in jedem Fall den Tierarzt rufen müssen, finden Sie dieses Symbol: ✚

In welcher Form gibt man Kräuter?

Kräuter werden üblicherweise frisch oder getrocknet, als Tee, Tinktur, Sirup, Salbe, Gel, Wickel oder Umschlag gegeben. Falls nicht anders beschrieben, arbeiten wir nach Augenmaß und gesundem Menschenverstand. Etwas Ungenauigkeit muss die normale Kräuterhausapotheke vertragen. Kräuter, die sich nur für Fachleute und nicht für ganz normale Kräuterhexen eignen, kommen in diesem Buch nicht vor.

Nach Körperregionen und Krankheitsbildern geordnet, finden Sie im ersten Teil des Buches Vorschläge für Kräuteranwendungen. Häufig enthalten diese mehr als drei Kräuter. Entweder geben Sie alle vorgeschlagenen Kräuter einer Mischung auf einmal, oder Sie teilen die Mischung und geben die Kräuter einzeln, in Zweier- oder Dreiergruppen für jeweils 4 Wochen. Länger als 4 Wochen geben Sie keine Mischung, um das Risiko von Allergien zu minimieren. Ein Einzelkraut, das Ihr Pferd gut verträgt, darf dagegen länger gegeben werden. Beobachten Sie Wirkungen und Nebenwirkungen der Kräuter bitte sehr genau!

Wie Sie das passende Kraut für Ihr Pferd finden

Im ersten Teil des Buches finden Sie Einzelkräuter und Mischungen für unterschiedliche Pferdekrankheiten, Gesundheitsprobleme oder Anwendungsmöglichkeiten. Im zweiten Teil finden Sie die Kräuter und ihre Anwendungsmöglichkeiten noch einmal von A bis Z geordnet. So können Sie sich Ihre eigenen Mischungen leichter erstellen. Auch spezielle Rezepte (z. B. für Tinkturen) finden sich hier.

Hier einige Beispiele für die vielseitigen Anwendungsmöglichkeiten von Kräutern:

Seppel ist im Frühjahr matt. Seine Besitzerin schlägt unter „Frühjahrskur" nach und sammelt in ihrer Umgebung Giersch, Löwenzahn und Scharbockskraut, außerdem Brennnessel, die sie über Nacht anwelken lässt. Alle Kräuter zusammen gibt sie in Mengen von je ca. ½ Handvoll übers Futter. Seppel wirkt danach wieder munterer.

Luna bekommt immer wieder leichte Koliken, ist rappeldürr und hat laut Aussage des Tierarztes trotz spezieller Wurmkur nicht nur einen resistenten Wurmbefall, sondern auch ein Magengeschwür. Ihr Besitzer schlägt unter „Verdauungsproblemen" nach. Für verwurmte Pferde findet er verschiedene Vorschläge, auch für Magengeschwüre. Er gibt zunächst die Mischung gegen hartnäckige Verwurmung, nach 3 Wochen wechselt er zur Mischung 2 gegen Magengeschwüre, die er über 4 Wochen gibt. Dann macht er eine 4-wöchige Pause, in der er nur Obstessig ins Futter mischt.

Anschließend gibt er Mischung 1 gegen Magengeschwüre, die auch Kräuter enthält, die gegen hartnäckige Verwurmung wirken. Zu diesem Zeitpunkt sieht Luna bereits runder aus und ihr Fell hat einen schönen Glanz bekommen. Ihr Besitzer hat nun Spaß am Kochen von Kräutertee und macht weiter damit, neue Kräuter für sie zu finden, diesmal gibt er Brombeerblätter, Blutwurz und Melisse. Für den Wintervorrat stellt er erste Tinkturen her.

Rashid hat eine Heustauballergie und hustet ab dem Herbst, wenn die Heufütterung beginnt. Unterstützend bekommt er bereits vor dem Herbst einen Tee aus Pestwurz, Quendel, Lavendel, Süßholz und Malve gegen allergischen Reizhusten. Nach 4 Wochen wird seine Teemischung gewechselt und er bekommt eine Mischung gegen trockenen Husten, die ihm sehr gut hilft abzuhusten. Mit diesen beiden Mischungen, abwechselnd gegeben, kommt er zum ersten Mal richtig gut durch den Winter.

Anton hat Hautpilz und bröckeliges Hufhorn. Seine Besitzerin verabreicht ihm eine Mischung aus Weißdorn, Klette, Birke, Schafgarbe, Labkraut und Ginkgo und reibt den Hautpilz mit Moos ein. Antons Hufqualität wird besser, der Hautpilz heilt ab.

Wo bekommt man Kräuter her?

Bestimmte Mischungen können Sie bestellen (Bezugsadressen finden Sie auf S. 95). Sie können sich aber auch Ihre eigene Kräutersammlung anlegen. Kräuter wie Gänseblümchen, Brennnesseln oder Löwenzahn finden die meisten Menschen auch ohne Bestimmungsbuch. Um Bärlauch von den giftigen Maiglöckchen zu unterscheiden, sollte man sich außer auf seine Nase auch auf ein Kräuterbestimmungsbuch verlassen! Buchtipps finden Sie auf S. 9. Viele Kräuter wachsen in unserer Landschaft nur noch an versteckten Plätzen. Ernten Sie daher mit Bedacht. Von sieben Pflanzen nehmen Sie höchstens zwei. Ernten Sie unbelastete Kräuter, also nicht am Straßenrand oder am Rand von Mais- oder Getreidefeldern! Alles, was sich nicht in der freien Natur findet lässt sich entweder selbst anbauen oder bestellen. Auch hierzu finden Sie Tipps auf S. 9.

Zum Anbau eignen sich für den Anfang Ringelblume, Kapuzinerkresse, Frauenmantel, Schafgarbe, Lungenkraut, Lavendel und Melisse. Auch Malve, Borretsch, Königskerze oder Thymian sind geeignet, falls Ihr Pferd an Husten leidet. Oder, eher für das stoffwechselkranke Pferd: Meerrettich, Karde, Jiaogulan, Mariendistel und Nachtkerze. Die Auswahl wird immer vom Bedarf geprägt sein!

Wann und wie verabreicht man die Kräuter?

Im Frühjahr regen Sie den Stoffwechsel Ihres Pferdes mit frisch gesammelten Kräutern an. Junger Giersch, Löwenzahn oder leicht angetrocknete Brennnesseln vom Vortag sind reich an Inhaltsstoffen und eine Wohltat für den Organismus. Auch andere Kräuter können frisch gegeben werden. Sie finden hierzu im Kapitel **Kräuter von A–Z** bei jedem Kraut die entsprechenden Anmerkungen und ab S. 63 Mischungen für die Frühjahrskur.

Tee

Die meisten Kräuter können sowohl frisch als auch getrocknet mit Wasser überbrüht und dann als lauwarmer Tee 2 x am Tag übers Futter gegeben werden. Filtern Sie diesen Tee nicht, sondern gönnen Sie Ihrem Pferd die überbrühten Kräuter! Nehmen Sie 1 Handvoll frisches oder 1 Esslöffel getrocknetes Kraut für eine Portion Tee. Ein Becher reicht pro Mahlzeit. Viele Hustenkräuter (wie z. B. die Malve) werden über Nacht mit kaltem Wasser aufgesetzt, damit sich die Schleimstoffe der Pflanze besser lösen.

Sirup

Leicht selbst herzustellen sind Sirupe. Statt Zucker benutze ich lieber guten Biohonig, der selbst auch eine Heilwirkung hat. Sie finden Rezepte auf S. 22 (**Zwiebelsirup**) und auf S. 86 (**Meerrettichsirup**).

Tinktur

Intensiver als Tee wirkt eine Tinktur. Tinkturen sind außerdem eine gute Möglichkeit, Kräuter für den Winter zu konservieren. Hier ein **Grundrezept für Pflanzentinkturen:**

Sie brauchen Kräuter, ein sauberes Schraubglas (z. B. ein leeres Honigglas) und etwa 40%igen Alkohol (z. B. Wodka oder Doppelkorn). Geben Sie die frischen oder getrockneten Kräuter ins Glas und gießen Sie mit Wodka oder Doppelkorn auf. Füllen Sie das Glas ganz mit frischen Kräutern oder Blüten – oder zur Hälfte mit getrockneten Kräutern, Blüten oder Wurzeln. Stellen Sie das Glas nun ins warme Zimmer, aber nicht in die Sonne, und schütteln Sie es tägl. 1 x durch. Nach etwa einem Monat filtern Sie die Flüssigkeit durch einen Kaffeefilter oder durch ein Baumwolltuch, geben es in eine Flasche und beschriften diese. Mischen Sie Tinkturen nicht untereinander in der Flasche, sondern geben Sie sie wie Kräutertee in einen Becher, füllen mit warmem Wasser auf und kippen die Mixtur dann übers Futter.

Von gekauften oder selbst gemachten Tinkturen geben Sie 2 x tägl. je nach Pferd 3 oder 5–10 Tropfen. Steigern Sie die Menge langsam und beobachten Sie die Reaktion Ihres Pferdes! Beginnen Sie bei empfindlichen, geschwächten oder chronisch kranken Pferden mit 3 statt mit 5 Tropfen. Setzt die gewünschte Reaktion ein, ist die Menge ausreichend und braucht nicht weiter erhöht zu werden.

Salbe, Essig, Gel

Fettige Salben sind nur für wenig behaarte Regionen wie das Pferdegesicht oder den Kronrand sinnvoll. Für Pferdefell eignet sich eher ein Essig oder sogar nur Tee.

Salben wurden früher mit Schweineschmalz angerührt. Ich benutze gutes Kokosöl aus dem Bioladen. Hier ein Beispielrezept für **Ringelblumensalbe:** Schmelzen Sie ½ Tasse Kokosöl bei niedriger Temperatur und geben Sie 1 kleine Handvoll Ringelblumenblüten hinein. Abgießen und kühl aufbewahren.

Ein Beispielrezept für **Kräuteressig:** Geben Sie für eine durchblutungsfördernde Einreibung bei angelaufenen Beinen 1 kleine Handvoll Steinkleeblüten in eine Flasche Apfelessig, lassen Sie die Flasche 2 Wochen lang stehen und schütteln Sie diese täglich. Reiben Sie dann die betroffenen Beine damit ein.

Es gibt verschiedene Verdickungsmittel. Ich rühre **Gels** mit Agar-Agar an, einem Verdickungsmittel, das aus Algen hergestellt wird. Dazu gebe ich z. B. 3 Tropfen ätherisches Thymianöl in einen Eierbecher heißes Wasser und verrühre diese Flüssigkeit mit so viel (oder so wenig, denn man braucht nicht viel) Agar-Agar, dass sie eine schöne Konsistenz bekommt. Gel lässt sich im Brustbereich oder auf Pferdebeinen verteilen und hält im Kühlschrank 2 Wochen. Agar-Agar bekommt man im Bioladen oder im Versandhandel (siehe Bezugsadressen, S. 95).

Wickel und Umschläge, Auflagen

Wickel oder Umschläge aus angewalzten Kohl- oder Beinwellblättern werden mit Watte oder Mull umwickelt und mit Bandagen am Bein befestigt. Bei starker Verschleimung kann man auch im Widerristbereich Wickel anlegen. Für Auflagen geben Sie das gut feuchtwarme Heilmittel in ein Baumwollsäckchen oder einen Baumwollkissenbezug und legen es auf die Nierengegend des Pferdes. Darüber geben Sie dann noch eine gut sitzende Decke. Überprüfen Sie bitte die Temperatur auf zu starke Hitze! (Beispiele: **Kartoffelauflage** auf S. 83, **Leberwickel** auf S. 55)

Ätherische Öle und Hydrolate

Ätherische Öle sind hochkonzentriert. Um 1 kg Rosmarinöl zu erhalten, braucht man z. B. 80 kg blühende Rosmarinzweigspitzen! Ätherische Öle müssen daher sehr vorsichtig dosiert werden. In diesem Buch finden Sie sie nur für die äußerliche Anwendung. Hydrolate entstehen als Nebenprodukt bei der Herstellung von ätherischen Ölen durch Wasserdampf-destillation. Sie wirken sanft, können auch eingenommen werden und sind nicht sehr lange haltbar.

Räuchern

Beim jährlichen Frühjahrsputz oder wenn Sie einen neuen Stall beziehen, können Sie räuchern. Diese uralte Tradition in der Heilkräuteranwendung wirkt u. a. desinfizierend (siehe Bezugsadressen, S. 95).

Handliche Ratgeber zur Kräuterheilkunde:
Stumpf, **Unsere Heilkräuter,** Kosmos, 2012
Germann, **Pflanzen der Aromatherapie,** Kosmos, 2012
Bohne, **Kräutergärtnern,** Kosmos, 2014
Schönfelder, **Der Kosmos Heilpflanzenführer,** Kosmos, 2010
Spohn et al, **Was blüht denn da?** Kosmos, 2008

Alle Symbole im Überblick:
Tierarzt ✚
Schwach giftige Kräuter ❗
Dopingrelevante Kräuter 🔨
Nicht in der Trächtigkeit füttern ⊗
Für Pferde giftige Kräuter ☠

Auge

.Akute Bindehautentzündung

Bei leicht geröteten, trockenen, juckenden Augen	Gefilterter Augentrost- oder Schwarztee für Kompressen
Bei tränenden, leicht geschwollenen Augen	Gefilterter Euphrasia- oder Schöllkrauttee für Kompressen
Augen tränen, sonst keine Symptome	Gefilterter Schafgarbentee mit 1 Teelöffel Honig, als Kompresse und innerlich
Bei starkem Juckreiz, Tränenfluss, häufig allergisch bedingt	Gefilterter Schwarztee als Kompresse

PRAXISTIPP Die im Schwarztee enthaltenen, heilsamen Gerbstoffe lösen sich nur, wenn der Tee 10–15 Minuten lang zieht!

Eitrige Augenentzündung	Steinkleeblütentee filtern und lauwarm als Kompresse auflegen
Bei entzündeten, stark geröteten, tränenden Augen mit Schwellung und Lichtempfindlichkeit	Gefilterter Tee aus Chrysanthemenblüten, Minze, Walnussblättern, Spitzwegerich, als Kompresse und innerlich
Bei Bindehautentzündung innerlich zur Unterstützung, abschwellend, stärkend	Tee aus Wegwarte, Schafgarbe, Augentrost, Ringelblume, Eibisch, Weinrebe

.Chronische Bindehautentzündung

Augenentzündungen bei Pferden sind oft insektenbedingt oder werden durch Insekten verschlimmert. Zum Schutz vor Insekten sollten die betroffenen Tiere Fliegenmasken tragen. Zusätzlich können Sie Mittel zur Abwehr von Insekten selbst anmischen (siehe „Insektenabwehr", S. 35).

Tränende, gerötete Augen, leichte Schwellung, Juckreiz und Lichtempfindlichkeit möglich, auch bei Allergie	Tee aus Fenchel, Augentrost, Wegwarte, Kornblume, Honig, als Kompresse und innerlich
	Gekochter, gut warmer Leinsamen als Kompresse

.Augenverletzung ✚

| Schwellung über dem Auge oder rund ums Auge, Stoß- und Schlagverletzung, Prellung des Augapfels | **Innerlich** Tee aus Garten- oder Heckenrosenblütenblättern

Äußerlich 1 Esslöffel Beinwellwurzelpulver mit einem Tee aus Beinwellblättern und Spitzwegerich als Paste anrühren und als Kompresse auflegen |

Maul

.Akutes Zahnen, Zahndurchbruch

| Zahnschmerzen, Schwellungen im Bereich der Zahnleisten, empfindlich beim Aufhalftern, Putzen, Auftrensen, bei allen Berührungen im Gesicht | Kamillentee mit Honig, innerlich und äußerlich zur Zahnfleischmassage

1 Tropfen Bayöl zur Zahnfleischmassage auf die Fingerspitzen geben |

PRAXISTIPP Alternativ können Sie 2 Tropfen Bayöl in einen Eierbecher Kamillentee geben und damit die Zahnleiste Ihres Pferdes von außen massieren!

.Nach zahnärztlichem Eingriff

| Zur Unterstützung der Wundheilung | Tee aus Dill, Salbei, Schafgarbe, Kamille, Hirtentäschel, mit etwas Honig angerührt

Tee aus Blutwurz, Spitzwegerich, Zaubernuss, mit etwas Honig angerührt

Tinktur aus Dill, Arnika, Echinacea, Salbei, davon 2 x tägl. je 3 Tropfen |

.Entzündung der Maulschleimhaut

Mundgeruch, gerötete Schleimhaut, gerötete, geschwollene Zunge, evtl. auch mit Zahnabdrücken	Myrrhentinktur oder Sanddornöl unverdünnt auf die betroffenen Stellen auftupfen

PRAXISTIPP Riecht Ihr Pferd aus dem Maul? Lassen Sie seine Zähne untersuchen!

.Zahnfleischentzündung

Wunde, offene oder gerötete Stellen ober- oder unterhalb der Zahnreihen	Tee aus Blutwurz, Salbei, Kamille, Ringelblumenblüten, zusammen mit 1 Teelöffel Honig zum Betupfen der wunden Stellen, kann zusätzlich auch übers Futter gegeben werden
	2 Tropfen Niauliöl und 2 Tropfen Lavendelöl fein in einem Eierbecher Wasser lösen, die wunden Stellen damit betupfen

PRAXISTIPP Entzündungen der Maulschleimhaut oder des Zahnfleisches können auf eine Allergie gegen das Mundstück hinweisen oder durch Verletzungen an scharfkantigen Gegenständen oder Pflanzen entstanden sein. Auch Zahnprobleme oder die Aufnahme von Hahnenfuß können mögliche Ursachen sein. Klären Sie die Ursache genau ab!

Kopf und Genick

.Schwellung der Ohrspeicheldrüse

Meist im Frühjahr nach dem Anweiden, etwa pflaumengroße Schwellung am Übergang von Ganaschen und Hals	Äußerlich Cistrosenöl sanft in die Haut einmassieren, dabei nach ober streichen 3–4 Wochen vor dem Anweiden getrocknete Steinkleeblüten mit Olivenöl in einem Schraubglas ansetzen und auf ein sonniges Fensterbrett stellen, nach 3 Wochen filtern und bei Bedarf einreiben

Innerlich
Tee aus **Honigklee- und Schachtelhalm-
kraut, Ringelblumenblüten, Brunnen-
kresse-, Brennnessel- und Birkenblättern**

.Genickbeule

Überprüfen Sie bei Genickbeulen als erstes Sitz und Passform von Halfter
und Trense! Unter Genick- und Stirnriemen sollten locker zwei Finger
passen! Lassen Sie beim Reiten auch nach Ausheilung der Genickbeule
alle 10 Minuten die Zügel für einige Minuten aus der Hand kauen.

Schwellung und Berührungsempfind-lichkeit im Genick, nach Verletzung, Zurückwerfen im Halfter, unkorrekter Zügeleinwirkung beim Reiten	**Äußerlich** Öl bei Lymph- und Venenstau (n. Germann) 150 ml **Mandel-Öl**, 50 ml **Aloe-Vera-Öl**, 20 Tropfen **Steinklee-Tinktur** v. Ceres, 20 Tropfen **Ringelblumen-Tinktur**, 10 Tropfen **Amyris-Öl**, 20 Tropfen **Lavendel-Öl fein**, 7 Tropfen **Immortellen-Öl**, 10 Tropfen **Cistrosen-Öl**
	Innerlich Tee aus **Ringelblumenblüten, Klettenwurzel, Brunnenkresse-, Brennnessel- und Birken-blättern**

PRAXISTIPP Um Braunwurz-Tinktur gegen Lymphstauungen, ge-
schwollene Drüsen und Geschwülste selbst herzustellen, graben
Sie im Herbst die Wurzel einer Pflanze aus und reinigen diese gut.
Die fingerdicken Scheiben werden mit Doppelkorn übergossen,
in einem Schraubglas verschlossen und tägl. durchgeschüttelt.
Nach 4 Wochen wird die Tinktur gefiltert und ist in einer sauberen
Schraubflasche mehrere Jahre haltbar. Äußerlich auftragen!

Atemwege

.Nasenbluten ✚

Nach Verletzung, Schlag oder Stoß, nach Infektionen, häufig bei Vollblütern oder Jungpferden	Tee aus Hirtentäschel, Schafgarbe, Acker-Schachtelhalm zubereiten, Mullkompresse in den Tee tauchen und die Nüstern damit austupfen
Bei wiederholtem oder häufigen Nasenbluten	Hirtentäscheltinktur aus der frischen Pflanze herstellen und 2 x tägl. 10 Tropfen übers Futter geben 🎯

PRAXISTIPP Bei Nasenbluten den Kopf des Pferdes nicht hochhalten, sondern senken, damit kein Blut geschluckt wird oder in die Lunge gerät. Stirn und/oder Genick mit Coolpack oder nasskaltem Tuch kühlen.

.Schnupfen

Beginnender Schnupfen, Pferd ist matt, klarer Nüsternausfluss	Tee aus Labkraut, Süßholz, Majoran Tee aus Kamille, Minze, Schlüsselblume, Heil-Ziest, Braunelle Tinktur aus Labkraut Nüsternöl 4 Tropfen Angelikawurzelöl, 4 Tropfen Anisöl, 4 Tropfen Cajeputöl, 4 Tropfen Sanddornöl in 20 ml süßes Mandelöl geben und 3 x tägl. sanft in Nüstern und auf Stirn massieren
Dickerer Nasenausfluss, Schnupfen, Husten oder Erkältung bestehen schon mehrere Tage	Tee aus Thymian, Kamille, Schlüsselblume, Holunderblüten, Spitzwegerich

PRAXISTIPP Bei beginnender Erkältung wärmende Kräuter wie Ingwer Zimtstangen und Süßholz zusammen mit Datteln aufkochen und etwas köcheln lassen. In den warmen Tee Honig einrühren und 3 Tage lang übers Futter geben.

Allergischer Schnupfen	Tee aus Pestwurz, Goldrute, Brennnessel, Heil-Ziest, 2 x tägl. zusammen mit 1 Esslöffel Nachtkerzenöl verabreichen
	2 x tägl. bis zu 20 Tropfen Malventinktur übers Futter geben
	Johannisbeerknospen-Ölauszug, 2 x tägl. 10 Tropfen (siehe Kräuter von A–Z, S. 82)
Hartnäckiger Nasen-ausfluss, mitunter zäh fließend oder stockend	Tee aus Schlüsselblumenblüten, Thymian-kraut, Eibischblüten, -blättern und -wurzeln, Hagebutten, Odermennigkraut
	Tinktur aus Huflattich, Thymian und Alant, mit 2 x tägl. jeweils 3 Tropfen beginnen, nach Bedarf bis auf 15 Tropfen steigern, bis Besserung eintritt
	Antischnupfen-Boxenduft Je 3 Tropfen Weißtanne, Basilikum, Ysop und Thymian in eine Sprühflasche mit Wasser geben und im Stall versprühen

Infekt

.Infekt abwehren

Infekt abwehren, zur Anregung des Immunsystems (siehe auch „Immun-system stärken", S. 62)	Tee aus Kamille, Wasserdost, Dost, Königs-kerze, Karde
	Tee aus Labkraut, Braunelle, Engelwurz

Ab Spätsommer selbst sammeln und frisch verfüttern: Hagebutten, davon 2 x tägl. 1 gute Handvoll übers Futter geben. Hagebutten enthalten viel natürliches Vitamin C!

.Bei Fieber

Beginnender Infekt, trockener Husten, Temperatur	Tee aus Engelwurz, Mädesüß und Holunder, über 7 Tage geben, Pferd währenddessen eindecken 🐴
Bei Jungpferden, evtl. mit angelaufenen Beinen, erhöhter Temperatur oder leichtem Fieber	Tee aus Schafgarbe, Acker-Schachtelhalm, Goldrute, Spitzwegerich, Hagebuttenfrüchten
Nach Kälteeinbruch, kaltem Wind, Zugluft, Pferd zittert	Tee aus Schafgarbe, Beifuß, Süßholz, Engelwurz, Ingwer, Zimtstange, Kräuter köcheln lassen. Pferd eindecken! 🐴 Hustenzäpfchen n. Werner/Braunschweig (in der Apotheke anfertigen lassen, 200 mg / 2 g Zäpfchen) Kiefernnadelöl 75 mg, Thymian-Mastichina-Öl 30 mg, Speiklavendelöl 40 mg, Ravintsara-Öl 30 mg 3 x tägl. 1 Zäpfchen Grippezäpfchen n. Werner/Braunschweig (in Apotheke herstellen lassen, 200 mg / 2 g Zäpfchen) 100 mg Neroliöl, 20 mg Eukalyptusöl, 30 mg Myrtenöl (Marokko) 3 x täglich 1 Zäpfchen
Mattes Pferd mit ansonsten gutem Allgemeinzustand	Tee aus Lavendel, Mädesüß, Holunderblüten, Lindenblüten, Engelwurz, Süßholzwurzel

Nach Kälteeinbruch, kaltem Wind, Zugluft, Pferd zittert	Tee aus Schafgarbe, Beifuß, Süßholz, Engelwurz, Ingwer, Zimtstange, Kräuter köcheln lassen Pferd eindecken!
Beim geschwächten, älteren oder sehr jungen Pferd	Tee aus Pfefferminze, Thymian, Himbeerblättern, Brunnenkresse, Acker-Schachtelhalm, Eisenkraut, Grünem Hafer, Lavendel, Süßholzwurzel Fieberwickel 5–10 Tropfen Lavendel- oder Pfefferminzöl auf ein mit lauwarmem Wasser befeuchtetes altes Bett- oder Duschtuch geben, über Widerrist legen, Pferd mit 2 Decken gut eindecken

PRAXISTIPP Die Normaltemperatur eines Pferdes in Ruhe liegt zwischen 37,5 und 38 Grad.

.Druse ✚

Um das Immunsystem anzuregen und den Krankheitsverlauf positiv zu beeinflussen (siehe auch „Immunsystem anregen", S. 62)	Tee aus Kamille, Wasserdost, Dost, Braunelle, Engelwurz, Königskerze, Karde

PRAXISTIPP Pferd bei Verdacht auf Druse sofort isolieren und Tierarzt rufen!

.Akuter, trockener Husten

Teemischungen abwechselnd über jeweils 2 Wochen geben	**Mischung 1** Quendel, Indianernessel, Lungenkraut, Isländisch Moos, Seifenkraut, Malve
	Mischung 2 Thymian, Süßholz, Königskerze, Anis, Fenchel, Vogelknöterich ⊕
	Mischung 3 Spitzwegerich und Eibischblüten tägl. mit kaltem Wasser ansetzen und übers Futter geben
Tinktur	Thymian, Alant, Engelwurz, Andorn, mit 2 x tägl. jeweils 3 Tropfen beginnen, nach Bedarf bis auf 15 Tropfen steigern, bis Besserung eintritt ⊕
Fendchelhonig selbst herstellen	2–3 Tropfen ätherisches süßes Fenchelöl mit flüssigem Biohonig vermischen, davon 2 x tägl. 1 Esslöffel übers Futter
Frischkräuter sammeln	Jungen Spitzwegerich im Frühjahr sammeln und frisch verfüttern. Pro Mahlzeit 2 Handvoll Frischpflanzen geben
Hustensaft selbst gemacht (Erdkammernsirup nach Willfort)	Spitzwegerichblätter im April oder Mai sammeln, säubern, zerkleinern und in einem Schraubglas jeweils eine Lage der Blätter mit einer Lage Honig abwechseln, obenauf Honig. Das Glas ca. 30 cm tief vergraben und die Stelle markieren. Nach 3 Monaten ausgraben, durch Kaffeefilter oder Tuch in sauberes Schraubglas pressen.

Ölmischung für Brustöl	20 Tropfen Grapefruit, 10 Tropfen Petitgrain Bitterorange, 10 Tropfen Rosmarin Cineol, 20 Tropfen Majoran und 10 Tropfen Riesentanne mischen, davon 5 Tropfen in 5 ml Jojobaöl auflösen und auf der Pferdebrust einmassieren
Boxenduft	Von obiger Mischung 5 Tropfen in Wasser geben und mittels Sprühflasche im Stall verteilen

PRAXISTIPP Stellen Sie aus sauberen Pflanzen gleich Spitzwegerich-tinktur und Hustensaft für den Winter her!

.Akuter, feuchter Husten

Teemischungen abwechselnd über jeweils 2 Wochen geben	**Mischung 1** Tee aus Engelwurz, Gänseblümchen, Bibernellwurzel 🍄

Mischung 2 Tee aus Hohlzahn, Veilchen, Königskerze |
| Bei gelblichem Auswurf zufügen | Frisch geriebene Meerrettichwurzel mit 2 Esslöffeln Honig vermischen

Tinktur aus Huflattich, Thymian und Alant, mit 2 x tägl. jeweils 3 Tropfen beginnen, nach Bedarf bis auf 15 Tropfen steigern, bis Besserung eintritt

1 Tropfen Cajeputöl und/oder 1 Tropfen Eukalyptusöl 2 x tägl. über 3 Tage übers Futter |

.Krampfhusten

Teemischungen abwechselnd über jeweils 2 Wochen geben	Mischung 1 Tee aus Veilchen, Spitzwegerich, Kümmel, Thymian, Andorn
	Mischung 2 Tee aus Alant, Schlüsselblumenblüten, Schöllkraut, Süßholzwurzel
	Mischung 3 Tee aus Majoran, Schwarzer Johannisbeere, Fenchel, Vogelknöterich
Tinktur	Huflattich, Alant, Thymian, Andorn, Melisse, mit 2 x tägl. jeweils 3 Tropfen beginnen, nach Bedarf bis auf 15 Tropfen steigern, bis Besserung eintritt

.Reizhusten, allergischer Husten

Teemischungen abwechselnd über jeweils 2 Wochen geben	Mischung 1 Tee aus Pestwurz, Quendel, Lavendel, Süßholz, Malve
	Mischung 2 Tee aus Goldrute, Schöllkraut, Brennnessel, Eibisch
Tinktur	Melisse, Engelwurz, Huflattich, Eibisch, Alant, mit 2 x tägl. jeweils 3 Tropfen beginnen, nach Bedarf bis auf 15 Tropfen steigern, bis Besserung eintritt

PRAXISTIPP Bei trächtigen Stuten Engelwurz weglassen!

.Chronischer, trockener Husten

Teemischungen abwechselnd über jeweils 2 Wochen geben	Mischung 1 Tee aus Dost, Anis, Eibisch, Malve Mischung 2 Tee aus Spitzwegerich, Ysop, Isländisch Moos, Süßholz Mischung 3 Tee aus Majoran, Schwarzer Johannisbeere, Fenchel, Vogelknöterich
Tinktur (Bei trächtigen Stuten Engelwurz weglassen)	Thymian, Alant, Engelwurz, Andorn, Ginkgo, mit 2 x tägl. jeweils 3 Tropfen beginnen, nach Bedarf bis auf 15 Tropfen steigern, bis Besserung eintritt
Hustensaft bei zähem Schleim (Zwiebelsirup)	Zwiebel schälen, klein schneiden, in ein Schraubglas geben und mit Zucker oder Honig beträufeln. Den entstehenden Zwiebelsaft übers Futter geben.

PRAXISTIPP Weitere Kräuteranwendungen finden Sie unter „Akuter, trockener Husten", S. 19.

.Chronischer, feuchter Husten

Teemischungen abwechselnd über jeweils 2 Wochen geben	Mischung 1 Tee aus Spitzwegerich, Ysop, Honig, Fichten-sprossen (nicht durch ätherisches Öl ersetzen!) Mischung 2 Tee aus Brennnessel, Gänseblümchen, Schafgarbe, Kiefersprossen (nicht durch ätherisches Öl ersetzen!) Mischung 3 Tee aus Süßholz, Hohlzahn, Veilchen, Königskerze

Tinktur	Ysop, Alant, Königskerze, Andorn, Ginkgo, mit 2 x tägl. jeweils 3 Tropfen beginnen, nach Bedarf bis auf 15 Tropfen steigern, bis Besserung eintritt
Ölwickel bei Bronchitis und Husten (n. Germann)	Je 10 Tropfen Cajeput, Niauli, Myrte und Lavendel mit 100 ml Johanniskraut-Öl mischen, etwas davon im Widerristbereich einmassieren, das Pferd anschließend warm eindecken

PRAXISTIPP Bei chronischem Husten Schlüsselblumen anpflanzen und die frischen oder getrockneten Blüten als Tee geben!

.Husten nach Impfung

Trockener Husten nach Impfung, auch Krampf- oder Reizhusten nach Impfung, zur Unterstützung	Tee aus Lungenkraut, Isländisch Moos, Malve, Brennnessel, Löwenzahn, Mariendistelsamen Tinktur aus Huflattich, Königskerze, Engelwurz, Andorn, Eibisch, mit 2 x tägl. jeweils 3 Tropfen beginnen, nach Bedarf bis auf 15 Tropfen steigern, bis Besserung eintritt. Bei trächtigen Stuten Engelwurz weglassen.

.Dämpfigkeit

Feuchter, trockener, bellender, krampfartiger chronischer Husten, auch Reiz- und allergischer Husten, kann zur Dämpfigkeit führen, bei der das Lungengewebe geschädigt und das Pferd nur noch bedingt belastbar ist.

Zur Schleimlösung	Tee aus Malve, Huflattich, Hohlzahn, Süßholz, Anis

Zur Stärkung der Lunge	Tee aus Vogelknöterich, Hohlzahn, Thymian, Lungenkraut
Zur Beruhigung bei akutem Krampfhusten	Tee aus Königskerze, Eibisch, Isländischem Moos
	Tinktur aus Thymian, Alant, Engelwurz, Andorn, Ginkgo, Huflattich, mit 2 x tägl. jeweils 3 Tropfen beginnen, nach Bedarf bis auf 15 Tropfen steigern, bis Besserung eintritt. Bei trächtigen Stuten Engelwurz weglassen.

PRAXISTIPP Als Futterzusatz eignet sich frisch geriebene Meerrettich-wurzel in täglich gesteigerter Menge von bis zu 100 g und frisch gerie-bene Ingwerwurzel in täglich gesteigerter Menge von bis zu 300 g. Kurmäßig über jeweils 3 Wochen verabreichen und mit Meerrettich beginnen.

.Lungenentzündung

Trockener, bellender Husten, Mattigkeit, erhöhte Temperatur oder Fieber	Tee aus Mädesüßblüten, Holunderblüten, Lindenblüten, Weißdornblüten, Engelwurz-wurzel
	Tee oder Tinktur aus Ysop und Schafgarbe, alle 2 Stunden ½ Becher Tee oder 10 Tropfen Tinktur
Bei abklingenden Symptomen zur Stärkung	Tee aus Schafgarbe, Königskerze, Engelwurz, Tausendgüldenkraut Bei trächtigen Stuten Engelwurz weglassen.

PRAXISTIPP Pferd bei Fieber und Schwäche eindecken!

Haut

.Schuppiger Mähnenkamm

Zur gezielten Stoff-wechselanregung	**Innerlich** Tee aus **Mariendistel, Großer Klette, Boldo**
	Tee aus **Brennnessel, Birke, Ringelblume**
	Nachtkerzenöl, 2 x tägl. 1 Esslöffel übers Futter
	Obstessig, 2 x tägl. 1 Esslöffel übers Futter
	Äußerlich 20 ml **Nachtkerzenöl** mit je 1 Tropfen **Palmarosa** und 5 Tropfen **Karottensamenöl** in den Mähnenkamm einmassieren

.Juckreiz

Juckreiz ist häufig mit weiteren Gesundheitsproblemen wie Nessel-ausschlag, Sommerekzem, Wurmbefall, Allergien oder anderen Stoff-wechselproblemen verbunden, kann aber auch durch Insektenflug oder Unruhe ausgelöst sein.

Verbinden Sie die juckreizstillenden Kräuter mit anderen Kräutern, die auf die Symptome Ihres Pferdes passen oder wechseln Sie die Gaben ab!	**Innerlich** Tee aus **Ehrenpreis, Stiefmütterchen, Lavendel, Hafermehl** Tee aus **Ringelblume, Eibisch, Sternmiere, Kamille** (innerlich und äußerlich)
Beruhigend bei starkem Juckreiz	Tee aus **Melisse, Hopfen, Passionsblume, Cistrose**

PRAXISTIPP Hanföl oder Nachtkerzenöl übers Futter gegeben, beruhigt allergischen Juckreiz

Zur Beschleunigung der Heilung der Haut	**Äußerlich** 1 Handvoll frische Klettenwurzeln und -blätter (bzw. ½ Handvoll getrocknete) mit 1 l lauwarmem Wasser ansetzen, 2 Stunden ziehen lassen und die betroffenen Stellen abtupfen
	Stellen mit Blutwurztinktur (1 : 10 mit Wasser verdünnt) abtupfen
	Stellen mit Hamameliswasser besprühen

.Nesselausschlag mit Quaddeln

Nesselausschlag entwickelt sich meist plötzlich nach dem Kontakt mit einem Allergieauslöser	**Innerlich** Tee aus Ehrenpreis, Buchweizenkraut, Lavendel, Großer Klette, bei starker Unruhe Hopfen zufügen
	Äußerlich Tee-Auflagen oder Waschungen mit 10 Tropfen Lavendelöl und 10 ml Aloe-Vera-Gel auf 1 l Grünen Tee
	500 ml Acker-Schachtelhalmtee oder Grüntee und 500 ml Hamameliswasser mischen, Stellen betupfen oder in Sprühflasche füllen und besprühen

.Sommerekzem

Sommerekzeme können sich auf vielfältige Art äußern. Welchen
Schwerpunkt Sie in der Behandlung legen möchten, hängt von Ihrem
Pferd ab und davon, wie sich sein Ekzem äußert. Quälender Juckreiz
und Entzündungsherde der Haut sollten stets zuerst behandelt werden.
Über der Symptombehandlung darf die Umstimmung des Stoffwechsels
und die Unterstützung des Organismus – am besten in der beschwerde-
freien Zeit – jedoch nicht vergessen werden! Welche äußerlichen Anwendungen Ihrem Pferd helfen, ist individuell unterschiedlich. Probie-
ren Sie zunächst an einer einzigen Stelle aus, wie Ihr Pferd auf ein
Heilkraut reagiert! Arbeiten Sie bei Pferden mit hoher Allergiebereit-
schaft zunächst nur mit Einzelkräutern.

Hauptziel: Juckreiz stillen	Innerlich
	Tee aus Alant, Stiefmütterchen, Mädesüß, Zaubernussrinde und -blättern, Hopfen, Eisenkraut
	Beruhigend bei starkem Juckreiz
	Melisse, Hopfen, Passionsblume, Cistrose, Lavendel
	Äußerlich
	1 Handvoll frische Klettenwurzeln und -blätter (bzw. ½ Handvoll getrocknete) mit 1 l lauwarmem Wasser ansetzen, 2 Stunden ziehen lassen und die betroffenen Stellen abtupfen
	Tee aus Weidenrinde, Eichenrinde, Stief-mütterchen, Acker-Schachtelhalm, Zauber-nussrinde, Erdrauch
	Je 1 Teelöffel der Kräuter oder Wurzeln mit 1 l Wasser zum Kochen bringen, 10 Minuten köcheln lassen, filtern und abgekühlt auf die betroffenen Stellen tupfen
	Mit Hamameliswasser besprühen

Haupttiel: Entzündung bekämpfen	Innerlich Tee aus **Chrysanthemenblüten, Zaubernussblättern, Stiefmütterchen, Erdrauchkraut** **Johannisbeersamenöl**, 2 x tägl. bis zu 1 Esslöffel **Äußerlich** **Sanddornöl** mit 3 Tropfen **Lavendelöl** **Aloe-Vera-Gel** mit 3 Tropfen **Lavendelöl** mischen und auftragen **Grüntee** abkühlen lassen, mit 3 Tropfen **Lavendelöl** mischen und aufsprühen
Bei geschwollenen Lymphknoten und Sommerekzem	**Erdrauchzucker** (nach Traversier u. a.) 10 g fein gemahlenes **Erdrauchkraut** mit 70 g **Puderzucker** mischen und 2 x tägl. 1 Esslöffel übers Futter geben
Haupttiel: Feuchtes Ekzem lindern, Austrocknung beschleunigen	Innerlich Tee aus **Acker-Stiefmütterchen, Gänseblümchen, Frauenmantel, Kamille** **Äußerlich** Abtupfen mit Tee aus **Grünem Tee und Kamille**

PRAXISTIPP Keine Salben auf entzündete oder nässende Ekzeme geben! Besser sind feuchte Umschläge. Entzündete, nässende Ekzeme mit Heilerde/Grünteegemisch bestreichen. Erst bei Abheilung können Pasten aufgetragen werden. Trockene, rissige oder schuppige Haut kann dagegen gefettet werden.

Hauptziel: Trockenes Ekzem lindern	Blüten-Tee aus Gänseblümchen, Kamille, Stiefmütterchen, Ringelblume
	Ekzemer-Tee Gänseblümchen, oberer Teil der Weißen Taubnessel, Goldrute, Große Klette, selbst sammeln und frisch als Tee überbrühen

HAUTPFLEGE-TIPP Ob Ihr Pferd besser auf wässrige Anwendungen (wie das Besprühen mit Hamameliswasser) oder auf fettige Anwendungen (wie das Abtupfen mit Hanföl) reagiert, ist individuell unterschiedlich!

Hauptziel: Pferde, die bei Insektenflug hysterisch werden, beruhigen	Innerlich Tee aus Stiefmütterchen, Lavendel, Eisenkraut
	Äußerlich 3 Tropfen Lavendelöl in ½ l kühlen Grüntee geben, aufsprühen oder auftupfen. Auch Niauli- und Palmarosaöl wehren Insekten ab und sind sehr hautverträglich, nicht mehr als 3 Tropfen in den Tee mischen. Statt Grüntee kann auch 1 : 1 mit Wasser verdünnter Obstessig als Grundlage für die ätherischen Öle dienen (siehe auch „Insektenabwehr", S. 35)
Hauptziel: Chronisch kranke Haut unterstützen	Tipp: Hier darf gefettet werden! Probieren Sie aus, welche Pflegemaßnahmen Ihr Pferd am besten verträgt, da dies individuell unterschiedlich ist und manche Pferde besser auf Gel oder Lotion, andere besser auf Öle reagieren.

Hauptziel: Allergiebereitschaft senken	Pflanzen, v. a. Korbblütler wie Schafgarbe oder Kamille, aber auch Spitzwegerich, können allergieauslösend wirken, sie können andererseits aber auch helfen, den Stoffwechsel umzustimmen und die Allergiebereitschaft zu senken. Die Allergiebereitschaft kann durch die Teerezepte auf S. 15 (Schnupfen) und S. 68 (Headshaking) gesenkt werden. Zusätzlich gefütterte Hagebutten oder Sanddornfruchtfleisch versorgen Ihr Pferd mit Vitamin C.
Hauptziel: Haut und Gesamtorganismus in der beschwerdefreien Zeit heilen und stärken	In der beschwerdefreien Zeit macht es Sinn, den Stoffwechsel des Ekzem-Pferdes sanft anzuregen. Geben Sie die vorgeschlagenen Teemischungen für jeweils 2 Wochen. Zusätzlich können Sie Leinsamen und Topinambur sowie viel gutes Heu füttern und den Organismus Ihres Pferdes bei Bedarf auch mit EM (Effektiven Mikroorganismen) oder, in Absprache mit Tierarzt oder Tierheilpraktiker, mit speziellen Pre- und Probiotika ins Gleichgewicht bringen. Scheuert sich das Pferd bereits, sollten Sie allerdings nur symptomatisch behandeln.
Leber stärken	Tee aus Mariendistel, Schafgarbe, Löwenzahnkraut und -wurzel, Wegwarte, Minze
Niere stärken, entsäuern	Tee aus Stiefmütterchen, Birke, Gänseblümchen, Brennnessel, Hauhechel, Goldrute, Hagebutten
Darmflora aufbauen	Tee aus Wegwarte, Löwenzahnkraut und -wurzel, Schafgarbe, Tausendgüldenkraut
Stoffwechsel anregen	Tee aus Brennnessel, Löwenzahn, Goldrute, Birke, Wald-Ziest, Cistrose, Betonie, Jiaogulan

PRAXISTIPP 2 x tägl. 2 Handvoll des frisch gepflückten Allerweltskrauts Giersch regen Nieren und Stoffwechsel auf sanfte Art an!

.Mauke

Beginnende Mauke	**Äußerlich** 20 ml Nachtkerzenöl, 10 ml Ringelblumenöl mit je 2 Tropfen Cistrosen-, Immortellen- und Karottensamenöl vermischen und auftragen. In der insektenfreien Zeit kann zusätzlich 1 Teelöffel flüssiger Honig zugegeben werden!
Nässende Mauke	Mit kaltem, starkem Schwarztee oder mit kaltem Eichenrindentee abstrocknen (beide Tees filtern!) oder mit Hamameliswasser besprühen, danach z. B. mit Nachtkerzenöl fetten
Trockene, rissige, leicht blutende Mauke	40 ml Nachtkerzenöl mit je 2 Tropfen Lavendel- und Cistrosenöl mischen und auftragen. Bei hartnäckiger Mauke den Stoffwechsel anregen (siehe S. 53).

.Ballentritt

Frische, oberfläch- liche Verletzung	**Äußerlich** Mehrmals tägl. Hamameliswasser aufsprühen. Wenn die Wunde geschlossen ist, mit Ringelblumensalbe fetten. Mit Ringelblumentee oder Spitzwegerichsaft betupfen. Wenn die Wunde geschlossen ist, mit Kamillensalbe fetten.

Entzündete Verletzung, Verletzung besteht schon länger, wird immer wieder frisch aufgetreten	Aloe-Vera-Gel mit 3 Tropfen Lavendelöl auftragen, einziehen lassen, abdecken, mit Ringelblumentee feucht halten und den Hufballen zunächst durch einen Hufverband, später durch eine hochwertige Glocke schützen

PRAXISTIPP Unproblematisch und schnell lässt sich ein Hufverband durch Verbandwatte, eine Babywindel und Klebeband anlegen.

.Warzen

Neben Thuja-Urtinktur wirkt auch Schöllkrautsaft gegen Warzen. Beide Pflanzen sind giftig und dürfen innerlich nur als Fertigprodukte gegeben werden. Odermennig und Spitzwegerich dagegen sind ungiftig.	Schöllkrautstengelsaft ⚠️ Schöllkrautstengel abbrechen und den frischen, leicht ätzenden, gelborangen Saft (Handschuhe anziehen!) mehrmals tägl. direkt auf die Warze träufeln. Nicht auf die Schleimhäute!
Warzen in Schleimhautnähe, z. B. am Nüsternrand, am Auge oder an den Geschlechtsorganen	Spitzwegerichcreme 1 Tasse frischen, jungen Spitzwegerich und wenig Schlagsahne so lange kochen, bis eine cremige Masse entstanden ist, hält sich im Kühlschrank ca. 1 Woche, tägl. auftragen, bis die Warze ausgetrocknet ist Odermennigessig (nach Traversier) Gestoßenes Kraut mit etwas Obstessig mischen und wie ein Pflaster auflegen

.Spritzenabszess

Schmerzhafte Schwellung	½ Schnapsglas Arnikatinktur mit 1 Schnaps-glas Kamillentinktur und 1 Tasse Wasser in Schraubglas mischen, Abszess damit betupfen, im Kühlschrank aufbewahren 🔖
	Bockshornkleesamen mit heißem Wasser zu Brei verrühren, abgekühlt auf ein Tuch streichen und auflegen Ⓡ
Warme bis heiße Schwellung	½ Schnapsglas Arnikatinktur mit 1 Schnaps-glas Kamillentinktur in ½ Tasse Quark ein-rühren und aufpinseln 🔖

PRAXISTIPP Zur Nachbehandlung mit Hamameliswasser besprühen. Vorsicht! Arnika kann Allergien auslösen. Bei bekannter Empfindlichkeit durch das verträgliche Karottensamenöl ersetzen!

.Bluterguss

Schmerzhafte Schwellung, z. B. nach Sturz oder Auseinandersetzung mit anderen Pferden	10 Tropfen Immortellenöl mit 10 Tropfen Lavendelöl in ½ Tasse Mandelöl mischen und auftragen

.Verzögerter Fellwechsel

Stoffwechsel anregen und unterstützen	Frühjahrsmischung Tee aus Goldrutenkraut, Wegwartenwurzel, Rosmarin, Johannisbeerblättern, Ringel-blume, Großer Klette, Schlehenblüten
	Tinktur aus Großer Klette, Schafgarbe, Löwenzahn

Typische Kräuter für die Frühjahrskur, zur Vitalisierung und Anregung des Stoffwechsels	Selbst sammeln und frisch füttern oder als Tee Je 1 Handvoll Löwenzahn mit Wurzel, angewelkte Brennnessel mit Wurzel, Giersch, Schafgarbe, Gänseblümchen, Johannisbeerblätter, Birke, Koriander, Wilde Möhre, Schafgarbe, Wiesenkerbel, Klette, Erdrauch, Frauenmantel, Labkraut, Schlehenblüten, Weißdornblüten, Scharbockskraut, Geißraute
Stoffwechsel anregen, Abwehrkraft stärken	**Herbstmischung** Tee aus Hagebutte, Klette, Vogelknöterich, Brennnessel, Labkraut Tinktur aus Fenchel, Enzian, Eisenkraut Hagebutten, Wurzeln von Löwenzahn, Klette, Brennnessel, selbst sammeln, gut säubern und als Tee verabreichen

PRAXISTIPP Denken Sie daran, dass das für den Menschen ungiftige, typische Frühjahrsputzkraut Gundermann für Pferde giftig ist! Dies gilt auch für Bärlauch. 🕱

.Hautpilz

Kleine, meist kreisrunde Stellen im Gesicht, in der Sattellage, an den Beinen, häufig bei jungen oder geschwächten Tieren oder bei zu wenig Sonnenlicht	**Äußerlich** Schwarzkümmelöl 1 : 1 mit Sanddornöl mischen und auf die Stellen auftragen Abtupfen mit 1 : 10 in Wasser verdünnter Blutwurztinktur oder Blutwurztee Abreiben mit Moos

PRAXISTIPP Die meisten Moose wirken mehr oder weniger gut gegen Hautpilz, das wirksamste Moos ist sicher Lebermoos, jedoch wurden auch mit den in Ihrer Haus- oder Stallumgebung wachsenden Moosen gute Praxiserfahrungen gemacht! Stellen Sie sich für mooslose Zeiten in schneereichen Wintern vorsorglich eine Moostinktur her (siehe S. 8).

.Haarlinge

Haarlinge befallen meist junge oder geschwächte Tiere. Regen Sie neben einer symptomatischen Behandlung auch immer das Abwehrsystem an und bringen Sie den Organismus des betroffenen Pferdes in ein besseres Gleichgewicht!

Äußerlich
10 Tropfen Patchouli- oder Lemongrassöl in ½ Tasse gutes Oliven- oder Mandelöl geben und auftragen. Patchouliöl eignet sich auch für hautempfindliche Pferde.

Innerlich
Tee aus Löwenzahn, Brennnessel, Weißdorn, Braunelle, Gänseblümchen, Goldrute

.Insektenabwehr

Vorbeugend bei Insektenflug, auf Gesicht, Schopf, Mähne und Hals geben, Augenregion jedoch großzügig aussparen, nicht auf die Schleimhäute auftragen

Insekten-Gel
100 ml Hamameliswasser oder 75 ml Wasser und 25 ml Obstessig vorsichtig erwärmen, je 10 Tropfen Eukalyptus-, Lavendel- und Palmarosaöl, mit 2 Esslöffeln Agar-Agar verrühren, sodass ein Gel entsteht

Insektenspray oder -öl
Je 5 Tropfen Lavendel- und Palmarosaöl mit 30 ml Jojobaöl oder 30 ml Wasser und 20 ml Obstessig mischen. Vor Gebrauch schütteln!

Je 5 Tropfen Lavendel-, Eukalyptus-, Palmarosa- und Zedernholzöl mit Wasser und Obstessig im Verhältnis 1:1 mischen. Vor Gebrauch schütteln!

Pferde, die bei Insektenflug hysterisch reagieren, können mit dieser beruhigenden Teemischung entspannt werden!

Tee aus Melisse, Hopfen, Passionsblume, Cistrose

Herz/Kreislauf . Verdauung . Fort-pflanzung . Kastration . Niere/Blase

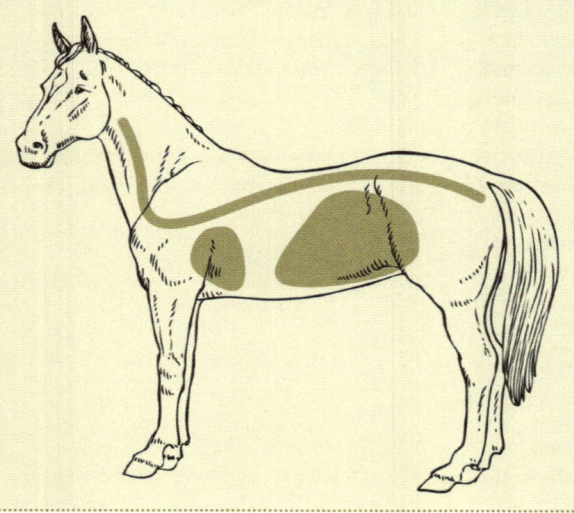

Herz/Kreislauf

.Kreislaufschwäche

Nach Schock, Kreislaufkollaps	2 Tropfen Kampferöl als Riechöl auf ein Tuch tropfen und dem Pferd unter die Nüstern halten
Kreislaufschwäche nach überstandenem Schock, Überanstrengung, Infekten, zur längerfristigen Stabilisierung	Tee aus Weißdornblüten und -blättern, Herzgespannkraut, Melissenblättern, Eisenkraut, Rosmarinkraut (Rosmarin in der Trächtigkeit weglassen)

.Herzstärkung, Senioren

Herztonikum, herzstärkend für Seniorenpferde	Tee aus Weißdornblüten und -blättern, Eisenkraut, Süßholz, Passionsblumenblüten, Jiaogulan
	Tinktur aus Weißdornblüten und -blättern, Herzgespann, Rosen- und Schlüsselblumenblüten
Schwitzen, Nachtschweiß (alte oder stoffwechselkranke Pferde), Unruhe	Tee aus Borretschsamen, Weißdornblüten, Engelwurzpulver, Bitterorange, Eisenkraut, Grünem Hafer ⊕

.Durchblutungsförderung

Teemischung zur Durchblutungsförderung bei angelaufenen Beinen, Neigung zu Wassereinlagerungen, kühler Hinterhand oder kalten Gliedmaßen und Durchblutungsstörungen, Mattigkeit	Tee aus Eisenkraut, Ginkgo, Rosmarin, Schlehenblüten, Weißdornblüten (Rosmarin in der Trächtigkeit weglassen) Tee aus Acker-Hohlzahn, Schafgarbe, Hagebuttenfrüchte, Lavendel

PRAXISTIPP Knoblauch fördert die Durchblutung und kann als Granulat verfüttert werden.

Herzstärkend, zur besseren Durchblutung des Altersherzens	Weißdorn (z. B. Ceres Crataegus Urtinktur oder aus Weißdornblüten selbst hergestellte Tinktur in der Langzeitanwendung) hilft herzspezifische Medikamente niedriger zu dosieren.

PRAXISTIPP Geben Sie kurmäßig über 3 Wochen frisch geriebenen Ingwer übers Futter und beobachten Sie seine Jungbrunnenwirkung. Beginnen Sie mit 20 g tägl. und steigern Sie die Menge auf ca. 100 g pro Tag .

.Stressempfindlichkeit

| Teemischung für stressempfindliche, schnell nervöse, unruhige Pferde, kann längerfristig zur Harmonisierung gegeben werden! | Tee aus **Melisse, Passionsblume, Hopfen, Lavendel, Weißdornblüten, Herzgespannkraut, Jiaogulan** |

PRAXISTIPP ALLGEMEINE STRESSREDUKTION Nervöse Pferde können mit den speziellen Berührungstechniken der Tellington Methode wunderbar beruhigt werden. Kreisförmige TTouches oder das Abstreichen mit der Gerte wirken nicht nur momentan, sondern senken auch längerfristig den Stresspegel.

Verdauung

Viele Pferde haben aus unterschiedlichen Gründen eine gestörte Darmflora. Um die richtigen Darmbakterien anzusiedeln, ist eine Darmsanierung notwendig. Heilkräuter, die hierbei unterstützend wirken, finden Sie unter dem Stichwort „Darmsanierung" (S. 44).

.Blähungen

Pferde reagieren unterschiedlich auf Futterumstellungen oder auf den Wechsel der Weide, u. a. mit Blähungen. Sie können Verdauungsstörungen mit diesen Teemischungen minimieren und eine gesunde Verdauung unterstützen.

| Ziehen Sie bei starken oder ständigen Blähungen grundsätzlich eine Darmsanierung in Betracht (S. 44)! | Mischung 1
Kümmel, Fenchel, Anis, Gänsefingerkraut

Mischung 2
Dost, Quendel, Pfefferminze, Kamille |

.Verwurmung

| Für verdauungsempfindliche Pferde nach der Gabe von Wurmkuren, über 3–4 Wochen | Tee aus Schafgarbe, Malve, Fenchel, Kamille, Odermennig, Wegwarte |
| Zur Unterstützung der Wurmkur | Knoblauch, tägl. 1 frische Zehe unters Futter, kann auch als Fertiggranulat gegeben werden |

PRAXISTIPP Heilpflanzen gegen Darmparasiten – Enzian, Wermut oder Beifußkraut enthalten viele Bitterstoffe. Geben Sie alle 6 Wochen über 3 Tage 1 Esslöffel davon in kaltes Wasser, lassen es über Nacht ziehen und mischen es unters Futter. Kürbiskerne, Knoblauch, Thymian und Wacholder wirken ebenfalls milde gegen Wurmbefall und können in kleinen Dosen unterstützend gegeben werden, um den Wurmbefall zu minimieren. Keines dieser Kräuter ersetzt eine Wurmkur!

.Kotwasser

Auch Kotwasser kann ein Hinweis auf eine ernstere Störung im Verdauungssystem sein. Versuchen Sie es zunächst mit einer der beiden Teemischungen, die schleimhautheilend wirken. Mischung 3 wirkt entzündungshemmend und sollte anschließend gegeben werden.

Ziehen Sie zusätzlich eine Darmsanierung in Betracht (S. 44)!

Mischung 1
Malvenblüten, Passionsblumenkraut, Gänsefingerkraut, Kamillenblüten, Fenchelsamen

Mischung 2
Eibischwurzeln, Odermennigkraut, Hopfenzapfen, Brombeerblätter, Frauenmantelkraut

Mischung 3
Eichenrinde oder Blutwurz, Frauenmantel, Grüntee, Lavendel

PRAXISTIPP Durchfall und Kotwasser werden oft als Reizdarmsyndrom zusammengefasst und sind mitunter schwer gegeneinander abzugrenzen. Lesen Sie die unter „Durchfall" angegebenen Mittel daher ebenfalls durch.

.Durchfall

Nach Futter- oder Weidewechsel können verschiedene Verdauungsstörungen auftreten. Für kurzfristigen Durchfall eignet sich die erste Teemischung unten. Behandeln Sie länger andauernden Durchfall zusammen mit Ihrem Tierheilpraktiker oder Tierarzt!

Vorsicht: Heidelbeeren bei Durchfall nur in getrocknetem Zustand geben! Frische Heidelbeeren stopfen nicht, sondern haben die gegenteilige Wirkung!

Getrocknete Heidelbeeren, Blutwurz, Kamille, Angelikawurzel

PRAXISTIPP Vor dem Verfüttern 2 Esslöffel Heilerde in den Tee einrühren!

Durchfall nach Überfressen, nach zu viel frischem Gras	Tee aus **Brombeerblättern, Kamille, Pfefferminze, Blutwurz**

PRAXISTIPP Leinsamen aufkochen, abkühen lassen und lauwarm mit je 1 Esslöffel Aloe-Vera-Gel und Honig vermischt füttern. Bei starkem, schwächendem Durchfall oder Durchfall mit Fieber: Tierarzt rufen!

Übel riechender Durchfall im Wechsel mit normal geformten Kot	Tinktur aus **Virginianischem Ehrenpreis (Leptandra Urtinktur)** oder **Gänsefingerkraut, Odermennig,** zusätzlich bei starker Fressgier **Mädesüß**
Tritt der Durchfall nach einer Antibiotikatherapie auf, geben Sie kurzfristig für 14 Tage eine der beiden Teemischungen. Ziehen Sie zusätzlich eine Darmsanierung in Betracht!	**Teemischung 1** **Ingwerwurzel, Frauenmantel, Wegwarte, Goldrute** **Teemischung 2** **Odermennig, Cistrosenkraut, Gänsefingerkraut, Braunelle**
Durchfall nach Aufnahme von Giftstoffen, zur Unterstützung der Leber	**Mariendistel, Löwenzahnwurzel und -kraut, Goldrute**

PRAXISTIPP Kaffeekohle, z. B. Carbo Königsfeld Pulver®, bindet pathogene Keime und Giftstoffe und kann zusätzlich (2 x tägl. 10 g Pulver) gegeben werden.

Bei bekannten Verdauungsproblemen wie Blähungen, Kotwasser, Durchfall nach dem Futterwechsel, im Frühjahr und Herbst unterstützend bereits 3–4 Wochen vor und während der Umstellung	Tee aus Kümmel, Gänsefingerkraut, Ringelblume, Odermennig Tinktur aus Enzian, Kapuzinerkresse oder Labkraut

Verstopfung

Verstopfung ist ein ernstes Problem. Arbeiten Sie mit einem Tierarzt oder Tierheilpraktiker zusammen und sanieren Sie den Darm Ihres Pferdes. Verdauungsanregend wirken auch die beiden Teemischungen.

Dosieren Sie die Enzianwurzel im Verhältnis zu den anderen Kräutern vorsichtig, etwa entsprechend einem halben Teil.	Tee aus Löwenzahn, Spitzwegerich, Wegwarte, Tausendgüldenkraut, Andorn, Enzianwurzel (½ Teil) Tee aus Fenchel, Schafgarbe, Kümmel, Anis, Malvenblüten, Pfefferminze

Kolik

Bis der Tierarzt kommt, decken Sie Ihr Pferd ein und geben Sie viertelstündlich mit der Spritze oder einer leeren, sauberen Wurmkurtube ins Maul:

Bei leichter Kolik entspannend	Tee aus Schafgarbe, Melisse, Gänsefingerkraut und Kamille
Bei stärkeren Schmerzen entkrampfend	Ätherische Öle von Bitterfenchel, Kümmel, Lavendel, Kamille, je 2 Tropfen in einem Becher Leinsamenöl auflösen und mit der Spritze ins Maul geben

Zur Nachbehandlung und Vorbeugung einer akuten Kolik eignet sich diese verdauungsanregende, entzündungshemmende Kräuterteemischung. Führen Sie bei Kolikneigung Ihres Pferdes eine Darmsanierung durch!

Innerlich
Tee aus Kamille, Schafgarbe, Gänsefingerkraut, Pfefferminze

Äußerlich
Je 3 Tropfen Kamillen- und Fenchelöl mit 1 Espressotasse Olivenöl mischen und damit den Bauch des Pferdes einreiben und sanft im Uhrzeigersinn massieren. Anschließend gut eindecken.

PRAXISTIPP Vorbeugend bei Futter- oder Weidewechsel oder nach einer Kolikbehandlung 10 Tage lang morgens und abends 1 Esslöffel Rosenhydrolat übers Futter geben. Auch selbst geerntete Rosenblütenblätter von unbehandelten Rosen als Tee übers Futter sind eine Wohltat für die Verdauungsorgane.

.Magengeschwüre

Appetitlosigkeit, langsames Fressen, Speichelfluss, Stressempfindlichkeit, Verdauungsprobleme, häufige leichte Koliken, Zähneknirschen, Leerkauen, Anspannung, Koppen und andere Symptome können ein Hinweis auf die unter Pferden weitverbreiteten Magengeschwüre sein. Die folgenden Teemischungen wirken heilend, machen Sie zusätzlich eine Darmsanierung bei Ihrem Pferd.

Mischung 1 und 2 nacheinander jeweils 4 Wochen geben

Mischung 1
Kamillenblüten, Gänsefingerkraut, Schafgarbe, Malve mit 2 Esslöffeln Leinsamenschrot aufkochen und übers Futter geben

Mischung 2
Tee aus Eibisch, Ringelblume, Lavendel, Schleifenblume, Süßholz mit 2 Esslöffeln Heilerde anrühren und übers Futter geben

PRAXISTIPP Bei Magengeschwüren reichlich und ad libitum gutes Heu füttern. Höhere Raufuttergaben lassen Magengeschwüre nachweislich abheilen oder gar nicht erst entstehen!

.Darmsanierung

Nach Entwurmung oder hartnäckigem Wurmbefall, nach einer Antibiotikatherapie, bei Verdauungsproblemen wie Blähungen, Kotwasser, Durchfall, bei Magengeschwüren oder Infektanfälligkeit, bei stumpfem Fell, Gewichtsabnahme oder kurmässig im Frühjahr empfiehlt sich eine Darmsanierung zur Gesunderhaltung Ihres Pferdes. Das Immunsystem sitzt im Darm von Säugetieren und eine gut funktionierende Darmflora hält den gesamten Organismus gesund! Die Darmsanierung wird über 4 Wochen durchgeführt. Es folgt eine weitere 4-wöchige Kurphase zur Stabilisierung. Legen Sie den Zeitraum so, dass Ihr Pferd mindestens in den ersten 4 Wochen dieser Zeit keine Höchstleistungen erbringen muss und wenig zusätzlichen Stress hat.

| Tag 1–3 | Ersetzen Sie das Kraftfutter Ihres Pferdes durch ein gutes, melassefreies Mash. Wichtig ist ein hoher Leinsamengehalt. Falls Ihr Pferd kein Kraftfutter bekommt, geben Sie reinen, nach Vorschrift zubereiteten, gelben Leinsamen. Reichern Sie das Mash mit ½ Tasse Obstessig, 1 Esslöffel Milchzucker, 1 Zehe Knoblauch, ca. 20 g frisch geriebenem Ingwer, je 6 Tabletten Myrrhinil Intest und 3–10 Tropfen Kapuzinerkresse-Tinktur (selbst gemacht oder als Tropaeolum-Urtinktur, alternativ 1 Handvoll zerkleinerte Frischpflanzen) und der angeführten Teemischung an. Füttern Sie außerdem Futtermöhren oder Rote Bete.
Teemischung:
Cistrose, Malve, Löwenzahn, Fenchel, Kümmel, Blutwurz |
| Tag 4–10 | Geben Sie ab jetzt das normale, mit Leinsamen angereicherte Kraftfutter. Behalten Sie alle weiteren Zusätze bei, geben Sie aber folgende Teemischung: |

	Cistrose, Schafgarbe, Kletten-, Blutwurz-, Engelwurz- und Eibischwurzel Bei trächtigen Stuten Engelwurz weglassen.
Tag 10–28	Brauchen Sie die Myrrhinil-Intest auf, behalten Sie alle anderen Zusätze bei und geben Sie folgende Teemischung: Blutweiderich, Labkraut, Brombeerblätter, Engelwurz- und Blutwurzwurzel, Wegwarte Bei trächtigen Stuten Engelwurz weglassen.
Tag 28–56	Geben Sie alle Zusätze weiter oder brauchen Sie sie auf. Neu hinzu kommt Sanddornfrucht-fleischöl, 2 x 5 oder 1 x 10 Tropfen übers Futter. Geben Sie jeweils vier der folgenden Kräuter und wechseln Sie nach 2 Wochen. Brombeerblätter, Kamille, Odermennig, Löwenzahn Frauenmantel, Eisenkraut, Eibischwurzel, Wegwarte Bei trächtigen Stuten Engelwurz weglassen.

PRAXISTIPP Fermentgetreide oder EM-Lösung aus dem Futterhandel enthalten Milchsäurebakterien, die für die Darmflora günstig sind.

Fortpflanzung
Stuten
.Krämpfe, leichte Koliken, Unwohlsein während der Rosse

Manche Stuten leiden während der Rosse unter Gebärmutterkrämpfen, die sich in Übellaunigkeit, Berührungsempfindlichkeit oder leichten Koliksymptomen äußern.

Geben Sie die Tee-mischung bereits in der Mitte des Rosse-zyklus 1 x tägl. übers Futter	Tee aus Gänsefingerkraut, Schafgarbe, Kamille, Kümmel, Dost, Frauenmantel

PRAXISTIPP Melissenöl mit etwas Mandelöl mischen und rund um den Nabel, oder falls das nicht möglich ist, rund um die Schweifrübe einmassieren. Auch das Melissenölpräparat von Wala hat sich hier bewährt!

.Kitzligkeit, Übellaunigkeit vor oder während der Rosse

Auch Stuten können Schwierigkeiten mit den hormonellen Schwankungen während ihres Zyklus haben. Geben Sie den Tee oder die Tinktur bereits ca. 1 Woche bevor die Rosse einsetzt 1 x tägl. übers Futter oder 1 x tägl. 5 Tropfen der Tinktur	Tee aus **Frauenmantel, Hopfen, Rotklee, Heckenrosenblüten** Tinktur aus **Mönchspfeffer**

PRAXISTIPP Täglich 1 Schnapsglas Nachtkerzenöl übers Futter gegeben, gleicht Stimmungsschwankungen aus! Die Wirkung setzt nach ca. 3 Wochen ein.

.Zu starke oder zu lange Rosse

Gießen Sie 1 Esslöffel der Teemischung mit kochendem Wasser auf, lassen es ziehen und geben Sie den Tee 2 x tägl. übers Futter! Sollten Durchfälle auftreten, Menge und Gabe reduzieren!	Tee aus **Hirtentäschel, Frauenmantel, Blutwurz, Salbei**

.Unregelmäßige Rosse, stille Rosse

Geben Sie Teemischung 1 über einen Zeitraum von etwa 4 Wochen, wechseln Sie dann zu Mischung 2

Mischung 1
Taubnessel, Frauenmantel, Roter Wiesenklee, Rosenwurz

Mischung 2
Tausendgüldenkraut, Rosmarin, Basilikum, Schafgarbe
oder/und
Tinktur aus Beifuß oder Mönchspfeffer

.Ausbleibende Rosse

Zunächst ist eine Trächtigkeit auszuschließen! Kräuter, die die Rosse anregen, regen auch die Wehentätigkeit an, also Vorsicht!

Tee aus Beifuß, Engelwurz, Ingwer, Petersilienkraut

Tee aus Rosmarin, Schafgarbe, Zimt, Gänseblümchen ⓣ

Tinktur aus Rosmarin, Beifuß, Rosenwurz

.Ausfluss, Scheiden- oder Gebärmutterentzündung

Bekämpfen Sie schwere Infektionen mit geeigneten schulmedizinischen Präparaten vom Tierarzt! Bauen Sie anschließend das Scheidenmilieu mit Spülungen oder Zäpfchen weiter auf.

Nach der schulmedizinischen Behandlung, bei häufigen Infektionen, zur Nachbehandlung und nach dem Deckakt zum Schutz vor Infekten empfiehlt sich eine kombinierte Vorgehensweise aus innerlich und äußerlich wirksamen Maßnahmen.

Innerlich
Tee aus Taubnessel, Thymian, Schafgarbe, Frauenmantel

Äußerlich
Scheidenspülung mit Tee aus Schafgarbe, Kamille, Frauenmantel, Hohlzahn und 1 Esslöffel Obstessig anschließend selbst hergestellte Knoblauch-Scheidenzäpfchen einführen. Dazu 2 geschälte, gequetschte Knoblauchzehen mit 2 Esslöffeln erwärmtem Kokosöl vermischen, evtl. einige Tropfen Lavendelöl zugeben. Die flüssige Masse in

	den unteren Teil eines Plastikbeutels geben und als länglichen Strang im Kühlschrank härten lassen. Mit dem Teelöffel jeweils 3 cm des Strangs als Zäpfchen abtrennen, reicht für 5 Zäpfchen. Alternativ Majorana-Melissa-Vaginaltabletten® von Weleda.
Bei hartnäckigen Infektionen, nach schulmedizinischer Behandlung	Im Wechsel morgens Quercus-Hämorrhoidal-Zäpfchen® von Wala und abends Majorana-Melissa-Vaginaltabletten® von Weleda, beides in die Scheide einführen, vorher mit verdünntem Apfelessig und Aloe Vera spülen. Anwendung über 5 Tage, danach Quercus-Zäpfchen weglassen und noch 5 Tage weiter behandeln.
Für eine problemlose Tragzeit	Tee aus Rose, Kamille, Tausendgüldenkraut Tee aus Schafgarbe, Frauenmantel, Rotklee, Weißer Taubnessel, Brombeerblättern Bei drohendem Abort ✚

PRAXISTIPP Der Kardenwurzel wird in der traditionell chinesischen Medizin eine Fetus beruhigende Wirkung nachgesagt. Geben Sie bei vorzeitigen Wehen alle ½ Stunde 3–5 Tropfen Kardenwurzeltinktur.

.Nach Stress in der Trächtigkeit

Nachwirkung von Stress reduzierend, beruhigend	Tee aus Melisse, Hopfen, Passionsblume, Cistrose, Lavendel

.Bei Fressunlust in der Trächtigkeit

Appetit anregend	Tee aus Tausendgüldenkraut, Ingwer, Brennnessel, Pfefferminze

.Um die Milchbildung anzuregen

In den letzten 3 Trächtigkeitswochen bei bekannter Problematik	Tee aus Kümmel, Eisenkraut, Anis, Fenchel
Nach der Geburt, kann Wehen auslösen	Tee aus Bockshornklee, Brennnessel, Dill 🌀 Karottensamenöl Übers Futter geben, 2 Tropfen genügen!

.Mastitis ✚

Bei beginnender Mastitis ✚	Äußerlich Arnikatinktur 1 : 10 mit Wasser vermischen und in das Euter einmassieren ▨ Innerlich Tee aus Eibisch, Gänseblümchen, Löwenzahn
Bei akuter Mastitis ✚	Innerlich Phytolacca-Tinktur, alle ½ Stunde 3 Tropfen, bis zur Besserung
Kümmerliche Fohlen	Sanddornfruchtfleischöl, 3 x tägl. 20 Tropfen

Hengste
.Deckunlust des Hengstes

Potenz und Deckfreude fördernd, vitalisierend	Tinktur aus Mönchspfeffer (z. B. von Ceres) Brennnesselsamen getrocknet, je 2 Esslöffel übers Futter Tee aus Ginseng oder Rosenwurz
Sterilität des Hengstes, schlechte Spermaqualität, Impotenz, die Teemischung über 4 Wochen verabreichen	Tee aus Dillsamen, Wacholderbeeren, Rosmarin, Thymian, Hohlzahn, Zimtrinde, Bockshornklee, Löwenzahn Tinktur oder Tee aus Rosenwurz

.Zur Beruhigung

Beispielsweise bei gesteigertem Geschlechtstrieb, kann auch längerfristig gegeben werden	Tee aus Melisse, Passionsblume, Hopfen, Lavendel, Weißdornblüten, Herzgespann-kraut

Kastration

.Um die Wundheilung zu fördern

Fördert die Wund-heilung, lindert Schwellungen und Schmerzen	Innerlich Schafgarbenblütentee bereits mehrere Tage vor und bis zu 2 Wochen nach der Operation übers Futter geben Äußerlich Ätherische Öle von Cistrose, Rosengeranie und Lavendel in Calendulaöl geben und mit großzügigem Abstand rund um die Wunde sanft einmassieren, auch an der Beininnen-seite, Wunde nicht berühren! Wunde mit Hamameliswasser besprühen

Niere und Blase

.Zur Unterstützung

Nach Durchnässung, bei Empfindlichkeit, vorbeugend und zur Unterstützung	Innerlich Tee aus Goldrute, Weidenröschen, Löwen-zahnwurzel, Salbeiblättern, Birnenblättern
Für ältere Pferde mit steifem hinteren Rücken	Innerlich Tee aus Brennnesselblättern, Löwenzahn-kraut und -wurzel, Weidenröschen, Pappel, Ginkgo, Jiaogulan

| Durchblutungsfördernd, schmerzlindernd, tief entspannend | Äußerlich
Heublumenwickel
Dazu ca. 1 kg Heublumen mit 5 l Wasser übergießen, kurz aufkochen, vom Herd nehmen und ¼ Stunde zugedeckt ziehen lassen. Dann ein Handtuch für 10 Minuten in den Sud legen, Topf wieder zudecken. Handtuch auswringen und auflegen oder anbandagieren. Der Sud kann auch mit Gänseblümchen und Mädesüß angereichert werden.

Je 10 Tropfen Muskatellersalbei-, Cajeput-, Rosmarin- und Ingweröl in eine Flasche Apfelessig geben. Auf schmerzende Stellen als Wickel auflegen oder großflächig einmassieren. |

PRAXISTIPP Im Frühjahr unterstützt eine Mischung aus frischen Blättern von Birke und Giersch sowie angewelkten Brennnesselblättern das nierenempfindliche Pferd. Im Herbst füttern Sie Hagebutten.

.Blasenentzündung

| Bei Blasenentzündung mit druckempfindlichen Rücken | Tee aus Birkenblätter, Goldrutenkraut, Gänsefingerkraut, Weidenröschen |

PRAXISTIPP Geben Sie bei akuter Blasenentzündung 2 x tägl. 1 Tablette des pflanzlichen Antibiotikums Angocin® aus Kapuzinerkresse und Meerrettich oder alternativ 2 x tägl. 5 Tropfen Kapuzinerkressentinktur (Ceres).

| Bei empfindlichen Nieren und wiederkehrenden Blasenentzündungen | Birkenblätter, Goldrutenkraut, Schwarze Johannisbeerblätter, Hauhechelwurzel |

PRAXISTIPP Füttern Sie kurmäßig Cranberry-Saft zur Unterstützung oder geben Sie ein Cranberry-Präparat aus der Apotheke.

Nach ausgeheilter Blasenentzündung, zur Nachbehandlung	Kürbiskerne, Birnenblätter, Birkenblätter, Hagebutte, Sonnenblumenblütenblätter, Preiselbeerblätter

.Harngrieß, Nieren- oder Blasensteinen

Bei Harngrieß	Tee aus Löwenzahnwurzeln und -blättern, Goldrute, Ackerschachtelhalm, Brennnesselwurzeln und -blättern
Unterstützend bei Blasen- und Nierensteinen	Tee aus Goldrute, Brennnessel, Orthosiphonis, Petersilie, Birne, Birke, Wacholderbeeren

Bewegungsapparat . Gelenke . Hufe

Bewegungsapparat

.Muskelkater

Nach neu begonnenem oder anstrengendem Training, neuen Anforderungen	Tee aus Gänseblümchen, Löwenzahn, Mädesüß, Labkraut Selbst herstellen Heublumentee (siehe unter Kräuter von A–Z, Heublumen) Tee aus Gänseblümchen, Mädesüß, Rosmarin, Klette
Durchblutungsfördernd, schmerzlindernd, tief entspannend	Äußerlich Heublumenwickel Dazu ca. 1 kg Heublumen mit 5 l Wasser übergießen, kurz aufkochen, vom Herd nehmen und ¼ Stunde zugedeckt ziehen lassen.

Dann ein Handtuch für 10 Minuten in den Sud legen, Topf wieder zudecken. Handtuch auswringen und auflegen oder anbandagieren. Der Sud kann auch mit Gänseblümchen und Mädesüß angereichert werden.

Je 10 Tropfen Muskatellersalbei-, Cajeput-, Rosmarin- und Ingweröl in eine Flasche Apfelessig geben. Auf schmerzende Stellen als Wickel auflegen oder großflächig einmassieren.

.Muskelschmerzen, Muskelriss , nach Überanstrengung

Durchblutungsfördernd, schmerzlindernd, tief entspannend

Innerlich
Tee aus Arnika, Ringelblumenblüten, Hirtentäschel

Tee aus Rosmarin, Johanniskraut, Gänseblümchen

Selbst sammeln, als Tee
Gänseblümchen, Hohlzahn, Klette

Äußerlich
Je 10 Tropfen Nelkenknospen-, Lavendel-, Angelika- und Cajeputöl in eine Flasche Apfelessig geben. Als Umschlag auflegen oder einmassieren.

.Sehnen- und Bänderprobleme

Unterstützend zur homöopathischen oder allopathischen Therapie

Innerlich
Tee aus Klette, Stiefmütterchen, Hohlzahn, Hamamelis

Tee aus Ginkgo, Rosmarin, Ingwer, Mädesüß

PRAXISTIPP Weißkohlblätter mit dem Nudelholz weich walzen oder mit dem Bügeleisen bei niedriger Temperatur weich bügeln (Strunk vorher herausschneiden), um das betroffene Bein wickeln und mit einer Bandage fixieren. Möglichst über Nacht einwirken lassen. Wickel aus Bockshornklee, dazu ½ Tasse Bockshornkleepulver mit Wasser zu einem Brei rühren, auf eine Mullwindel streichen, diese zusammenklappen, auf die betroffene Sehne und mit einer Bandage fixieren. Bei warmen Sehnen kaltes Wasser benutzen, bei kühler Sehne das Pulver mit gut warmem Wasser auflösen! Auch stumpfer Ampfer eignet sich als entzündungshemmender Wickel.

.Gallen, angelaufene Beine

Anregung von Durchblutung, Lymphfluss und Stoffwechsel	**Innerlich** Selbst sammeln und frisch oder als Tee geben: Brennnessel (über Nacht anwelken lassen!), Löwenzahn, Giersch, Hagebutte, Weißdorn Tee aus Odermennig, Labkraut, Anis, Ingwer **Äußerlich** Grapefruit-, Lavendel-, Ingwer und Cistrosenöl in eine Flasche Obstessig geben, als feuchten Wickel anbandagieren oder einmassieren

.Kreuzverschlag

Schmerzlindernd, stoffwechselanregend, entspannend	**Innerlich** Tee aus Brennnessel, Klette, Birke, Mädesüß, Weißdorn, Ginkgo, Ingwer
Durchblutungsfördernd, schmerzlindernd, entspannend	**Äußerlich** Heublumenwckel Dazu ca. 1 kg Heublumen mit 5 l Wasser übergießen, kurz aufkochen, vom Herd nehmen und ¼ Stunde zugedeckt ziehen lassen. Dann ein Handtuch für 10 Minuten in den Sud legen, Topf wieder zudecken. Handtuch aus-

	wringen und auflegen oder anbandagieren. Der Sud kann auch mit Gänseblümchen und Mädesüß angereichert werden. Decken Sie Ihr Pferd während der Anwendung und auch danach gut ein!
Durchblutungs- fördernd, schmerzlindernd	25 Tropfen Angelikawurzel- und je 10 Tropfen Muskatellersalbei-, Cajeput-, Rosmarin- und Ingweröl in eine Flasche Apfelessig geben. Auf schmerzende Stellen als Wickel auflegen oder großflächig einmassieren. Pferd danach eindecken!
Zur Nachbehandlung nach der akuten Phase oder spätestens nach 6 Wochen	**Innerlich** Tee aus Mariendistel, Löwenzahnkraut und -wurzel, Brennnesselkraut und -wurzel, Wacholderbeeren, Hauhechel, Pappel 🐴 **Äußerlich** 25 Tropfen Angelikawurzel- und je 10 Tropfen Nelkenknospen-, Lavendel- und Cajeputöl in eine Flasche Apfelessig geben. Als Umschlag auflegen oder einmassieren. 🐴

.Gelenkentzündung, Hufrolle, Spat

Ziel: akute Entzün- dung lindern, nur 1 Woche lang geben	Tee aus Bärentraubenblättern, Goldrute, Rosmarin, Spitzwegerich, Mariendistelsamen, Mandarinenschalen
Ziel: chronisches Problem, Schmerzen und Bewegungsein- schränkung lindern	**Innerlich** Tee aus Ingwer, Ginkgo, Mädesüß, Gänse- blümchen, Lavendel, Quecke, Jiaogulan oder Hagebutte und Ingwer als Futterzusatz **Äußerlich** Wickel aus Weißkohl Dazu Weißkohlblätter mit dem Nudelholz weich walzen oder mit dem Bügeleisen bei niedriger Temperatur weich bügeln (Strunk

vorher herausschneiden), um das betroffene Bein oder um den Huf wickeln und mit einer Bandage fixieren. Möglichst über Nacht einwirken lassen. Auch Stumpfer Ampfer eignet sich als entzündungshemmender Wickel.

25 Tropfen Angelikawurzel- und je 10 Tropfen Kurkuma-, Cajeput-, Rosmarin- und Ingweröl in eine Flasche Apfelessig geben. Auf schmerzende Stellen als Wickel auflegen oder großflächig einmassieren. ⚕

.Rückenprobleme

Zur Unterstützung des Gelenkstoffwechsels

Innerlich
Tee aus Weißdorn, Mädesüß, Hohlzahn, Ginkgo, Weidenrinde, Brennnessel

Äußerlich
Heublumenwickel (siehe „Kreuzverschlag", S. 55)

25 Tropfen Angelikawurzel- und je 10 Tropfen Kurkuma-, Cajeput-, Rosmarin- und Ingweröl in eine Flasche Apfelessig geben. Auf schmerzende Stellen als Wickel auflegen oder großflächig einmassieren, danach Pferd eindecken. ⚕

PRAXISTIPP Klären Sie den Grund der Rückenbeschwerden ganzheitlich ab. Vom Reittraining über Sattel, Hufbearbeitung, Fütterung oder Zahnschmerzen können Rückenschmerzen durch eine Vielzahl von Ursachen ausgelöst werden!

.Arthrose

Zur Schmerzlinderung, Entzündungshemmung, Stoffwechselanregung und Verbesserung der Durchblutung

Innerlich
Tee aus Brennnessel, Klette, Mädesüß, Weißdorn, Ginkgo, Ingwer, Rosmarin, Jiaogulan

Frische oder getrocknete Hagebutten als Futterzusatz

Äußerlich
25 Tropfen Angelikawurzel- und je 10 Tropfen Kurkuma-, Cajeput-, Rosmarin- und Ingweröl in eine Flasche Apfelessig geben. Auf schmerzende Stellen als Wickel anbandagieren oder großflächig einmassieren und Pferde eindecken. ⊕

Hufe

.Schlechte Hufqualität

Regen Sie Stoffwechsel und Durchblutung an. Geben Sie den Tee über mindestens 4 Wochen.

Innerlich
Tee aus Rosmarin, Ginkgo, Knöterich, Klette

Selbst sammeln und frisch geben
Klette, Giersch, Knöterich

Äußerlich
1 x tägl. mit Zwiebelsaft einreiben

Huföl aus 100 ml Olivenöl, je 10 Tropfen Rosmarin und Palmarosa und je 5 Tropfen Wacholder, Kiefer, Zypresse

Lorbeerfruchtöl (Apotheke) in die Hufe reiben

.Hufabszess

Die starken Schmerzen, die mit den meister Hufabszessen einherge-
hen, können nur durch Abfließen des Eiters gelindert werden. Bevor
Ihr Schmied oder Tierarzt die betroffene Stelle findet und öffnet, legen
Sie einen Hufverband an. Umwickeln Sie den Huf dabei mit gewalzten
Kohlblättern, dann mit Watte, Mull, einer Babywindel oder Haftban-
dagen und Panzertape. Auch nach der Behandlung kann das Abfließen
des Eiters durch einen Angussverband erleichtert werden!

2 x tägl. ca. 1 l kühle bis lauwarme Flüssigkeit aufgießen	**Äußerlich** Gießen Sie mit Tee aus Brennnessel und Löwenzahn an, die Sie frisch in der Stallumgebung sammeln können oder mit Fencheltee (Teebeutel) oder mit verdünnter Ringelblumentinktur oder mit warmen Wasser, dem Sie einige Tropfen Lavendelöl zufügen
Nachbehandlung des Hufabszesses	**Äußerlich** Angießen wie oben beschrieben **Innerlich** Tee aus Mädesüß, Gänseblümchen, Rosmarin, Quecke, Ingwer
Bei hartnäckigen oder häufig wiederkehrenden Abszessen	Stärken Sie den Stoffwechsel Ihres Pferdes! (siehe auch „Hufrehe", S. 60) Tee aus Brennnesseln und Löwenzahn (jeweils Kraut und Wurzeln), Schafgarbe, Birkenblätter, Labkraut, Rosmarin, Geißraute

.Strahlfäule

Regen Sie die Durchblutung und den Stoffwechsel Ihres Pferdes an!

Geben Sie den Tee oder die Kräuter über mindestens 4 Wochen. Die Gerbstoffe des Schwarztees töten die Bakterien ab und wirken äußerlich zusammenziehend, desinfizierend und entzündungshemmend. Auch starker Grüntee hat diese Wirkung.	**Innerlich** Tee aus Rosmarin, Ginkgo, Knöterich, Klette **Selbst sammeln und frisch geben** Klette, Giersch, Knöterich **Äußerlich** Hufverband mit starkem Schwarzen Tee angießen (3 Teebeutel auf 1 Becher Wasser oder 3 Esslöffel loser Tee) oder vorbeugend den Strahl mit starkem Schwarzen Tee betupfen

.Hufrehe, akutes Stadium

Im akuten Stadium, zusätzlich zur Schmerztherapie, 14 Tage lang	Tee aus Hopfen, Vogelmiere, Ackerhohlzahn, Odermennig, Melisse
Anschließend ebenfalls 14 Tage lang	Tee aus Ginseng, Rosmarin, Wacholderbeeren, Mandarinenschalen, Süßholz
Ziel: Milde Schmerzlinderung	Tee aus Brennnessel, Löwenzahn, Weidenröschen, Ingwer, Mädesüß
Ziel: Durchblutung fördern	Tee aus Schafgarbe, Hagebutte, Weißdorn, Ackerhohlzahn, Ringelblume **Selbst sammeln und frisch geben** Hopfen, Odermennig, Brennnessel (anwelken lassen oder als Tee), Spitzwegerich, Weidenröschen, Löwenzahn, Birke, Schafgarbe, Hagebutte

.Hufrehe, chronisches Stadium

Ziel: Unterstützung des Stoffwechsels im chronischen Stadium

Kann frisch oder getrocknet gegeben werden, selbst sammeln oder eigener Anbau: **Brennnesseln** und **Löwenzahn** (jeweils Kraut und Wurzeln), **Schafgarbe, Birkenblätter, Labkraut, Rosmarin, Geißraute, Jiaogulan**

Schwarznesselöl übers Futter

Als Tee: **Odermennig, Engelwurz, Wegwarte, Erdrauch, Kardobenediktenkraut, Enzianwurzel, Mariendistel, Hauhechel, Heidelbeerblätter, Jiaogulan**
Bei trächtigen Stuten Engelwurz weglassen.

PRAXISTIPP Frischer Koriander, Knoblauchsrauke und Löwenzahnkraut mit Wurzel, etwa eine ½ Handvoll klein geschnitten übers Futter, regen den Stoffwechsel an!

Ziel: Vitalisieren, Lebensgeister wecken, Leistungsbereitschaft stärken

Tee aus **Ginkgo, Ringelblume, Tausendgüldenkraut, Löwenzahn, Minze, Gänsefingerkraut, Jiaogulan**

Ziel: Leber unterstützen

Innerlich
Tee aus **Brennnesseln** und **Löwenzahn** (jeweils Kraut und Wurzeln), **Mariendistelsamen, Goldrute, Odermennig**

Äußerlich
Je 25 Tropfen **Angelikawurzel-** und je 10 Tropfen **Kurkuma-, Cajeput-, Rosmarin-** und **Ingweröl** in eine Flasche **Apfelessig** geben, Beine, Rücken und Hufe damit großflächig massieren 🅣

PRAXISTIPP Bei Borreliose und Hufrehe ergänzen Kräuter andere Therapiemöglichkeiten sehr gut und helfen, den Organismus wieder ins Gleichgewicht zu bringen.

Immunsystem . Allgemeine Erkran-
kungen . Erste Hilfe . Verhaltens-
auffälligkeiten

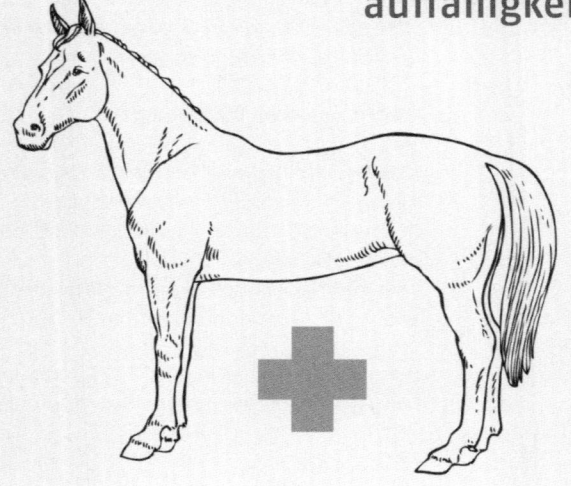

Stärkung des Immunsystems

.In Zeiten von erhöhter Ansteckungsgefahr

Abwehrkräfte stärken, Vitalstoffe geben	Je ein Teil Hagebuttenkerne, Braunelle, Engelwurz, Ingwer, Labkraut, Erdrauch, Eisenkraut als Tee (Engelwurz in der Trächtigkeit weglassen)
	Je ein Teil getrocknete Schwarze Johannisbeere, Mädesüß, Odermennig, Königskerze, Spitzwegerich, Schlehenblüten mit ¼ Teil Rosenwurz mischen und als Tee geben.

PRAXISTIPP Rosenwurz vorsichtig dosieren, kann zu Unruhe führen. Statt als getrocknete Wurzel im Tee kann sie auch als Tinktur zugegeben und dadurch kontrollierter dosiert werden. Dann mit 2 x tägl. 5 Tropfen beginnen.

Frischkräuter zur Immunstärkung	Kapuzinerkresse, Knoblauchsrauke, frische Hagebutten, Mädesüß, Koriander, Labkraut und die Blätter der Schwarzen Johannisbeere
Tinkturen zur Immunstärkung	Schwarze Johannisbeertinktur, 2 x tägl. je 10 Tropfen, aus den Blättern und/oder den Knospen, selbst gemacht oder fertig als Ribes Nigrum Urtinktur
	Wasserdostwurzeltinktur, 2 x tägl. 5 Tropfen, selbst gemacht oder als Fertigpräparat (Eupatorium p. Urtinktur, DHU)
	Jiaogulan als Frischkraut, Tee oder Tinktur

PRAXISTIPP Jiaogulan gibt es als Kräutertopf auf gut sortierten Wochenmarktständen. Er lässt sich im Garten oder auf dem Balkon problemlos kultivieren!

.Im Fellwechsel

Organismus vitalisieren	Tee aus Hagebutte, Klette, Vogelknöterich, Brennnessel, Labkraut

PRAXISTIPP Merken Sie sich gute Brennnesselstandorte im Frühjahr und sammeln Sie sie im Frühsommer, um sie für den Winter zu trocknen. Frische Brennnesseln immer angewelkt geben, je nach Witterung sollten sie 24–48 Stunden in der Sonne liegen. Auch im Sommer oder Herbst werden sie dann gerne genommen.

.Frühjahrskur

Anregung von Stoffwechsel und Ausscheidung, Entsäuerung und Versorgung mit Vitalstoffen mit selbst gesammelten Frischkräutern	Je 1 Handvoll z. B. Löwenzahn mit Wurzel, angewelkte Brennnessel mit Wurzel, Giersch, Schafgarbe, Gänseblümchen, Johannisbeerblätter, Knoblauchsrauke, Birke, Koriander, Wilde Möhre, Schafgarbe, Wiesenkerbel, Klette, Erdrauch, Frauenmantel, Labkraut, Schlehenblüten, Weißdornblüten, Scharbockskraut, Geißraute

Aus getrockneten Teekräutern	Tee aus Goldrutenkraut, Wegwartenwurzel, Rosmarin, Johannisbeerblätter, Ringelblume, Große Klette, Schlehenblüten
	Frischkraut, Tee oder Tinktur aus Jiaogulan

PRAXISTIPP Denken Sie daran, dass das für den Menschen ungiftige typische Frühjahrsputzkraut Gundermann für Pferde giftig ist! Dies gilt auch für Bärlauch. ☠

.Mischung für Senioren, Jungbrunnenmischung

Zur Anregung von Stoffwechsel und Durchblutung	Tee aus Löwenzahn, Brennnessel, Weißdorn, Rosmarin, Ginkgo, Rosenwurz
	Tinktur aus Ginkgo, Rosenwurz, Weißdorn, Jiaogulan
Massagekur mit durchblutungsfördernder, entkrampfender, entstauender Massagemischung, Kur so lange durchführen, bis die Essigflasche leer ist	25 Tropfen Angelikawurzel- und je 10 Tropfen Kurkuma-, Cajeput-, Rosmarin- und Ingweröl in eine Flasche Apfelessig geben. Mischung großflächig einmassieren. Beine nicht vergessen und Pferde eindecken. ♈

.Rekonvaleszenz

Zur Stärkung und Unterstützung des Organismus	Tee aus Eisenkraut, Schafgarbe, Klette, Weißdornblüten, Tausendgüldenkraut

.Chronische Krankheit

Zur Stärkung, Unterstützung und Mobilisierung der Abwehrkraft	Tee aus Löwenzahn, Brennnessel, Weißdorn, Braunelle, Jiaogulan
	Tee aus Engelwurz, Rosenwurz, Salbei-Gamander, Betonie, Goldrute, Eisenkraut
	Tinktur aus Großer Klette, Labkraut, Brennnessel, Fenchel, Süßholz, Schwarzer Johannisbeere
	Jeweils drei Kräutertinkturen über 3 Wochen geben, mit 2 x tägl. jeweils 3 Tropfen beginnen, bis auf 10 Tropfen steigern

.Antibiotikaausleitung

Siehe auch „Darmsanierung", S. 44!	Tee aus Goldrute, Birke, Brennnessel, Löwenzahn, Pfefferminze, Schafgarbe

PRAXISTIPP Leberwickel – Um die Leber Ihres Pferdes bei chronischer Krankheit zu unterstützen, kochen Sie einen Tee aus ½ l Wasser und 1 Handvoll frischem oder 2 Esslöffeln getrocknetem Schafgarbenkraut und tränken ein Baumwollhandtuch mit dem noch gut heißen, aber z. B. auf Ihrem eigenen Unterarm erträglichen Tee. Legen Sie das ausgewrungene Handtuch so auf, dass es den rechten Rumpf Ihres Pferdes bis etwa dahin, wo auch das Sattelblatt endet, bedeckt. Auf das Handtuch kommt ein Bade- oder mehrfach gefaltetes Betttuch, auf diese Schicht können Sie eine Fleecedecke legen und alles mit einem Deckengurt befestigen. Rohe Schafwolle kann die entstehende Wärme sehr gut halten und wirkt ihrerseits heilend. Falls Sie ein handtuchgroßes Stück Rohwolle haben, geben Sie diese zwischen Badetuch und Fleecedecke.

Allgemeine Erkrankungen

.Borreliose ✚

Zur Unterstützung der Ausscheidungsorgane und des Stoffwechsels	Tee aus Löwenzahn, Tausendgüldenkraut, Labkraut, Mariendistel, Goldrute, Birke, Ingwer, Kletten- und Kardenwurzel, Jiaogulan
	Tee aus Odermennig, Engelwurz, Schafgarbe, Wegwarte, Erdrauch, Kardobenediktenkraut, Enzianwurzel, Mariendistel, Hauhechel (Engelwurz in der Trächtigkeit weglassen)
	Selbst sammeln und frisch geben: Löwenzahn, Birke, Klette, Schafgarbe, Odermennig
Entzündungshemmend	Tee aus Ingwer, Engelwurz, Blutwurz, Meisterwurz, Bibernellwurzel 🐂
Mild schmerzlindernd, bei starker Berührungsempfindlichkeit Hopfen und Melisse zugeben	Tee aus Brennnessel, Löwenzahn, Weidenröschen, Ingwer
Bei stärkeren Schmerzen, nicht über 4 Wochen, nicht in der Trächtigkeit 🐂	Tee aus Zitterpappel, Weidenrinde, Mädesüß Ein schmerzlinderndes Fertigpräparat aus Zitterpappel, Goldrute und Esche ist Phytodolor®
Beruhigend	Tee aus Lavendel, Pfefferminze, Gänsefingerkraut, Kamille, Melisse, Eisenkraut
Bei großer Unruhe oder Nervosität	Tee oder Tinktur aus Passionsblume, Melisse, Hopfen

PRAXISTIPP Die Kardenwurzel, als Urtinkur aus der Wurzel verabreicht, ist längst kein Geheimtipp mehr in der Borreliosebehandlung. Sie können Karde anbauen, sammeln oder kaufen und die Tinktur selbst herstellen oder fertig beziehen. 2 x tägl. 15 Tropfen geben.

.Cushing

Ausleitung und Entgiftung sowie Durchblutung und Entspannung fördernde Kräuterteemischungen, die Sie für jeweils 3 Wochen geben können	**Mischung 1** Tee aus Erdrauch, Hagebutte, Eisenkraut, Birkenblätter **Mischung 2** Tee aus Löwenzahn, Geißraute, Knoblauchsrauke, Brennnessel **Mischung 3** Tee aus Mädesüß, Mariendistelfrüchte, Stiefmütterchen
Zur Unterstützung und hormonellen Umstimmung	**Mischung 1** Tee aus Hopfen, Dill, Lavendel, Melisse, Geißraute **Mischung 2** Tee aus Tausendgüldenkraut, Engelwurz, Heidelbeerblätter, Rosmarin, Hohlzahn ⑦ Schwarznesselöl übers Futter, 2 x tägl. 1 EL
Um die Schweißbildung zu reduzieren	Tee oder Tinktur aus Salbei, Vogelknöterich
Um die Muskulatur zu entspannen	Tee aus Rosmarin, Mädesüß, Weißdorn, Melisse

PRAXISTIPP Kräuter können den Organismus bei komplexen Erkrankungen wie Cushing gut unterstützen, sollten aber durch weitere Therapien (wie z. B. Homöopathie) ergänzt werden.

.Headshaking

Hauptziel: Unruhe und überschießende Reaktion mildern	Tee aus Melisse, Hopfen, Passionsblume, Eisenkraut
	Tee aus Lavendel, Rosenblüten, Jiaogulan
Hauptziel: Allergie lindern	Tee aus Pestwurz, Goldrute, Augentrost
Hauptziel: Schleimhaut beruhigen	Tee aus Lavendel, Malve, Ringelblume, Odermennig
	Tee aus Taubnessel, Eisenkraut, Stiefmütterchen

PRAXISTIPP Bei multifaktoriellen Erkrankungen wie Headshaking sind Kräuter eine gute und ganzheitliche Unterstützung des Organismus, können aber nicht die einzige Therapie darstellen!

Erste Hilfe

.Hitzschlag

Nach der akuten Phase, zur Wiederherstellung des Gleichgewichts im Organismus	Tee aus Minze, Melisse, Weißdorn, Lavendel, Hohlzahn

.Vergiftung

Zur Unterstützung anderer Therapien wie Homöopathie, nach überstandener Behandlung Darmsanierung mit Kräutern durchführen (siehe S. 44)!	Tee aus Geißraute, Blutwurz, Brombeer- und Himbeerblättern, Heidelbeerfrüchte (Himbeerblätter in der Trächtigkeit weglassen)
	Kaffeekohle, z. B. Carbo Königsfeld Pulver®

PRAXISTIPP Der Kaffeesatz von mindestens 2 x durchgefiltertem Kaffee dient notfalls als Ersatz für die sehr gut giftbindende Kaffee-kohle (Bühring).

.Blutstillung, Wunden ✚

Wundheilung fördernd, entzündungshemmend	Notfallmischung aus ätherische Ölen (Werner/Braunschweig) Je 3 ml Cistrosen-, Lavendel- und Immortellenöl mischen und großflächig über der Verletzung verteilen
Blutstillung	Blutwurz- oder Hirtentäscheltee vorsichtig über die Wunde gießen

PRAXISTIPP Kleinere blutende Wunden in Ruhe ausbluten lassen und behutsam reinigen. Möglichst wenig in die Wundheilung eingreifen, für Sauberkeit sorgen, gut beobachten! Bei schwereren Verletzungen: Tierarzt rufen! Wunde versorgen und Tetanusschutz überprüfen lassen!

.Wundreinigung und Wundversorgung

Oberflächliche Wunden	Mit reichlich Hamameliswasser besprühen
Tiefere Wunden	Ringelblumentee oder 1 : 5 verdünnte Ringelblumenessenz vorsichtig über die Wunde gießen oder feuchte Umschläge machen, auch Schafgarbentee oder Spitzwegerichsaft aus frischem Spitzwegerichkraut wirken wundheilend
Schlechte Wundheilung	Spitzwegerichsaft aus frischem Spitzwegerichkraut aufsprühen oder frische, zerquetschte Blätter auflegen und häufig wechseln Schafgarbentee oder Blutwurztinktur 1 : 5 verdünnen und aufsprühen Birkenrindenöl aufsprühen

| Wunde reißt immer wieder auf | In der insektenfreien Zeit: Bio-Honig auf die Wunde auftragen

Birkenrindenöl oder Kompresse mit Johanniskrautöl auflegen
Bei schlecht heilenden, nässenden Wunden die noch intakte Haut der Wundränder mit Hamamelis- oder Ringelblumensalbe schützen! |

PRAXISTIPP Birkenrindenöl hat eine sehr gute Wirkung bei Verbrennungen und schlecht heilenden Wunden. Geben Sie 1 Handvoll zerkleinerte Birkenrinde in ein Schraubglas mit gutem Olivenöl, nach 3 Wochen abgießen und verwenden.

Eiternde Wunden	Ringelblumentee oder 1 : 5 verdünnte Ringelblumentinktur aufsprühen
Schmierige, eiternde oder infizierte Wunden	Zugsalbe aus Honig und 3 Tropfen Korianderöl
Verbrennungen, Sonnenbrand	Birkenrindenöl auftragen

PRAXISTIPP Innerlich zur Vorbeuge bei bekannter Sonnenbrandneigung Tee aus den Blättern der Schwarzen Johannisbeere geben.

Verhaltensauffälligkeiten

.Koppen

Machen Sie eine Darmsanierung mit Ihrem Pferd (siehe S. 44) und füttern Sie reichlich gutes Heu! Ein Zusammenhang zwischen Unterversorgung mit Rauhfutter (zu wenig Heu), Magengeschwüren und Koppen wurde bereits nachgewiesen.

Tee aus Kamille, Minze, Schafgarbe, Melisse

Tinktur aus Melisse, Tausendgüldenkraut, Lavendel, Wermut 🟦

Äußerlich: Je 2 Tropfen ätherisches Öl von Koriander und Kamille in ein Schraubglas mit Olivenöl geben. Sparsam um den Pferdenabel einmassieren, tägl. Massage, ca. 5 Minuten, 14 Tage lang

.Weben

Koppen und Weben sind selbstberuhigende Verhaltensstereotypien, bei denen der Organismus des Pferdes Anti-Stress-Hormone freisetzt.

Tee aus Herzgespann, Kamille, Hopfen

Tinktur aus Lavendel, Hafer

Äußerlich: Je 2 Tropfen ätherisches Öl von Mimose und Cistrose in ein Schraubglas mit Olivenöl geben. Sparsam um den Pferdenabel einmassieren, tägl. Massage, ca. 5 Minuten, 14 Tage lang

PRAXISTIPP Schenken Sie stressempfindlichen Pferden Möglichkeiten zum Stressabbau in einem pferdefreundlichen, glücklichen Alltag!

.Scheuen, Angst, Panik

Überprüfen Sie die Kraftfutterration und die pferdegerechte Haltung Ihres Pferdes! Ein Zuviel an Energie durch Bewegungsmangel oder eine unangepasste Kraftfutterration kann Überreaktionen auslösen!

Neben der ausgleichenden Teemischung kann eine konstitutionelle homöopathische Behandlung oder die Gabe von passenden Bach-Blüten ebenfalls ausgleichend wirken.

Tee aus Melisse, Eisenkraut, Herzgespann, Weißdorn

Tee aus Engelwurz, Thymian, Lavendel

Tinktur aus Hopfen, Passionsblume, Kamille

Äußerlich: Je 2 Tropfen ätherisches Öl von Kamille und Melisse in ein Schraubglas mit Olivenöl geben. Sparsam auf Stirnregion, Widerrist und rund um den Bauchnabel einmassieren.

.Unarten

Zaunlaufen, an Boxenwände klopfen, mit Wasser platschen – das kann Ausdruck von Stress sein, der durch Bewegungsmangel, mangelnde Sozialkontakte etc. entsteht. Wenn Ihr rundum glückliches Pferd sich solche Tricks ausgedacht hat, versuchen Sie es mit folgender Mischung:

Tee aus Eisenkraut, Süßholz, Passionsblume

Tinktur aus Spitzwegerich und Hafer

Äußerlich: Je 2 Tropfen ätherisches Öl von Palmarosa und Lavendel in ein Schraubglas mit Olivenöl geben. Sparsam auf Stirnregion, Widerrist und rund um den Bauchnabel einmassieren.

.Unruhe

Einige Tage vor Veränderungen der Alltagsroutine geben, auch längerfristig zur Umstimmung geeignet	Tee aus Passionsblume, Melisse, Hopfen, Lavendel
	Äußerlich: siehe „Unarten", S. 72

.Stressempfindlichkeit

Teemischung für stressempfindliche, schnell nervöse, unruhige Pferde, kann längerfristig zur Harmonisierung gegeben werden!	Tee aus Weißdornblüten, Herzgespann, Jiaogulan
	Äußerlich
	Tinktur aus Melisse und Lavendel, siehe auch „Scheuen, Angst, Panik", S. 72

PRAXISTIPP Allgemeine Stressreduktion – Nervöse Pferde können mit den speziellen Berührungstechniken der Tellington Methode wunderbar beruhigt werden. Kreisförmige TTouches oder das Abstreichen mit der Gerte wirken nicht nur momentan, sondern senken auch längerfristig den Stresspegel.

.Sattelzwang

Gurt- oder Sattelzwang kann außer vergangenen schlechten Erfahrungen auch aktuelle Gründe haben, z. B. die Passform des Sattels, Lungen- oder Rückenprobleme, Zysten etc. Lassen Sie sich sehr viel Zeit beim Satteln und machen Sie Bodenarbeit vor dem Aufsitzen von einer Aufstiegshilfe aus.	Tee aus Kardamom, Tausendgüldenkraut, Melisse, Rose
	Tinktur aus Weissdorn, Geranium, Gänseblümchen
	Äußerlich je 2 Tropfen ätherisches Öl von Ylang-Ylang, Rosengeranie und Melisse in ein Schraubglas mit Olivenöl geben. Sparsam um den Pferdenabel einmassieren, tägl. Massage, ca. 5 Minuten, 14 Tage lang

.Aggressives Verhalten

Aggressives Verhalten ist für Pferde untypisch. Es ist meist stress- oder schmerzbedingt und erfordert Verständnis und genaue Ursachenforschung!	Tee aus Passionsblume, Pfefferminze, Ziest, Lavendel Tinktur aus Lavendel, Spitzwegerich oder Baldrian Äußerlich: siehe „Unarten", S. 72

.Kummer

Nach dem Wegzug oder dem Tod von Herdenmitgliedern oder anderen einschneidenden Veränderungen	Tee aus Anis, Süßholz, Rosmarin, Thymian Tinktur aus Rosmarin, Wermut ⊗ Äußerlich: Je 2 Tropfen Osmanthus und Melisse mit Olivenöl mischen und auf Stirn einmassieren, siehe „Scheuen, Angst", S. 71

PRAXISTIPP Eine homöopathische Behandlung oder die Gabe von Bach-Blüten können Ihr Pferd unterstützen. Verbringen Sie außerdem möglichst viel Zeit mit ihm.

.Konzentrationsschwäche

Für junge Pferde ist eine kurze Konzentrationsspanne typisch. Länger als 10 Minuten können sie sich auch bei abwechslungsreicher Arbeit anfangs nicht konzentrieren.	Tee aus Ginkgo, Melisse, Minze, Jiaogulan, geben Sie in den fertigen Tee 1 Esslöffel Nachtkerzenöl Tinktur aus Hopfen, Melisse

PRAXISTIPP Ätherische Öle können auch zusammen mit ca. 20 ml Olivenöl in einen Deo-Roller gegeben und ins Fell gerieben werden. 2 Tropfen pro ätherisches Öl reichen.

Kräuter von A–Z.

.A

Alantwurzel *Inula helenium*	Bei Husten schleimlösend, antibakteriell, verdauungsfördernd, als Tee oder Tinktur
Aloe Vera	Bei Verletzungen, Wunden, Hautschäden, Juckreiz, Magen- oder Darmproblemen, Gastritis, als Saft, Öl oder als Gel
Ampfer *Rumex crispus*	Bei warmen Sehnen- oder Gelenkentzündungen, die Blätter äußerlich als Umschlag
Andorn *Marrubium vulgare*	Bei akutem Husten, Verdauungsbeschwerden, als Tee oder Andornsirup: 1 Handvoll in 1 l Wasser, Blätter aufkochen, 10 Minuten köcheln, filtern, warm mit 250 g Honig verrühren und 2 x tägl. 1 Schnapsglas übers Futter oder auf Brot geben.
Angelika	siehe Engelwurz

Anissamen *Pimpinella anisum* *(Semen)*	Bei Husten und Verdauungsproblemen, als Tee oder Tinktur
Arnika *Arnica montana*	Blutergüsse, Prellungen, Zerrungen, Verstauchungen, Arthrose, oberflächliche und tiefe Entzündungen, als Kompresse oder Tinktur, nicht bei tragenden Stuten! Vorsicht, dopingrelevant!
Augentrost *Euphrasia off.*	Bei Bindehautentzündung, bei Entzündungen der Maulschleimhaut und des Halses, bei allergischem Schnupfen, Tee äußerlich und innerlich

.B

Baldrianwurzel *Valeriana off.*	Bei Nervosität, Anspannung, vor stressigen Ereignissen, zusammen mit Hopfen, als Tee oder Tinktur. Vorsicht, dopingrelevant!
Bayöl	Ätherisches Öl, schmerzlindernd, entspannend
Beifuß *Artemisia vulgaris*	Frühjahrskur, Verdauungsprobleme, Rosseprobleme, Unfruchtbarkeit, Geburtsvorbereitung, Immunabwehr, frisch oder als Tee, kann Wehen auslösen
Beinwellblätter *Symphytum off.*	Stumpfe Verletzungen wie Zerrungen, Quetschungen, Muskel- oder Bänderrisse, Entzündungen von Sehnen, Gelenken, Venen, Arthritis, Arthrose, Überbeine, Schwellungen, als Tinktur, Öl, Salbe (Kytta- Balsam®), Umschlag, Kompresse oder Packung, leicht giftig, daher nur äußerlich
Beinwellwurzel	Kompresse bei Augenverletzungen, Tinktur bei Verletzungen, nur äußerlich
Bergamotte	Als ätherisches Öl in der Insektenabwehr, bei Lymphstau. Vorsicht, nicht bei starker Sonneneinstrahlung!
Betonie	siehe Ziest

Bibernellwurzel *Pimpernella saxifraga*	Antibiotische Wirkung, akuter und chronischer Husten, Dämpfigkeit, Blasenentzündungen, Arthrose, Erschöpfung, als Tee kalt ansetzen, über Nacht ziehen lassen, morgens erhitzen und übers Futter geben, 2 x tägl. 1 Tasse
Birkenblätter, –rinde *Betula alba*	Frühjahrskur, Drüsenschwellung, Genickbeule, Wasseransammlung im Gewebe, Gelenkschmerzen, Pollenallergie, frisch, als Saft, Tinktur oder Tee, Birkenrindenöl bei Wunden, Verbrennungen
Blutwurz *Potentilla erecta*	Nach zahnärztlichem Eingriff, bei Zahnfleischentzündung, Verdauungsstörungen mit Kotwasser oder Durchfall, schlecht heilende Wunden, als Tee oder Tinktur
Bockshornkleesamen *Trigonella foenum* 🔄	Erschöpfung, Appetitmangel, Fellwechsel, bei Husten schleimlösend, milchbildend, bei Abszess, äußerlich oder als Tee. Vorsicht, nicht bei tragenden Stuten!
Borretsch *Borago off.*	Frühjahrskur, Hautkrankheiten, schleimlösend bei Husten, frisch oder als Tee innerlich und äußerlich, Samenöl bei Sommerekzem
Braunelle *Prunella vulgaris*	Halsentzündung, Lymphdrüsenschwellung, Entgiftung, Entzündungen, Abwehrschwäche, antibiotische Wirkung, englisch „self-heal", als Tee oder Tinktur
Braunwurz *Scrophularia nodosa* ⚠️	Lymphstau, Geschwülste, Drüsenschwellung, Genickbeule, Wurzel und/oder Pflanze als Tee, äußerlich als Umschlag oder als Tinktur zum Einreiben, vorsichtig dosieren, schwach giftig
Brennnessel *Urtica dioica*	Frühjahrskur, Entgiftung, Blasenentzündung, Arthrose, Erschöpfung, Milchbildung, Allergien, Juckreiz, Stärkungsmittel, junge Blätter, Wurzel und Samen frisch und leicht angewelkt, als Tee, Tinktur oder Saft oder getrocknet verfüttern
Brunnenkresse *Nasturtium off.*	Frühjahrskur, Entgiftung, akute und chronische Bronchitis, Drüsenschwellung, Genickbeule, frisch oder die Samen als Tee

.C

Calendula	siehe Ringelblume
Chrysanthemenblüten	Bei Augenentzündungen als Kompresse, innerlich als kühlender Tee bei Entzündungen und Fieber
Cistrosenöl	Äußerlich bei Schwellungen der Ohrspeicheldrüse, regt den Lymphfluss an

.D

Dill *Anethum graveolens*	Nach zahnärztlichem Eingriff, frisch oder als Tee
Dost *Origanum vulgare*	Abwehrschwäche, Muskelverspannung, akuter Husten, Ekzeme als Tee innerlich und äußerlich, ätherisches Öl gegen Hautpilz

.E

Ebereschenbeeren, getrocknet *Sobus ancuparia*	Appetitanregend, Abwehrschwäche, antibiotische Wirkung, im Futter oder als Tee
Efeu *Hedera helix* ❗	Chronische Bronchitis und Dämpfigkeit, wegen leichter Giftigkeit nur als Fertigtinktur, z. B. Hedera helix® oder Hedera comp.® von Ceres
Ehrenpreiskraut *Veronica off.*	Frühjahrskur, Entgiftung, Hautprobleme, Ekzeme, Husten als Tee
Eibisch *Althea off.*	Haut- und Schleimhautprobleme, Augenentzündung, chronischer und akuter Husten, Verdauungsprobleme, Blätter, Blüten und Wurzel mit kaltem Wasser aufsetzen oder in einer Kräutermischung mit kochendem Wasser überbrühen
Eisenkraut *Verbena off.*	Erschöpfung, Nervosität, Anspannung, Husten, äußerlich zur Wundbehandlung und bei Sommerekzem, frisch und als Tee

Engelwurz *Angelica off.* 🐴	Frühjahrskur, Husten, Abwehrschwäche, Verdauungsprobleme, frisch, als Tee oder Tinktur, nicht in der Trächtigkeit
Enzianwurzel *Gentiana lutea*	Stoffwechselanregend, verdauungsfördernd, bei Abwehrschwäche, Magengeschwüren, Erschöpfung, nach schwerer oder chronischer Krankheit, als Tinktur oder über Nacht einen Teelöffel mit ¼ l kaltem Wasser ansetzen, 2 × tägl. 125 ml übers Futter geben
Erdrauchkraut *Fumaria off.*	Frühjahrskur, bei Hautproblemen, Verdauungsproblemen, als Tee oder Tinktur
Eukalyptus *Eucalyptus globulus*	Blätter bei Husten als Tee, Tinktur oder ätherisches Öl in der Insektenabwehr

.F

Fenchelsamen *Foeniculum vulgare*	Bindehautentzündung, Verdauungsprobleme, Darmsanierung, Husten, äußerlich bei Hufabszess, die Samen als Tee. Für Fenchelhonig 5 Tropfen ätherisches Fenchelöl mit 150 g Bio-Akazienhonig mischen und bei Husten 2 x tägl. 2 Esslöffel übers Futter geben
Frauenmantel *Alchemilla xanthochlora*	Äußerlich zur Wundheilung und bei Pilzbefall, innerlich gegen Durchfall, bei Hormonstörungen, frisch oder als Tee

.G

Galgantwurzel *Alpinia off.*	Äußerlich bei Entzündungen der Maulschleimhaut, im Zahnwechsel, innerlich bei Husten, Halsschmerzen, als Tee oder Tinktur
Gamander	siehe Salbei-Gamander
Gänseblümchen *Bellis perennis*	Innerlich zur Blutreinigung, bei Verdauungsproblemen, Verletzungen, innerlich und äußerlich frisch, als Tee oder als Tinktur bei Muskelkater, Quetschungen, Wunden, dazu saubere ganze Pflänzchen in einem

	Schraubglas mit Wodka aufgießen, tägl. schütteln, nach 1 Monat filtern
Gänsefingerkraut *Potentilla anserina*	Äußerlich bei Problemen im Maul, innerlich bei Verdauungsproblemen, Krampfhusten, Koliken während der Rosse, frisch, als Tee oder als Tinktur
Geißrautenblüten *Galega off.*	Blutreinigung, Entgiftung, Überfressen, Vergiftung, Milchbildung, bei Stoffwechselkrankheiten wie Hufrehe zur Unterstützung, als Tee
Geranienöl	Als ätherisches Öl in der Insektenabwehr
Giersch *Aegopodium podagria*	Blutreinigung, Entgiftung, bei Gelenkschmerzen der kleinen Gelenke, frisch oder als Tee
Gilbweiderichkraut *Lysimachia numularia*	Innerlich schleimlösend bei chronischem Husten, äußerlich Umschläge mit dem abgekühltem Tee bei starkem Juckreiz
Ginkgo	Durchblutungsfördernd, bei Gallen, angelaufenen Beinen, Mauke, als Tee oder Tinktur
Gojibeeren	Abwehrschwäche, Erschöpfung, Stressempfindlichkeit
Goldrute *Solidago virg.*	Innerlich bei Harnwegsinfekten und anderen Blasenproblemen, auch bei Hautproblemen, Hautpilz und Allergien, antibiotisch, abwehrstärkend, entzündungshemmend, entsäuernd, äußerlich wundheilend und gegen Hautpilz, frisch, als Tee oder als Tinktur

.H

Hagebutte *Rosa canina*	Frühjahrskur, im Winter zur Abwehrstärkung, bei Arthrose und Gelenksteifigkeit, bei Stoffwechselproblemen wie Hufrehe, frisch oder getrocknet, die Knospen als Tinktur in der Schmerzbekämpfung
Hamameliswasser	Unterstützt die Heilung der Haut z. B. bei Sommerekzem, stillt Juckreiz, siehe auch Zaubernuss

Hauhechel *Ononis spinosa* 🌾	Stoffwechselanregung, Gelenkprobleme, Wasseransammlungen, chronischer Husten, ganze Pflanze frisch oder als Tee, nicht in der Trächtigkeit!
Heckenrose	siehe Rose
Heidelbeere *Vaccinium myrtillus*	Getrocknete Früchte gegen Durchfall, die Blätter zur Anregung des Stoffwechsels bei Hufrehe, Arthrose
Heilziest	siehe Ziest
Herzgespann *Leonurus cardiaca*	Stressanfälligkeit, Nervosität, Abwehrschwäche, als Tee oder als **Herzgespanntinktur:** ½ Tasse Kraut in ein Schraubglas geben, mit Korn auffüllen, 4 Wochen stehen lassen, tägl. schütteln, durchfiltern
Heublumen *Flores graminis*	Muskelverspannungen, Husten, Blasenreizungen, Rückenbeschwerden, innerlich als Tee und äußerlich als Wickel. Heublumen sind die Blütenstäube, kleinen Kräuter und Pflanzenteilchen, die aus gutem Heu auf den Scheunenboden rieseln. Diese gut duftende Schicht kann dort eingesammelt, gesiebt und dann für Tee oder Wickel verwendet werden. Auch als Fertigprodukt erhältlich, z. B. von Lexa.
Himbeere *Rubus idaeus* 🌾	Frische oder getrocknete Blätter als „Stutentee" zur Geburtsvorbereitung, die Knospen als Tinktur bei Hormonschwankungen, kann Wehen auslösen!
Hirtentäschel *Capsella bursa pastoris* 🌾	Nach zahnärztlichem Eingriff, Nasenbluten, herzstärkend, kreislaufstabilisierend, frisch, als Tee oder Tinktur, für Pferdesenioren, nicht in der Trächtigkeit
Hohlzahn *Galeopsis segetum*	Husten, chronische Bronchitis, Dämpfigkeit, Cushing, Rehe, äußerlich bei Juckreiz, Sommerekzem, frisch oder als Tinktur, als Tee 10 Minuten köcheln lassen
Holunder *Sambucus nigra*	Blüten als Tee bei Abwehrschwäche, Fieber, Augenentzündungen, gekochte oder getrocknete Beeren als Sirup, Tee oder Tinktur bei Abwehrschwäche, Gelenkschmerzen

Honig	Innerlich zur Stärkung, äußerlich zur Wundheilung von Haut und Schleimhaut, bei Hautpilz und Mauke Vorsicht, nur in der insektenfreien Zeit auftragen!
Hopfen *Humulus lupulus*	Hopfenzapfen bei Stressanfälligkeit, Nervosität, Hormonproblemen bei Stuten, die Wurzel zur Leberstärkung, äußerlich bei Abszessen
Huflattichblüten *Tussilargo farfara* *(flores)*	Bewährtes Hustenmittel, vorsichtig dosieren, als Tagesration 1 Teelöffel mit ½ l Wasser überbrühen, nicht länger als 3 Wochen geben, oder als Tinktur

.I

Ingwer *Zingiber off.*	„Warmes" Mittel, bei Abwehrschwäche, Erkältungen, Entzündungen, Verdauungsproblemen, Magengeschwüren, Gelenkschmerzen, Arthrose, frisch gerieben, als Tee, Tinktur, ätherisches Öl, nicht in der Trächtigkeit

.J

Jiaogulan	Abwehrschwäche, Stoffwechselstörungen, für stressempfindliche Pferde, mangelnde Leistungsbereitschaft, Erschöpfung, Mattigkeit, Pferdesenioren, frisch, als Tee oder als Tinktur, zum Selbstanbau gut geeignet
Johannisbeere, Schwarze *Ribes nigrum*	Blätter frisch, als Tee oder Tinktur, zur Frühjahrskur, entgiftend, harntreibend, abwehrstärkend, bei Infektgefahr, Husten, äußerlich als Wickel bei Wetterfühligkeit und Steifheit alter Pferde, Tinktur und Knospenmazerat mit cortisonähnlicher Wirkung bei Sommerekzem, Allergien, Arthritis, Samenöl innerlich und äußerlich stark entzündungshemmend bei Sommerekzem, Dämpfigkeit und Arthrose
Johanniskraut *Hypericum perforatum*	Stress, Nervosität, Anspannung, Erschöpfung, Wetterfühligkeit, als Tee, Tinktur oder Öl, äußerlich bei Warzen, Verbrennungen, schlecht heilende Wunden. Für die **Johanniskrauttinktur** 1 Tasse Blüten in Schraubglas geben, mit Doppelkorn auffüllen, tägl. schütteln, nach 4 Wochen filtern. Vorsicht beim Sammeln,

große Ähnlichkeit mit dem stark giftigen Jakobskreuzkraut! Vorsicht bei der Anwendung, kann zu vermehrter Licht- und Sonnenempfindlichkeit führen!

.K

Kamillenblüten *Matricaria recutica*	Zahnschmerzen, Zahnung von Jungpferden, nach zahnärztlichem Eingriff, bei Zahnfleischentzündung, Krämpfen, Darmsanierung, Magengeschwür, Stress, frisch, als Tee oder als Tinktur
Kapuzinerkresse *Tropaeolum majus*	Haut- und Darmpilze, wirkt antibiotisch, antibakteriell, 2 Esslöffel frisch und kleingehackt oder Essenz (Tropaeolum majus® von Ceres)
Kardenwurzel *Dipsacus (radix)*	Schmerzlindernd, Haut- und Verdauungsprobleme, Ödeme, Abwehrschwäche, Borreliose **Kardenwurzeltinktur:** Schraubglas mit zerkleinerter Wurzel füllen, Doppelkorn zugeben, tägl. schütteln, 4–6 Wochen stehen lassen, filtern, 2x tägl. 15 Tropfen übers Futter, auch äußerlich verdünnt für Umschläge verwendbar
Karottensamenöl	Hautpflegend, bei Abszessen und Geschwüren, vitalisierend, leberregenerierend, fördert Milchbildung und Lymphfluss, ätherisches Öl, kein Speiseöl! Nur wenige Tropfen äußerlich oder innerlich geben
Kartoffel *Solanum tub.*	Gekocht als Auflage bei Rückenschmerzen
Kerbel *Anthriscus cerefolium*	Frühjahrskur, Nervosität, Erschöpfung, bei Stress, Hautproblemen, Ödemen, Stress, frisch, als Tee oder als Tinktur
Kiefernnadelöl	Als ätherisches Öl in der Insektenabwehr
Klebkraut	siehe Labkraut
Klee	siehe Rotklee

Klette, Große *Arcticum lappa*	Magengeschwüre, Haut- und Gelenkprobleme, Blutreinigung und Stoffwechselaktivierung, Blätter oder Wurzel innerlich und äußerlich frisch, als Tee oder Tinktur, Wurzel äußerlich bei Hautgeschwüren
Knoblauchsrauke *Alliaria petrolata*	Frühjahrskur, harntreibend, bei Darmpilz, Zahnfleischentzündungen, Lymphstau, Immunstärkung, wie Bärlauch verwenden, frisch oder als Essig. **Raukenessig:** 1 Handvoll geschnittener Rauke in Apfelessig 3 Wochen lang ziehen lassen, filtern, 2 x tägl. 1 Schnapsglas Essig übers Futter geben oder bei Muskelschmerzen als Einreibung verwenden
Knöterich, Vogelknöterich *Polygonum aviculare*	Entzündungshemmend, wundheilend, bei Arthrose, akutem und chronischem Husten, frisch, als Tee oder Tinktur
Koriander *Coriandrum sativum*	Das frische Kraut bindet Schwermetalle, das ätherische Öl aus den Samen wirkt wundheilend bei eiternden Wunden
Kornblume *Centaurea cyanus*	Augenentzündung, Blutreinigung, Husten, frisch, als Tee oder Tinktur
Königskerzenblüten *Verbascum densiflorum*	Abwehrschwäche, akuter und chronischer Husten, Allergien, Dämpfigkeit, frisch, als Tee oder Tinktur
Kümmel *Carum carvi*	Magen- und Darmprobleme, Futterumstellung, Blähungen, nach Antibiose, Magengeschwür, Darmsanierung, antibakteriell, milchbildend, als Tee oder ätherisches Öl aus den Samen

.L

Labkraut *Galium verum,* *Galium mollugo*	Blutreinigung, Frühjahrskur, Durchfall, speziell Fohlendurchfall, Hautprobleme, Abwehrschwäche, frisch, als Tee oder Tinktur

Lavendel *Lavandula off.*	Verdauungsprobleme, Blähungen, Stressdurchfall, Nervosität, Anspannung, Husten, die frischen oder getrockneten Blüten als Tee. Als ätherisches Öl in der Insektenabwehr, bei Zahnfleischentzündung, Erste Hilfe bei Verbrennungen und Wunden
Lebensbaum *Thuja occ.* ❗	Stark giftig! Daher nur äußerlich als Tinktur bei Warzen.
Leinsamen *Linum usit.*	Innerlich bei Haut- und Schleimhautproblemen, Magengeschwüren, im Fellwechsel, äußerlich wundheilungsfördernd, schmerzlindernd bei Geschwüren und Abszessen, hellen „Gold"-Leinsamen mit kochendem Wasser überbrühen und quellen lassen
Leinkraut *Linaria vulg.*	Heilt Schleimhäute von Maul, Magen, Darm, Blase, harntreibend, abführend, als Tee oder Tinktur
Lemongrass	Als ätherisches Öl in der Insektenabwehr
Lindenblüten *Tilia cordata (flores)*	Husten, Krämpfe, Rheuma, Fieber, bei Abwehrschwäche, schleimlösend, schweißtreibend, harntreibend, als Tee
Löwenzahn *Taraxacum off.*	Frühjahrskur, Blutreinigung, Abwehrschwäche, chronischer Husten, Arthrose, Verdauungsprobleme, unterstützt Leber und Niere, bei Stoffwechselstörungen wie Hufrehe, verwendet wird die ganze Pflanze samt Wurzel, frisch, als Tee oder Tinktur
Lungenkraut *Pulmonaria off.*	Husten, schleimlösend, abwehrstärkend, als Tee oder Tinktur

.M

Mädesüßblüten *Filipendula ulmaria*	Fieber, Erkältung, Entzündung, schmerzlindernd, als Tee oder Tinktur

Malve *Malva neglecta*	Husten, Magengeschwüre, Maul-, Magen- oder Darmentzündungen, Haut- und Schleimhautprobleme, Blätter und Blüten über Nacht mit kaltem Wasser ansetzen, dann 2 x tägl. übers Futter geben
Mariendistelsamen *Carduus marianus* *(semen)*	Stoffwechselkrankheiten wie Hufrehe, Entgiftung und Leberstärkung, als Tee oder Tinktur (Carduus Marianus® v. Ceres)
Meerrettich *Armoracia rust.*	Frühjahrskur, Entgiftung, Abwehrschwäche, Husten, Infektionen, Blasenentzündung, auch äußerlich bei Entzündungen, Muskelschmerzen, antibiotikum-ähnliche Wirkung, als Tinktur oder frisch gerieben übers Futter, nicht länger als 3 Wochen, äußerlich nicht bei empfindlicher Haut, innerlich nicht bei Magengeschwüren! Tinktur oder **Meerrettichsirup** bei Husten: Frisch geriebenen Meerrettich über Nacht 1 : 1 mit Honig mischen. Den Saft abgießen und übers Futter geben.
Melisse, Zitronenmelisse *Melissa off.*	Nervosität, Unruhe, Verkrampfung, krampflösend bei Stresskoliken, Reizhusten, beruhigend bei Sommerekzem, frisch, als Tee oder Tinktur, ätherisches Melissenöl wirkt antiviral
Milzkraut *Chrysosplenium* *alternifolium*	Frühjahrskur, Entgiftung, Hautprobleme, Infektionskrankheiten, Unterstützung der Milz, frisch, als Tee oder Tinktur
Minze *Mentha* x *piperita*	Augenentzündung, Verdauungsprobleme, Husten, antibakteriell, innerlich als Tee, äußerlich bei Muskelzerrungen, Prellungen und Hautentzündungen, als ätherisches Öl, frisch, als Tee oder als Tinktur
Mistel *Viscum album*	Arthrose, Abwehrschwäche, chronische Bronchitis, Dämpfigkeit, Injektionen unterstützend bei Krebs, 1 Esslöffel Mistelkraut über Nacht mit 2 Tassen kaltem Wasser ansetzen, 4 Wochen lang 2 x tägl. je 1 Tasse übers Futter, Misteltinktur auch bei Ängsten, Unruhe

Möhre, Wilde Möhre *Daucus carotus*	Möhrenkraut und -wurzeln bei Schleimhautproble- men, z. B. Magengeschwür, Durchfall, harntreibend, die Samen bei Erschöpfung, frisch oder als Tee
Mönchspfeffer *Vitex agnus castus*	Hormonregulierend, nur als Fertigarznei (Tropfen, Urtinktur) bei Rosseproblemen wie Zysten, Kitzligkeit, stille Rosse, Mastitis, Unfruchtbarkeit, Nymphomanie
Moos, Lebermoos, Laubmoos	Hautpilze beim Pferd, äußerlich frisch oder als Tinktur, innerlich als Tinktur
Moos, Isländisches *Cetraria islandica*	Schleimhautprobleme wie Magengeschwür, Reiz- husten, Bronchitis, Dämpfigkeit, Hautprobleme, milchbildend, als Tee oder Tinktur
Myrrhe *Cammiphora molmol*	Nach zahnärztlichem Eingriff, das Harz als Tinktur (Fertigpräparat)

.N

Nachtkerze *Oenothera biennis*	Als Öl bei Juckreiz, Sommerekzem, Allergien wie Pollen- oder Heustauballergie, Abwehrschwäche, innerlich und äußerlich
Niauliöl	bei Zahnfleischentzündung

.O

Odermennig *Agrimonia eupatoria*	Haut- und Schleimhautprobleme, innerlich bei Durchfall, Halsentzündung, Husten, äußerlich bei Juckreiz und Hautentzündungen, frisch, als Tee oder Tinktur

.P

Pappel, Zitterpappel *Populus nigra*	Wunden, Durchfälle, Blasenprobleme, schmerz- lindernd bei Arthrose, Knospen frisch als Tee oder Tinktur, Blätter und Rinde als Tinktur bei Arthrose

Pestwurz *Petasites hybr.* ⚠	Krampflösend bei Krampfhusten, leichten Koliken, Pollen- und anderen Allergien, leicht giftig, daher nur Fertigpräparate, z. B. Petasites Urtinktur® von Ceres
Petersilie *Petrosileum crispum* 🛇	Bei Blaseninfekten, -entzündungen, Wassereinlagerungen, frisch oder als Tee von Kraut und Wurzel oder als Tinktur, nicht in der Trächtigkeit
Pfefferminze	siehe Minze

.Q

Queckenwurzel *Elymus repens (radix)*	Frühjahrskur, harntreibend, bei leichten Blasenproblemen, -entzündungen, -infekten, bei Husten, Magengeschwüren, Stoffwechselproblemen wie Hufrehe, Allergien, frisch, als Tee oder Tinktur
Quendel, Feld-Thymian *Thymus pul.*	Husten, schleimlösend, chronische Bronchitis, Dämpfigkeit, frisch, als Tee oder als Tinktur

.R

Rettich *Raphanus sat.*	**Hustensirup:** Das obere Ende eines schwarzen Rettich abschneiden, den Rest aushöhlen, 2 Esslöffel Honig einfüllen, über Nacht Wasser ziehen lassen und jeweils 1 Esslöffel übers Futter verteilen. Rettichpresssaft unterstützt die Leber.
Ringelblume *Calendula off.*	Frühjahrskur, unterstützt die Heilung von Haut- und Schleimhaut, bei Augenentzündung, bei Zahnfleischentzündung, Drüsenschwellung, Genickbeule, Durchfall, Magengeschwür, Sommerekzem, frisch, als Tee, Salbe oder Tinktur, innerlich und äußerlich
Rose *Rosa gallica,* *Rosa canina,* siehe auch Hagebutte	Rosenblüten bei Augenverletzungen, Wunden, Verdauungsproblemen, Nervosität, Unruhe, die Blüten mit 2 Tassen kaltem Wasser über Nacht ziehen lassen, dann filtern. Die Knospen als Tinktur in der Schmerzbehandlung.

Rosenwurz *Rhodiola rosea*	Stress, Anspannung, Erschöpfung, Mattigkeit, mangelnde Leistungsbereitschaft, Deckunlust, stille Rosse, bei schwerer oder chronischer Krankheit, die Wurzel als Tee, Pulver oder Tinktur
Rosmarin *Rosmarinus off.* ⓧ	Frühjahrskur, Erschöpfung, Mattigkeit, Unruhe, Stress, Verdauungsprobleme, Muskelschmerzen, mangelnde Durchblutung, innerlich und äußerlich frisch, als Tee, Tinktur, als ätherisches Öl nur äußerlich, nicht in der Trächtigkeit
Rosskastanie *Aesculus hippocastanum*	Zerkleinerte Früchte als durchblutungsfördernde Tinktur, äußerlich
Rotklee *Trifolium praet.*	Fördert Entschlackung und Lymphfluss, bei Haut- und Schleimhautproblemen, Ekzemen, Hormonproblemen wie stiller Rosse, Rossekoliken stoffwechselfördernd, Tee oder Tinktur aus Blüten

.S

Salbei *Salvia off.* ⓧ	Nach zahnärztlichem Eingriff, bei Zahnfleischentzündung, starkem Schwitzen, Verdauungsproblemen, beim Absetzen von Fohlen zur Reduktion der Milchmenge der Stute, frisch, als Tee oder als Tinktur nur kurzfristig (ca. 1 Woche) anwenden, nicht in der Trächtigkeit oder während der Säugezeit
Salbei-Gamander, **Wilder Salbei** *Teucrium scorodonia*	Blutreinigung, stärkend nach schwerer Krankheit, bei Husten, mit kaltem Wasser über Nacht aufsetzen und übers Futter geben, frisch, als Tee oder als Tinktur
Sanddornöl *Hippophae rhamn.*	Heilt Haut und Schleimhaut, Abwehrstärkung, sehr hoher Vitamin-C-Gehalt, nach zahnärztlichem Eingriff, bei Hautschäden, Ekzem, Entzündungen, Sommerekzem, äußerlich als Sonnenschutz
Sanikel *Sanicula europaea*	Wunden, Verbrennungen, Durchfall, Magen-Geschwüre, Haut- und Schleimhautprobleme wie Ekzem, Husten, als Tee oder Tinktur

Schachtelhalm, Ackerschachtelhalm, Zinnkraut *Equisetum arv.* ❗	Drüsenschwellung, Genickbeule, Nasenbluten, Entgiftung, Stoffwechselstörungen, äußerlich bei Hautpilz, als Tee oder Tinktur (Equisetum arv.®, Ceres), gering dosieren, höchstens 3 Wochen lang geben, leicht giftig!
Schafgarbe *Achillea millefolium*	Frühjahrskur, Entgiftung, bei Bindehautentzündung, nach zahnärztlichem Eingriff, Nasenbluten, Verdauungsproblemen, Rossestörungen (v. a. die Blüten), äußerlich bei Wunden, frisch oder getrocknet, als Tee oder Tinktur
Schlehenblüten *Prunus spinosa*	Frühjahrskur, Entgiftung, Abwehrstärkung, Hautpflege, Verdauungsprobleme (leicht abführend), Schleimhautentzündungen, als Tee, Tinktur oder äußerlich als Öl
Schlehensaft	Nasenbluten, Erschöpfung, Durchfall, Abwehrschwäche, nach schwerer Krankheit
Schlüsselblumenblüten *Primula veris*	Nervosität, Stress, Anspannung, Frühjahrskur, Entgiftung, Husten, Wasseransammlung, nicht wild sammeln, geschützt! Als Tee oder Tinktur
Schöllkraut *Chelidonium majus* ❗	Anspannung, Gereiztheit, krampflösend, beruhigend, leberstärkend, bei Bindehautentzündung, Krampfhusten, Dämpfigkeit, Warzen, Stoffwechselstörungen wie Hufrehe, schwach giftig, daher nur über 3 Wochen, äußerlich oder als Tinktur
Schwarze Johannisbeere	siehe Johannisbeere
Schwarzkümmel *Nigella sativa* 🔞	Verdauungsprobleme, Allergien, Abwehrschwäche, Milchmangel, Stoffwechselstörungen wie Hufrehe, Husten, als Öl oder Samen innerlich und äußerlich, nicht in der Trächtigkeit
Schwarznessel *Perilla frut.*	Stoffwechselprobleme wie Cushing oder chronische Hufrehe, Husten und Atemnot, als Früchte und Öl
Schwarztee	Bei Bindehautentzündung, Hautentzündungen, Ekzem, Huf- und Strahlfäule, äußerlich

Seifenkrautwurzel *Saponaria off.*	Husten und Allergien, Ekzeme, Entzündungen, Haut- pilz, innerlich und äußerlich, als mit kaltem Wasser über Nacht angesetzter Tee oder als Tinktur, vorsichtig dosieren, eventuell magenreizend
Spitzwegerich *Platago lanceolata*	Bei Entzündungen von Haut und Schleimhaut, Augenentzündungen, bei Augenverletzungen, nach zahnärztlichem Eingriff, bei Warzen, Hustenmittel bei Reizhusten, chronischer Bronchitis, pflanzliches Codein, frisch, als Tee, Tinktur, Creme oder als Sirup (siehe S. 19), innerlich und äußerlich
Springkraut, **Drüsiges Springkraut** *Impatiens gland.*	Saft äußerlich bei Allergien, Tinktur bei Darm- oder Hautpilz, für die Tinktur die Blüten in ein Schraub- glas füllen, mit Doppelkorn auffüllen, 4 Wochen lang stehen lassen und tägl. schütteln, filtern
Steinkleeblüten *Melliolotus off.* ❗	Augenentzündung, Lymphstau, Durchblutungsstö- rungen, Gallen, Hautpflege, leicht giftig, daher nur äußerlich als Öl oder als Tinktur
Stiefmütterchen *Viola tricolor*	Frühjahrskur, Entgiftung, Stoffwechselanregung, Husten, Unruhe, Hautkrankheiten, innerlich und äußerlich, frisch, als Tee oder Tinktur
Süßholzwurzel *Glycyrrhiza rad.*	Husten, chronische Bronchitis, Dämpfigkeit, Ma- gengeschwür, harmonisiert Kräutermischungen, zerkleinert oder gemahlen als Tee, nicht in der Trächtigkeit!

.T

Taubnessel, Weiße *Lamium album*	Haut- und Schleimhautprobleme wie Sommerekzem, Husten, Magengeschwür, Durchfall, Scheiden- oder Gebärmutterentzündung, Unruhe, innerlich und äußerlich, frisch, als Tee oder Tinktur
Tausendgüldenkraut *Centaurium erythraea*	Frühjahrskur, Abwehrschwäche, Appetitlosigkeit, Erschöpfung, Infektionen, als Stärkungstonikum, frisch, als Tee oder Tinktur, niedrige Dosierung ausreichend

Thymian *Thymus vulg.*	Entzündungshemmend, schleim- und krampflösend bei Husten, chronischer Bronchitis, Dämpfigkeit, Gastritis, Durchfall, leichten Koliken (z. B. während der Rosse), innerlich und äußerlich frisch, als Tee oder Tinktur, ätherisches Öl bei Hautpilz äußerlich

.V

Veilchen *Viola odorata*	Beruhigend, schleim- und krampflösend bei Husten, bei Anspannung, frisch oder getrocknet als Tee oder Tinktur
Vogelknöterich, Knöterich *Polygonum aviculare*	Schleimhautprobleme wie Zahnfleischentzündungen, Husten, Durchfall, stoffwechselanregend, bei Hufrehe und nächtlichem Schwitzen, frisch oder getrocknet, als Tee oder Tinktur
Vogelmiere *Stellaria media*	Frühjahrskur, Entgiftung, harntreibend, schleim- lösend bei Husten, frisch, als Tee oder Tinktur

.W

Wacholder *Juniperus comm.*	Stoffwechselstörungen wie Hufrehe, Arthrose, Blasen- und Verdauungsprobleme, Wasseransamm- lungen, Gallen, zur Stoffwechselanregung als Tee oder Tinktur, dazu 1 Teil gequetschte Wacholderbeeren mit 4 Teilen Korn in einem Schraubglas 2 Wochen ansetzen, tägl. schütteln, filtern, davon 2 x tägl. zehn Tropfen. Äußerlich als ätherisches Öl bei Hufrehe, Gal- len, angelaufenen Beinen. Nicht in der Trächtigkeit!
Walnussblätter *Juglans regia*	Bindehautentzündung, frische Blätter zerrieben zur Insektenabwehr, Tee aus frischen oder getrockneten Walnüssen bei Stoffwechselstörungen wie Sommer- ekzem, Allergien, Wasseransammlungen
Wasserdost *Eupatorium cann.,* *E. perf.* ❗	Abwehrschwäche, bei Infektgefahr oder beginnendem Infekt mit Gliederschmerzen und Fieber ähnliche Wir- kung wie Echinacea, auch nach längerer oder schwerer Krankheit zur Stärkung, Blätter und/oder Wurzel über

	Nacht kalt aufsetzen, 2 × tägl. 1 Tasse übers Futter oder als Tinktur geben, schwach giftig, daher nicht länger als 3 Wochen geben
Wegerich	siehe Spitzwegerich
Wegwarte *Cichorium int.*	Augenentzündung (Blüten), die Wurzeln bei Unruhe und Nervosität, Durchfall, Entgiftung, Stoffwechsel-störungen wie Hufrehe, Sommerekzem, frisch, als Tee oder Tinktur, Blätter äußerlich kühlend bei Ekzem und Wunden
Weidenrinde *Salix alba*	Schmerzlindernd, entzündungshemmend, am besten innerlich und äußerlich als Tinktur, dazu Rinden-stücke in Schraubglas 4 Wochen lang mit Doppelkorn ansetzen, dann filtern
Weidenröschen *Epilobium parv.*	Das Kraut wirkt harntreibend, die Wurzel mit kaltem Wasser über Nacht angesetzt wirkt schleimlösend bei Husten, Kraut und Blüten frisch, als Tee oder Tinktur
Weinrebe *Vitis vinifera*	Bindehautentzündung, Hautentzündung, Ekzeme, Durchfall (Tee aus rotem Weinlaub), Knospenextrakt bei Entzündungen, Arthrose, Venenschwäche
Weißdorn *Crataegus*	Ödeme, angelaufene Beine, Gallen, Herzinsuffizienz beim älteren Pferd, durchblutungsfördernd, auch bei Hufrehe, Blätter und Blüten frisch, Tee oder Tinktur
Weißkohlblätter	Äußerlich als Wickel bei Hufrehe, Hufgeschwüren, Gelenkentzündungen
Wiesenklee	siehe Rotklee
Wolfstrapp *Lycopus europaeus*	Anspannung, Unruhe, Nervosität, Hormonstörungen wie Scheuen, Kitzligkeit, Überaggressivität während der Rosse, als Tee oder Tinktur

.Y

Ysop *Hyssopus off.*	Krampflösend, schleimlösend bei Husten, chronischer Bronchitis, Dämpfigkeit, frisch oder getrocknet als Tee oder Tinktur, ätherisches Öl für Einreibungen im Brustbereich

.Z

Zaubernuss *Hamamelis*	Nach zahnärztlichem Eingriff, unterstützt die Heilung der Haut z. B. bei Sommerekzem, stillt Juckreiz (Blätter), bei Durchfall (Rinde), als Tee oder Tinktur, siehe auch Hamameliswasser
Zedernholzöl	Als ätherisches Öl in der Insektenabwehr
Ziest, Heil-Ziest, Wald-Ziest, Betonie *Stachys*	Frühjahrskur, Entgiftung, Erschöpfung, Rekonvaleszenz, Reizbarkeit, Stoffwechselanregung, frisch oder getrocknet, als Tee oder Tinktur
Zitronenmelisse	siehe Melisse
Zwiebel	Bei Husten als **Zwiebelsirup:** Dazu 1 Zwiebel halbieren, über Nacht mit 2 Esslöffeln Honig ansetzen, die Flüssigkeit über den Tag verteilt geben

Über die Autorin

Ute Ochsenbauer arbeitet als Pferdebesitzerin und Tierheilpraktikerin seit Jahrzehnten mit ganzheitlichen Heilmethoden.
Ihr Wissen und ihre Erfahrung gibt sie in diesem Buch weiter.
www.uteochsenbauer.de

Nützliche Adressen

Kräuter: www.kraeuterhaus.net
Aromatherapie, Hydrolate, Tiegel, Tropfflaschen: www.baccararose.de
Räucherwaren: www.labdanum.de
Kräuterführungen, Tinkturen selbst herstellen: www.uteochsenbauer.de

Quellen

Bühring, Praxis-Lehrbuch der modernen Heilpflanzenkunde, Haug, 2005
Puhle et al., Heilpflanzen für die Gesundheit, Kosmos, 2013
Traversier et. al., TCM mit westlichen Pflanzen, Sonntag, 2005
Vonarburg, Energetisierte Heilpflanzen, Haupt, 2010
Werner, Braunschweig, Praxis Aromatherapie, Haug, 2006
Willfort, Gesundheit durch Heilkräuter, Trauner, 1997

Zum Weiterlesen

Stumpf, Ursula: **Unsere Heilkräuter,** KOSMOS 2012
Sehr empfehlenswerter Ratgeber mit bebilderten Kräuterporträts, Rezepten und Anwendungstipps für Zweibeiner. Die Grundlagen der Kräuterheilkunde, die Herstellung von Tinkturen und andere Grundrezepte
werden gut erklärt. Übersichtliche Tabelle mit Kräutermischungen für
verschiedene Beschwerden.

Ochsenbauer, Ute: **Homöopathie für Pferde,** Pferdegesundheit kompakt,
KOSMOS 2012
Im akuten Krankheitsfall hilft dieser Kompaktratgeber dem Pferdebesitzer
bei der schnellen und sicheren Diagnose, der Wahl des passenden ho-
möopathischen Mittels und der richtigen Verabreichung. Übersichtliche
Kapiteleinteilung nach Körperbereichen, Gliederung nach Symptomen

Ochsenbauer, Ute: **Bach-Blüten für Pferde,** Pferdegesundheit kompakt,
KOSMOS 2013
Bach-Blüten wirken unterstützend und stärkend auf den Organismus des
Pferdes. Sie regen die Selbstheilungskräfte des Körpers an, indem sie vor
allem die Psyche ins Gleichgewicht bringen. Tabellarischer Aufbau und
Gliederung nach Symptomen.

Bildnachweis

Mit 7 Farbzeichnungen von Pearson Scott Foresman

Impressum

Umschlaggestaltung von eStudio Calamar unter Verwendung einer Farbzeichnung von Pearson Scott Foresman

Mit 7 Farbzeichnungen.

Unser gesamtes Programm finden Sie unter **kosmos.de**.
Über Neuigkeiten informieren Sie regelmäßig unsere Newsletter, einfach anmelden unter **kosmos.de/newsletter**.

Gedruckt auf chlorfrei gebleichtem Papier

© 2014, Franckh-Kosmos Verlags GmbH & Co. KG; Stuttgart.
Alle Rechte vorbehalten
ISBN 978-3-440-13335-4
Redaktion: Alexandra Haungs
Gestaltungskonzept: eStudio Calamar
Gestaltung und Satz: DOPPELPUNKT, Stuttgart
Produktion: Nina Renz
Printed in Slovakia / Imprimé en Slovaquie